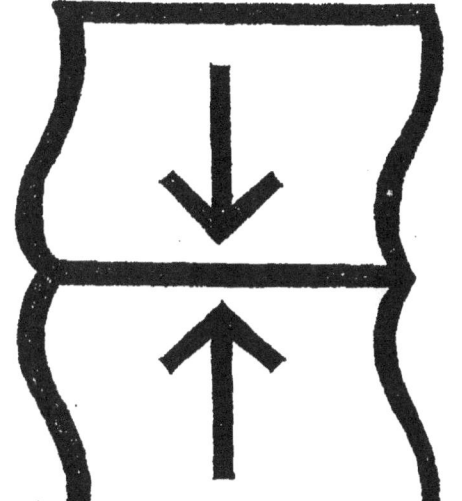

RELIURE SERRÉE
ABSENCE DE MARGES INTÉRIEURES

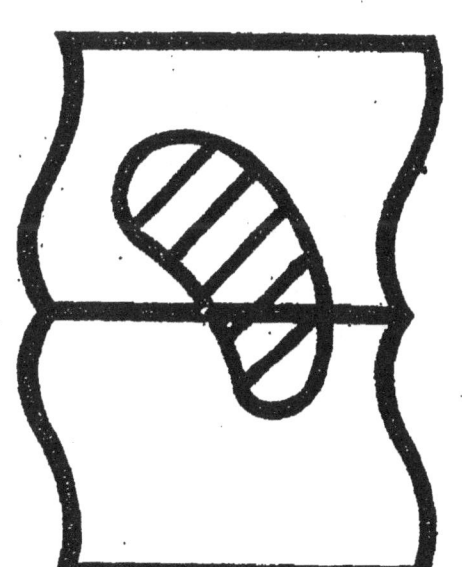

Illisibilité partielle

VALABLE POUR TOUT OU PARTIE DU
DOCUMENT REPRODUIT

POUR DES RAISONS TECHNIQUES

TOUTES LES PLANCHES

SONT MICROFIMÉES EN FIN DE VOLUME

K 1192
+2C-2.

K 7161

VOYAGE
D'ITALIE.
TOME SECOND.

VOYAGE D'ITALIE.

Par MAXIMILIEN MISSON.

Edition augmentée de Remarques nouvelles & interessantes.

TOME SECOND.

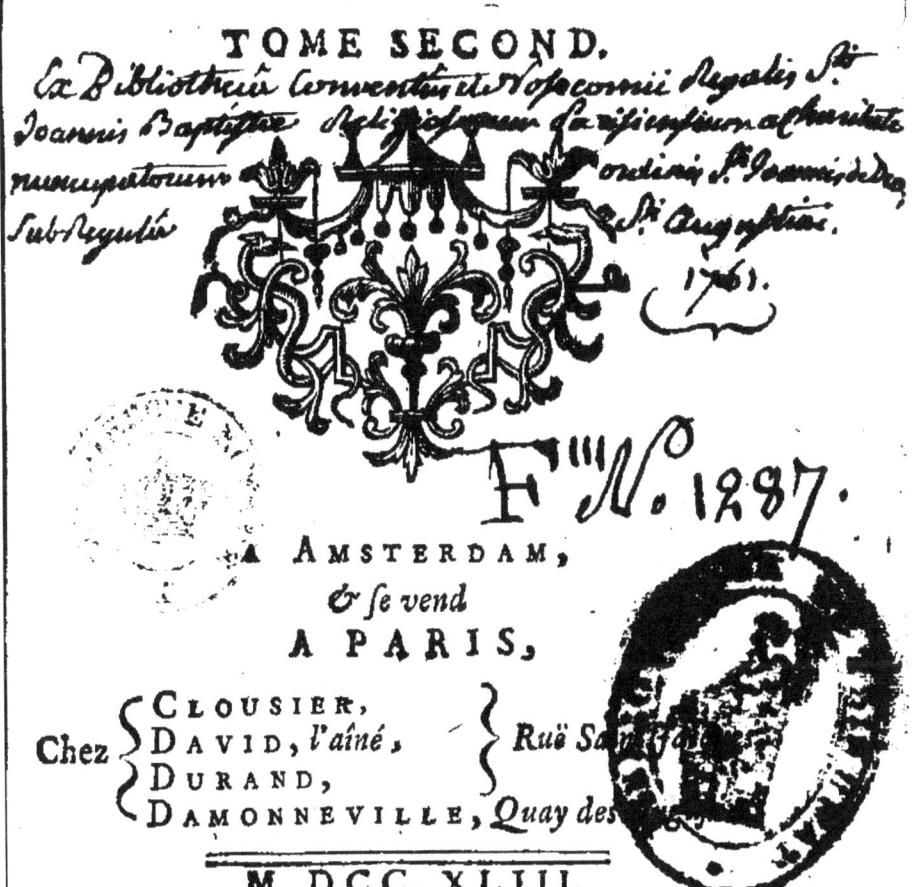

A AMSTERDAM,
& se vend
A PARIS,

Chez { CLOUSIER,
DAVID, *l'aîné*,
DURAND,
DAMONNEVILLE, } Ruë S...
Quay des...

M. DCC. XLIII.

NOUVEAU VOYAGE D'ITALIE.
A. M. D. VV.

LETTRE XIX.

ONSIEUR;

Il n'y a rien à remarquer entre Padouë & Rovigo, sinon que le païs est plat & fertile, arrosé de plusieurs rivieres & assez bien cultivé : on y trouve de tout, prez, bocages, vignes, terre à labeur. Les Venitiens y ont quelques maisons de plaisance, mais les habitations communes en approchant de Rovigo, ne sont que des huttes de roseaux ; le feu mettroit tout en cendre en moins d'une heure ; cependant on se réjouït là comme dans les Palais. Nous avons vû plusieurs fois sortir de ces cabanes des troupes de Masques, qui ne marchoient qu'en gambadant au son de la vielle & de la cornemuse. Ces bandes champêtres valent peut-être mieux que la confusion de Venise.

ROVIGO. Rovigo est une pauvre petite Ville ceinte d'un mur qui tombe en ruine : cependant l'Evêque d'Adria y réside; cette ancienne & fameuse Ville qui a donné le nom au Golfe, n'étant plus que comme un méchant village à demi inondé.

FERRARE. Ferrare est fort grande & assez belle, quoique déserte. Quelques-uns disent qu'elle fut appellée *Ferrare quasi fere aurea*, à cause de la richesse de son commerce ; mais aujourd'hui tout y est pauvre & désolé d'une maniere à faire pitié. Nous étant rencontrés dans un carefour, au milieu de quatre fort grandes rues, nous nous y sommes arrétés quelques momens, sans appercevoir aucune personne ni de côté ni d'autre : on convient aussi que cette Ville a plus de maisons que d'habitans (a). Cependant le Ferrarois est un des meilleurs endroits de la Lombardie ; c'est un païs plat & gras qui ne demande que de la culture. Vous sçavez que cette désolation est un effet de la rigueur du Gouvernement ; il faut compter que tout ce qui tombe entre les mains

(a) L'an 1570. en quarante heures de tems Ferrare souffrit cent soixante secousses de tremblement de Terre, & fut presque toute détruite. *Schrad.*

des Papes, devient auſſi-tôt miſerable.

(*Serviebant tibi, Roma, prius Domini
◼︎minorum.*
Servorum Servi *tibi ſunt jam, Roma*
Tyranni.)

Ces Princes étant vieux pour l'ordinaire, ils ſont contraints de travailler beaucoup, en peu de tems, afin d'enrichir leurs familles, & ils ne ſe ſoucient guéres de ce que deviendra l'Etat après leur mort. Lorſque Ferrare fut (*a*) unie à leur Domaine ſous le Pontificat de Clement VIII. ce Pape bâtit une forte (*b*) Citadelle, où tout eſt encore en aſſez bon ordre ; pour les autres fortifications, elles ſont tout-à-fait négligées. L'ancienne Univerſité de Ferrare eſt préſentement réduite à un méchant Collége de *Jeſuites*.

Vis-à-vis la Cathédrale, il y a deux ſtatues équeſtres de bronze, l'une deſquelles eſt du bon Duc (*c*) Borſo. Autrefois il y avoit une aſyle à vingt pas tout autour, & les termes de ce privilége étoient écrits ſur le piedeſtal de la ſtatue. Mais depuis que l'Etat a changé de mains, cela ne ſubſiſte

(*a*) Sur la fin de l'an 159. le Duché de Ferrare, faute d'heritiers mâles, retourna au S. Siege. Alfonſe II. a été le dernier Prince Fils legitime de la Maiſon d'Eſt.

(*b* Duval a écrit que cette Citadelle coûta deux millions d'écus d'or.

(*c*) Borſius, ou Borſo d'Eſt, en faveur duquel le Pape Paul II. érigea le Marquiſat de Ferrare en Duché. Borſo étoit un des plus vertueux Princes de ſon Siécle.

plus, & même la statue n'est plus isolée, le piedestal étant enclavé dans des bâtimens qu'on a faits derriere. En récompense, il y a aujourd'hui un autre pareil (a) asyle autour de la belle (b) colonne qui soûtient la statue d'Alexandre VII. L'autre statue équestre fut érigée à Nicolas Marquis d'Est, qui est nommé dans l'Inscription : *Ter pacis Auctor.*

On nous a conduits au Palais des Ducs, à la maison du Marquis de Villa, à la Cathédrale, & dans plusieurs autres Eglises & Couvens. Mais quoique tout cela ait son prix je n'estime pas que la description vous en fût fort agréable, outre que tant de choses tireroient à trop de longueur. Je n'ai pas voulu manquer de vous envoyer l'Epitaphe du pauvre Arioste, dont on a depuis peu renouvellé le Tombeau dans l'Eglise des Benedictins.

Notus & Hesperiis jacet hîc Areostus & Indis,
  Cui Musa eternum nomen Hetrusca dedit.
Seu Satyram in vitio exacuit, seu comica lusit,
  Seu cecinit grandi bella Ducesque tubâ.
Ter summus Vates cui summi in vertice Pindi,
  Ter geminâ licuit cingere fronde comas.

§. Voici l'Epitaphe qui se trouve sur le Tombeau de l'Arioste ; les six vers ne s'y lisent pas, & je ne sçai pourquoi Misson les donne pour l'Epitaphe de ce Poete.

(a) (Ces sortes d'Asyles ne peuvent servir de rien, Ne faut-il pas enfin perir dans l'Asyle même?)
(b) Au milieu d'une grande place.

D. O. M.

Ludovico Areosto ter max. atque ore omnium celeberrimo Vati à Carolo V. Cæs. coronato, nobilitate generis atq; animi claro in Reipublicæ administra. in Regen. populis, in gravissimis ad summ. Pont. Legationib. prudentia, consilio, eloquentia . . . . . præstantiss. . . . .
. . . .
Vixit ann. LIX. Obiit an. sal. M. D. XXXIII. VIII. Id. Junii.

J'obmets trois ou quatre lignes avant la datte qui apprennent qu'un de ses petits Fils lui a fait élever ce Tombeau qui est de marbre avec le buste au-dessus. Voyez les trois Cloîtres de ce Couvent

On nous a menés à l'Opera, où nous n'avons rien vû de merveilleux. La principale Actrice étoit une assez jolie petite chanteuse de douze ou treize ans, qui faisoit ce jour-là son coup d'essai sur le Théâtre, & qui selon la voix publique en devoit faire un autre le même soir avec un des principaux Gentilshommes de la Ville. Toutes les premieres loges étoient pleines de *Jesuites* & d'autres tels gens.

Il y a cinquante mille de Ferrare à Ravenne, & le bon païs continue pendant la premiere journée; mais ensuite il devient bas & plein d'eau entre les diverses branches de l'Adige & du Pô. Les Bourgs & les villages que nous avons vus en chemin, ne méritent pas qu'on en parle. Ravenne est

RAVENNE, dite l'Antique.

la moitié moins grande que Ferrare ; cependant elle paroît de loin, parce qu'elle est dans un païs plat & découvert. Vous fçavez que les anciens Géographes la repréfentent dans une fituation pareille à celle de Venife, fur des pilotis au milieu des eaux ; & chacun fçait que c'étoit autrefois le (a) principal Port de mer que les Romains euffent fur le Golfe Adriatique. Aujourd'hui cet endroit a changé de face, non-feulement les *Lagunes* fe font deffechées, mais la mer même s'eft retirée à trois *ou quatre* mille au-delà, & ce païs autrefois ftérile & noyé, eft devenu une des plus fertile campagne d'Italie. On ne doutera pas que la Ravenne d'aujourd'hui, ne foit l'ancienne Ravenne, puifque divers monumens le prouvent affez. Il y a même contre les murailles qui font du côté de la mer, plufieurs gros anneaux de fer, qui fervoient autrefois à attacher les vaiffeaux, & l'on voit encore un refte du Phare. Cette Ville a tant de fois été défolée par les guerres, qu'on y trouve fort peu de reftes de fa premiere antiquité. Elle eft préfentement affez pauvrement bâtie & fort dépeuplée auffi-bien que Ferrare, néanmoins j'y ai trouvé plufieurs chofes affez remarquables ; fa feule fituation, par égard à la merveille du changement qui eft arrivé dans fon territoire, mériteroit, ce me femble, qu'on tournât fa route de ce côté-là. §. *Le Montone & le*

(a) ... *Claffem Mifeni, & alteram Ravenne, ad tutelam fuperi & inferi maris.* Suet. in Octav. c. 49.

Runeo environnent la Ville & s'y joignent. On passe chacune de ces rivieres sur un pont; mais elles ne portent pas batteaux. Un canal part de la Ville, & va joindre la mer.

Hors des murs près de l'ancien Port, il y a un Mausolée qu'Amalazonte avoit érigé *en* 526. pour son Pere Theodore Roi des Ostrogots, qui comme vous sçavez, faisoit son séjour à Ravenne. On a fait de ce bâtiment une petite Eglise à laquelle on a donné le nom de Rotonde; & ce qu'il y a là de plus remarquable, c'est la (*a*) pierre taillée en coupe renversée, de laquelle cette Eglise est couverte. J'ai mesuré cette pierre, & j'ai trouvé qu'elle a trente-huit pieds de diamétre, & quinze d'épaisseur. Le Tombeau de Theodoric étoit sur le haut & au milieu de ce petit Dome entre les statues des douze Apôtres, qu'on avoit posées sur le bord tout à l'entour. Ces statues ont été brisées pendant les dernieres guerres de Louis XII. Roi de France, & le Tombeau qui est de porphyre, a aussi été renversé. On l'a enchassé dans le mur d'un ancien Palais qui est dans la Ville, & où nous l'avons vû. Après que ce Prince eut fait mourir Boëce & Symmaque, nous a dit un Prêtre qui nous conduisoit, continuellement effrayé de leurs Ombres importunes, il s'enfuit en l'autre monde pour les éviter; mais ses os & son Tombeau même

---

(*a*) Cette pierre n'est pas percée par le milieu, comme quelques-uns l'ont écrit. On dit à Ravenne qu'elle pese plus de deux cens mille livres; ce que je crois aisément.

ont été vagabonds après lui. §. *Voyez de belle Mosaïque aux Benedictins.*

La Cathédrale est une ancienne Eglise, dont la Nef est soûtenuë de cinquante-six colonnes de marbre de l'Archipel *d'inégales grandeurs*, qui font un double rang de chaque côté. Le Chœur est voûté de belle Mosaïque, & l'on y conserve avec grande vénération une des pierres dont S. Estienne fut lapidé. Mais ce que je trouve de plus curieux dans cette Eglise, c'est la grande porte ; elle est faite de planches de (*a*) vignes, quelques-unes desquelles sont hautes de douze pieds, & larges de quatorze ou quinze pouces. Le terroir est si bon pour la vigne, dans l'endroit même que la mer couvroit autrefois, qu'elle y est grossie d'une maniere prodigieuse. Je me souviens d'avoir lû dans le voyage d'Olearius, qu'il avoit trouvé aussi proche de la Mer Caspienne des troncs de vignes de la grosseur d'un homme.

On montre dans l'Eglise des Théatins, une petite fenêtre au-dessus du grand Autel au milieu de laquelle on a mis la figure d'un pigeon blanc : c'est en mémoire de ce qu'après la mort de S. Apollinaire premier Évêque de Ravenne, les Prêtres étant assemblés pour travailler à l'élection de son successeur, le S. Esprit entra, dit-on, par cette fenêtre en forme de colombe, & se vint poser sur celui qui devoit être élû. Ils

---

(*a*) Pline fait mention d'une Statuë de Jupiter, & d'une autre de Junon, qui étoient de bois de Vigne.

ajoûterent que la même chose arriva encore onze fois dans la suite; mais depuis ce tems-là, ils ont fait leurs affaires sans le même secours. Platine après Eusebe, raconte une pareille histoire de l'election du Pape Fabien, ou pour mieux dire, de Fabien Evêque de Rome.

Il y a de fort belles pieces de marbre & de porphyre dans les Eglises de S. Vital, de S. Apollinaire, de S. Romuald & de S. André; tout cela vient de Grece, & est apparemment du tems de [a] l'Exarquat. Le Tombeau de Galla Placida [b] Sœur des Empereurs Arcadius & Honorius, est dans l'Eglise de S. Celse, entre ceux de Valentinien, §. *de Constance sa mere & d'Honorius*. On nous a parlé de ce monument comme d'une parfaitement belle chose; mais l'absence de celui qui en avoit la clef, a été cause que nous ne l'avons pû voir. Nous avons vû le Tombeau du Poete [c] Dantes, dans le Cloître des Franciscains Conven-

[a] L'Exarquat comprenoit Ravenne, Boulogne, Imola, Fayence, Forli, Cesene Bobie, Ferrare & Adria. Et l'Exarque (Gouverneur envoyé par l'Empereur d'Occident) résidoit à Ravenne. Il y en a eu dix-huit. Le premier fut envoyé par Justin en 567. & s'appelloit Longin: & Eutychius fut le dernier vers l'an 728.

[b] Et fille de Theodose le Grand. Il y a un autre Tombeau de cette Princesse, dans l'Eglise de Saint Aquilin, à Milan. Ce fut elle qui fonda cette Eglise. *C. Tor.*

[c] Dante Dalighieri, Florentin, homme de qualité & de grand merite, mourut dans son exil à Ravenne l'an 1321. & le 56. de son âge. Il fut banni ou obligé de s'enfuir, parce qu'il étoit dans le parti des *Blancs*, ou *Gibellins*

tuels: j'en ai copié l'Epitaphe, principalement à cause de la curiosité des rimes.

Jura Monarchiæ, Superos, Phlegetonta, lacusque
Lustrando cecini, voluerunt Fata quousque.
Sed quia pars cessit melioribus hospitia castris,
Factoremque suum petiit felicior astris.
Hic claudor Dantes, patris extorris ab oris
Quem genuit parvi Florentia mater amoris.

Voici les vers que le fameux Bembe ajoûta sur son Tombeau, lorsqu'il le fit réparer.

Exiguâ tumuli Dantes hic sorte jacebas;
Squallenti nulli cognite penè situ.
At nunc marmoreo subnixus conderis arcu,
Omnibus & cultu Splendidiore nites.
Nimirum [a] Bembus Musis incensus Hetruscis,
Hoc tibi, quem imprimis hæ coluere, dedit.

Il y a dans la grande Place une fort belle statue de bronze du Pape Alexandre VII. On voit à l'autre bout de la même Place, deux colonnes sur lesquelles étoient l'ancien Patron & les Armes de Venise, lorsque Ravenne appartenoit à cet Etat, la coutume étant d'ériger de semblables colonnes dans toutes les villes du Domaine. Mais le Pape a mis sur ces mêmes colonnes la statue de S. Victor & celle de S. Apollinaire, qui sont les Patrons de Ravenne. On nous a fait remarquer près de-là sous un

[a] Pierre Rembo, Noble Venitien, Cardinal, homme sçavant, & d'un grand merite.

portique, des portes de bronze & quelques autres dépoüilles, que ceux de Ravenne ont remportées de Pavie, & qu'ils gardent en mémoire de l'heureuse exécution qu'ils firent alors.

Sylvestre Giraldus a écrit que le jour de S. Apollinaire, tous les Corbeaux d'Italie s'assemblent à Ravenne, & qu'on les y régale d'un cheval mort; & c'est de-là, ajoûte-t'il, que la Ville de Ravenne a pris son nom, *Rabe* en Allemand signifiant un Corbeau. Tout cela est faux & du plus parfait ridicule : néanmoins j'ai appris à Ravenne d'un homme sçavant, que Giraldus n'en est pas l'inventeur, & qu'il avoit lû cette fable ailleurs.

A une bonne heure de Ravenne nous sommes entrés dans une [*a*] forêt de pins, qui a quatre mille de long, & dont les pignons se distribuent, dit-on par toute l'Italie. La mer est assez près de-là sur la gauche, & à droite, ce sont des marais qui s'étendent à perte de vûe du côté de l'Apennin. Après avoir passé dans un bac la Rivierre de Savio, nous avons traversé la petite ville de Cervia, qui est au milieu d'un méchant païs marécageux, d'où l'on ne tire guéres que du sel. §. *Elle est rebâtie avec symétrie, & elle est quarrée.* Nous nous sommes arrêtés pour diner à Céfénate, sur le bord de la mer, & à trois mille en-deçà

CERVIA.

CESE-NATE.

[*a*] Retraite des Bandits, avant le Pontificat de Sixte V. qui en délivra ses Etats.

[*b*] En 1589. ces Salines furent affermées soixante & dix mille écus d'or.

nous nous sommes rencontrés sur le bord du Rubicon, que l'on appelle aussi [a] Pisatello. J'avouë que j'ai été un peu surpris, quand j'ai vû que notre carosse alloit passer à gué ce fameux ruisseau, quoique j'eusse appris de Lucain, que ce n'étoit pas une grosse riviere.

(*Fonte cadit modico, parvisque impellitur undis.*)

Une heure après nous avons pris le chemin de la mer; le sable est ferme & uni, sans aucuns rochers, ni aucun coquillage. Nous avons suivi ce chemin jusqu'à un mille de Rimini, où il a fallu reprendre les terres, afin de passer la riviere qui étoit autrefois appellée *Ariminum*, du même nom que la Ville de laquelle elle arrose les murs : la riviere porte aujourd'hui le nom de Maréchia.

RIMI-NI.
Rimini [b] est une petite ville assez pauvre; cependant le païs est gras & bien cultivé. §. *Elle est mal bâtie, mal pavée, son mur tombe de tous côtés; son Château est gotique; le dome n'a point de façade : la petite riviere de Manchia arrose la ville; on la passe sur un pont de cinq arches construit par Tiberre.* Sigismond Pandolfe Malateste l'avoit autrefois fortifiée; mais elle n'a présentement qu'une muraille en assez mauvais ordre. Vous sçavez

[a] D'autres disent que c'est le Fiumicino, à deux cens pas du Pisatello; mais mal.

[b] Ville plus ancienne que Rome de 485. ans, & faite Colonie. Rom. 266. ans avant Jesus-Christ.

que les Malatestes étoient autrefois Seigneurs de plusieurs Places dans cette Province. Le pont de marbre, sur lequel il paroît par deux Inscriptions fort bien conservées, qu'Auguste & Tibere l'ont fait bâtir, & l'Arc Triomphal érigé pour Auguste, sont les deux principaux monumens de cette ville. On y voit aussi les ruines d'un Amphitéâtre derriere le jardin des Capucins, §. *avec cette Inscription* : Amphitheatri olim Sempronio Cos. excitati reliquias indigitat Sen. Arim. *Les murs de la Ville ont traversé le terrein qu'il occupoit* ; & à cinq cens pas plus loin hors de la Ville, il y a une Tour de brique qui étoit le Phare de l'ancien Port ; mais la mer s'est retirée à un demi mille de cet endroit, & le Phare est présentement environné de jardins. §. *Cette Tour qui est de brique, a peu d'élévation, peu d'épaisseur ; elle a même des crenaux, ce qui rend incroyable qu'elle soit la même qui servoit de Phare à l'ancien Port.* P. Malateste en 1451. acheva de détruire le Port, qui passoit pour un des plus beaux d'Italie, pour bâtir l'Eglise de S. François des pieces de marbre qu'il en enleva. Cette Eglise passeroit pour belle, si elle étoit achevée. On y garde une N. Dame, qui ne sert qu'à faire venir ou à faire cesser la pluye quand il en fait ou trop ou trop peu : jamais on ne lui demande rien qu'en l'une de ces deux occasions.

La Bibliothéque du Comte de Gambalonga est extrêmement nombreuse ; mais elle n'a rien de rare, si celui qui nous l'a montrée en est bien informé. On nous a fait remarquer au milieu du marché, une maniere de [a] piedeſtal de marbre, ſur lequel ſont gravées ces paroles: *Caïus Cæſar Dict. Rubicone ſuperato civili bel. Commilit. ſuos hîc in foro Ar. allocutus*. §. Et ſur une autre face on voit l'année où ce monument a été réparé. La ſtatue de Paul V. en bronze, eſt dans une autre Place, §. qui s'appelle la Place de la Communauté ; & aſſez près de-là une fontaine de marbre dont l'ouvrage eſt eſtimé. §. *Sur le mur de la maiſon du Gouverneur, on lit*: C. Cæſar. Aug. Coſ. vias omnes Ariminis. ter.

En ſortant de Rimini, on marche ſur les Dunes pendant quinze mille entre la mer [b] & la campagne. J'ai remarqué en paſſant au village de Catholica au-deſſus du portail de la grande Egliſe, une Inſcription dans laquelle il eſt dit, qu'un Concile d'Evêques preſque tous Ariens, étant aſſemblé à Rimini l'an 359. les Orthodoxes alloient faire leurs dévotions dans ce village, qui depuis a porté le nom de Catholica. Vous ſçavez l'hiſtoire de ce Concile, ſi toutefois on le peut appeller ainſi. On apperçoit à dix ou douze mille de-là vers l'Apennin, la Ville & la République de S. Marin ſituée *à dix mille de Rimini* ſur le ſommet d'une montagne, au bas de laquelle ſont les limi-

Catholica.

---

[a] *Suggeſtum*. Si la choſe n'eſt pas vraye, elle n'eſt pas improbable.

[b] Al Lido del mare, eſſendo la Marina quieta & piacevole, ſe vedono le mura con le ſommita delle torri, & d'altri edifice della Citta di Conca, già molto tempo de'l mar ſommerſa. L. *Alb.*

tes de l'Etat. Ce petit essaim d'abeilles se maintient heureusement depuis plusieurs siécles, parce qu'il n'est exposé à l'envie, ni à la jalousie de personne. Il y a six ou sept mille de Catholica à Pesaro; tout ce païs est parsemé de jolies maisons, & fort agréablement cultivé.

Pesaro [a] est plus grande, mieux bâtie, PESA plus propre & plus riante que Rimini. Sa RO. situation sur une petite hauteur, lui donne aussi un air plus pur, & un plus grand jour. Rien n'est si agréable que les petits côteaux qui l'environnent ; c'est un mélange réjoüissant de pâturages, de vignobles & de vergers. Les olives en sont admirables; mais les figues surpassent tous les autres fruits en bonté & en réputation : on ne parle par toute l'Italie, que des figues de Pésaro. La meilleure viande n'y coûte que trois *bayoques* la livre, qui est de dix-huit onces, c'est-à-dire, un peu moins que deux liards ou deux *farthings* la livre d'Angleterre. Le pain & le vin sont encore à meilleur marché à proportion, & ainsi du reste. La mer & les rivieres y fournissent aussi toute sorte d'excellens poissons; de sorte qu'à tous égards, cette ville joüit abondamment des commodités de la vie. Elle est passablement bien [b] fortifiée, quoiqu'un peu à l'antique, & les maisons sont commune-

---

[a] L'air de Pesaro est bon en Hyver, mais mauvais en Eté, & très-dangereux pendant les mois de Juillet & d'Août.

Le Duc d'Urbin y faisoit sa résidence en Hyver. Colon. Rom. l'an de Rome 569.

[b] Par Jean Sforzce.

ment assez jolies. Nous n'y avons trouvé aucun ancien monument. Il y a une fort belle fontaine dans la grande Place, & une statue du Pape Urbain VIII. sous le Pontificat duquel cette ville & tout le Duché d'Urbain, fut réüni à l'Etat Ecclesiastique.

FANO. A la sortie de Pésaro, nous avons repris le chemin du rivage, & nous l'avons suivi pendant sept mille jusqu'à Fano. Il est toujours comme je vous l'ai représenté, au de-là de Rimini, excepté que la mer [a] apportent quantité de glands, de chataignes, de noix, de cyprès, de jonc, de feüilles & diverses autres choses qui viennent apparemment des rivieres, & que le vent repousse de tems en tems. Une personne de notre compagnie a trouvé sur le sable un de ces petits poissons qu'on nomme en ce païs *Cavalleto*. Quelques-uns l'appellent en France cheval-marin, & d'autres, petit dragon: j'en avois souvent vû dans des cabinets de curiosités, & je ne doute pas que vous ne les connoissiez aussi. Il se seche en fort peu de tems, & on le conserve fort bien ainsi sans autre façon. Il est certain que cette petite bête n'a pas mal la tête & l'encolure d'un cheval. On dit que la femelle n'a point de crin à l'encolure. Ces crins tombent quand l'animal commence à devenir sec. On lui attribuë diverses proprietés, & l'on assure entre autres choses, qu'il guérit de la rage, étant

[a] Lorsque j'y ai passé quelques années après, je n'y ai trouvé que peu de toutes ces choses-là.

Tom. 2. Pag. 16.

mangé rôti & appliqué sur la morsure après qu'on l'a pilé & broyé avec du miel & du vinaigre.

Fano est une assez jolie petite ville. Nous n'y avons rien vû de remarquable, qu'un Arc de Triomphe §. *construit du tems d'Auguste, à ce qu'on prétend*, & duquel même les Inscriptions sont presque toutes effacées. Cet Arc a trois portes, au lieu que celui de Rimini est d'une seule arcade. On vante les trufles de Fano, & on dit aussi que les femmes y sont beaucoup plus belles que dans les autres villes du païs; mais il me semble que cette prétendue différence doit être assez suspecte.

A un mille de Fano, nous avons passé sur un pont de bois long de cinq ou six cens pas, les diverses branches du torrent de Pongio, qui inonde toute cette étendue, quand les neiges de l'Apennin commencent à fondre; & nous avons ensuite repris le chemin de la mer pendant quinze mille, jusqu'à Sénegallia. Quoique cette ville soit ancienne, nous n'avons pas appris qu'il y reste aucuns vestiges de son antiquité. Elle est enceinte de bonnes murailles, qui sont défendues de quelques bastions; mais tout cela est fort irrégulier.

SENE-
GAL-
LIA.

Par un très-grand bonheur, & à cause de notre lassitude plûtôt qu'autrement, nous avons refusé d'aller à une Comédie, qui se joüoit chez le Gouverneur. Le lendemain matin, qui étoit avant-hier, on nous est venu dire, qu'un peu avant la fin de la piece, la voûte qui supportoit le Théâtre avec une partie de la fale & des premieres loges, avoit fuccombé fous le fardeau dont elle étoit extraordinairement furchargée, que trente perfonnes avoient eté tuées fur le champ, & quantité d'autres bleffées, & que toute cette pauvre petite ville étoit dans un défordre & dans une affliction inconcevable, n'y ayant prefque point de perfonnes confiderables, qui n'euffent quelque part à ce malheur.

En fortant de Sénegallia, nous fommes rentrés fur le rivage, & nous y avons fait dix-fept mille fans trouver aucunes autres maifons qu'un vieux Château & quelques cabarets à cent pas de la mer. Proche du petit village appellé la Turette, nous avons repris le chemin de terre pendant trois mille jufqu'à Ancone [a], où nous voici. Cette ville eft fondée fur un double côteau, à la pointe du promontoire, §. *de forte qu'elle eft un amphithéâtre.* Elle eft plus grande qu'aucune des quatre ou cinq dernieres dont je vous ai parlé; mais elle n'eft pas beaucoup plus riche, quelque bon que foit fon port, & quelque fertile que foit fon païs. C'eft une chofe furprenante, que la maniere dont le trafic s'eft anéanti dans un lieu, qu'il avoit autrefois rendu affez fameux. Il eft vrai qu'après l'exemple d'Anvers,

ANCO-
NE.

---

[a] L'an 1532. Clement VII. la furprit; & depuis ce tems-là elle appartient à l'Etat Ecclefiaftique. [Les Négocians de toute Religion peuvent demeurer à Ancone, pourvû qu'ils ne faffent aucun exercice public, que de la Religion du Païs. N. B.]
On blanchit fort bien la cire à Ancone. *Du Val-*

rien de semblable ne nous doit étonner. Les rues d'Ancone sont étroites, & par conséquent obscures; il n'y a, ni fort belles maisons, ni belles Eglises, ni Places considerables, & sa situation haute & basse, la rend tout-à-fait incommode. La Citadelle que l'on voit en entrant sur la premiere hauteur, commande la ville & le port; & sur l'autre côteau qui fait la pointe du cap, est l'Eglise de S. Cyriaque. §. *L'Evêque fait sa résidence sur cette hauteur.* Nous y avons monté avec beaucoup de peine & peu de satisfaction. C'est un édifice bas & obscur dont la façade est revêtue à la vérité d'un marbre assez beau, mais sans aucun ordre d'architecture & sans ornement. Ce qu'il y a de principal dans cette Eglise pour les gens du païs, ce sont de prétendus Corps saints & des Reliques en quantité: ils se vantent d'avoir Ste Ursule aussi-bien que ceux de Cologne. Pour nous, ce que nous y avons trouvé de plus à notre gré, c'est la vûe qui s'étend sur la mer, sur la ville & sur un beau païs. On voit à l'entrée du Mole un Arc Triomphal de très-fin marbre blanc: §. *C'est une précieuse antiquité.* Cet Arc fut érigé à Trajan par l'ordre du Sénat. L'Inscription qui s'y est conservée très-parfaite, nous a appris que ce fut en reconnoissance de ce que ce Prince avoit amelioré le Port de ses propres deniers.

Imp. Cæs. Divi Nervæ F. Nervæ Trajano optimo Aug. Germanic. Dacio. Pont. Max. Tr. Pot. XVIII. Imp. XI. Cos. VII. P. P.

Providentiffimo Principi S. P. Q. R. Quod adceffum Italiæ hoc etiam addito ex pecunia fua portum tutiorem navigantibus reddiderit.

<table>
<tr><td>A droite.</td><td>A gauche.</td></tr>
<tr><td>*Plotinæ Auguft.*</td><td>*Divinæ Marciane Aug.*</td></tr>
<tr><td>*Conjugi Auguft.*</td><td>*Sorori Aug.*</td></tr>
</table>

On nous difoit tantôt, comme nous confiderions ce Monument, que je ne fçai quels Moines l'avoient plufieurs fois demandé avec inftance, pour en employer les matériaux à quelque ouvrage de leur Couvent, & qu'il avoit enfin fallu les chaffer avec menaces, pour fe délivrer de leur importunité. §. *La Statue Equeftre de Trajan étoit placée fur le haut avec deux autres en pied. C'étoient fans doute celles de Plotine & de Marciane. Elles ont fubfifté, à ce qu'on dit, jufqu'au tems que les François ont pillé la Ville. On garde dans une grande fale le pied & une partie de la jambe du cheval de Trajan. Ce fait eft attefté par une Infcription.*

La Bourfe où s'affemblent les Marchands, eft comme un portique de raifonnable grandeur. Il y avoit aux quatre coins de la voute, quatre ftatuës qui repréfentoient la Foi, l'Efperance, la Charité, & la Religion; mais il vint un tremblement de terre, il y a quelques années, qui ébranla les trois Vertus, & qui fit tomber la Religion. §. *Il y a environ mille Juifs à Ancone. Ils font prefque tous riches. Le Sang y eft beau.*

Je ne fçaurois m'empêcher de vous dire quelque chofe des habillemens, que, grate au jour de fête, nous avons aujourd'hui vûs ici. Les principaux Bourgeois ont communément un manteau noir, doublé de verd, des bas bleus, ou feüille morte; des souliers blanchis de craye, noüés d'un ruban de couleur; le pourpoint déboutonné, avec des paremens de brocard bigarré, & de grands lambeaux de chemises, qui descendent jusques sur le bout des doigts. Les petites bourgeoises portent une maniere de toilette sur la tête, avec une longue frange qui leur accompagne le visage, & qui leur en chasse les mouches, en guise de caparasson. Le corps de robe est rouge ou jaune, lacé de quatre côtés, & chamarré d'un galon de livrée : La taille courte, la jupe de même, & tout cela de cinquante couleurs. Les *grosses Madames* sont ajustées & *enfontangées*, tant qu'elles peuvent à la Françoise ; mais pour dire la verité, leur singerie a quelque chose de plus grotesque, que la maniere naturelle des autres.

Au reste, tout cela ne fait ni bien ni mal ; mais ils ont dans tout ce païs, depuis Ferrare particulierement, & à ce qu'on nous dit, presque par toute l'Italie, une autre coûtume fort incommode, sur-tout en cette saison. Ils ne sçavent ce que c'est que de vitres, & leurs chassis ne sont garnis que de toile, ou de papier toûjours déchiré ; de sorte qu'il faut inventer tous les soirs des machines pour se mettre un peu à l'abri. Cela nous fait quelquefois regreter notre paille d'Allemagne, où si les lits nous manquoient, nous avions du moins un bon poële bien chaud & bien fermé. Pour nous achever de peindre, ils nous apportent d'ordinaire une fricassée de trois œufs, ou autant de sardines pour le souper de cinq ou six personnes. Il faut se battre pour avoir à manger, & payer pourtant comme si on faisoit bonne chere. Le prix reglé à tant par tête, est trois *Jules* pour le dîner, & quatre au soir, à cause du lit, ce qui revient à près de [a] quatre *shillings* par jour.

§. *On trouva sur la Côte à Ancone, il y a environ trente ans, un Casque de fer à l'exterieur duquel il s'est attaché de petits cailloux qui le couvrent entierement, de l'épaisseur d'un pouce, & qu'on ne peut en arracher. Il n'y a rien dans la partie interieure. Ce Casque se voyoit dans le Cabinet du Signor Camille Pichi en* 1714.

J'apprens que la Poste doit partir tantôt, ce qui me convie à finir ici cette Lettre, pour ne pas négliger l'occasion de vous l'envoyer. J'ajoûterai seulement un mot touchant le flux & le reflux. Vous devez compter qu'il est plus ou moins sensible, selon l'éloignement du fond ou de l'extrêmité du Golfe. A Venise la marée monte

---

[a] Environ cinquante sols monnoye de France. Polibe raconte que de son tems [*vers l'an* 550. *de Rome*] on faisoit un bon repas en Italie pour un denier; *Hospites Viatoribus honorifice acceptis & omnibus ad victum necessariis abundè subministratis, non amplius quam siliquem capiunt; hæc oboli tertia pars est.* Polyb. Il est vrai que l'argent étoit alors rare. §. Les sept *Jules* font à present environ quatre livres de notre monnoye.

de quatre pieds & demi ou environ : près de Ravenne de trois : de deux à Pesaro, & d'un, tout au plus, à Ancone dans les grandes marées ; de telle maniere qu'il s'anéantit enfin tout-à-fait.

J'espere que nous arriverons demain sur le midi à Lorette : Vous devez être persuadé, que je ferai tout ce qui sera nécessaire, afin de vous pouvoir mander des nouvelles certaines de la *Sancta Casa*. Je suis,

Monsieur,

Vôtre, &c.

A Ancone ce 24. Février 1688.

LETTRE XX.

M ONSIEUR,

Je ne pense pas qu'il y ait en Italie un meilleur païs, ni un plus mauvais chemin que celui d'Ancone à Lorette. Nous y arrivâmes hier, comme de pauvres Pelerins bien las & bien crottés, ayant été souvent obligés de descendre de carosse pour le soulager.

Lorette. Tout le monde a quelque connoissance de la Nôtre-Dame de Lorette ; mais comme on en parle fort diversement, & que le fait est des plus curieux, j'ai envie de vous faire un petit abregé de tout ce que je viens de voir & d'entendre sur ce sujet. §. *Les trois Portes de l'Eglise, & les Fonds Baptismaux, sont de bronze, & d'un beau travail : c'est la premiere chose qui frappe les yeux.*

La Maison qu'on appelle ici *Sacratissimo Sacello, Gloriosa Cella, Domus aurea, Domus Sapientiæ, Vas insigne devotionis, Sanctuarium Dei, propitiatorium Altissimi, Civitas refugii, Puteus aquarum viventium, Terror Dæmonum, Spes desperantium, Gloria Jerusalem, Tabernaculum Fœderis, Solium gloriæ Dei, Sacrarium Divinitatis, &c. Sacrosanta Casa,* est la même, dit-on, dans laquelle la Vierge Marie est née, où elle a été fiancée & mariée avec Joseph, où s'est faite

faite l'Annonciation de l'Ange, & l'Incarnation du Fils de Dieu. (a) *E tanta è la dignità di questo luogo, così sublime la Maestà, ch'à tutti i sacri luoghi, che sono sotto il Cielo, e preferito il sacello di Loretto.* Cette Maison étant à Nazareth, les Anges la transporterent, dit-on, en Dalmatie, & la poserent sur une petite montagne appellée Tersatto, le dixiéme de May de l'année 1291. Elle ne fut là que trois ans & sept mois, après quoi les Anges l'enleverent encore, & l'aporterent au milieu d'une forêt, dans le territoire de Récanati, qui est de la Marche d'Ancone. La mélodie céleste réveilla les habitans du voisinage, qui accoururent de tous côtés, & virent le miracle à la faveur d'une grande lumiere, dont la Maisonnette (b) étoit environnée. Toute la nature tressaillit de joie, & il n'y eut pas jusqu'aux chênes de la forêt, qui ne se courbassent pour rendre leurs hommages ; il ne leur manqua que la voix de ceux de Dodone. Après que cette Maison eut été là huit mois entiers, elle s'y déplût à cause des vols & des brigandages qui se faisoient continuellement dans les environs ; de sorte qu'elle fut transportée pour la troisiéme fois à un mille de là, sur ce même côteau où nous voici présentement. Mais elle n'y fut pas

---

(a) I. Cartagene dans le livre intitulé : *Arcani di Maria.*
Terribile è questo luogo, quale altro non à che Casa di Dio, & Porta del Paradiso. Jacobon. l. 1. 6. 1.

(b) On vend à Lorette une Carte géographique, où l'on a marqué tout le voyage de la *Santa Casa.*

Tome II. B

aussi-tôt arrivée, qu'il s'éleva de grandes contestations entre deux Freres à qui la terre appartenoit, chacun voulant avoir la Maison dans son lot. Cela fut cause que quatre mois après, les Anges l'enleverent encore de cet endroit, & la placerent à quelques pas de là, au beau milieu d'un grand chemin, d'où elle n'a bougé depuis ce tems-là. Il est vrai que pour la garantir des inconveniens ausquels ce lieu l'exposoit aussi-bien que les autres, & pour tâcher de prévenir le malheur d'un nouveau changement : on bâtit en ce même endroit une magnifique Eglise, au milieu de laquelle elle se rencontre à l'abri de toute sorte d'insulte. Et pour la conserver plus précieusement encore, on a depuis élévé quatre murailles qui l'environnent, & qui la renferment comme dans une boëte, sans toutefois la toucher, de peur que les deux murailles étant unies, ne vinssent un jour à être confonduës (a). Quelques-uns alléguent une autre raison de cette séparation, & disent que les pierres reculoient avec violence, & blessoient les ouvriers quand

(a) Le *Docte & pieux* Lattels prouve solidement cette histoire, par quatre principaux argumens.

1. Par la toute-puissance de Dieu.
2. Par la probabilité du fait, à cause de l'Intelligence, ou de l'Ange qui fait mouvoir le grand Mobile.
3. Par la quantité de riches presens que tant de Princes ont envoyés.
4. Par l'antiquité des peintures dont on voit quelques restes dans la *Santa Casa*. La Clef de la *Santa Casa*, se garde chez les Dominicains de Farfa à vingt-cinq milles de Rome.

ils les vouloient joindre à ce Bâtiment sacré ; tellement qu'ils furent contraints de laisser quelque espace entre deux. Tout ce que le Dessein, tout ce que la Sculpture, & tout ce que l'Architecture ont de beau ; ou du moins tout ce que le commencement du Siécle passé avoit d'excellens ouvriers, furent employés à cet ouvrage. C'est un ordre Corinthien, & un marbre blanc de Carrare, avec de bas-reliefs extrêmement finis, où toute l'Histoire de la Vierge est représentée. §. *Ceux de la façade du côté de la porte & les Statuës placées de ce même côté paroissent les meilleurs.* Il y a aussi deux niches l'une sur l'autre, entre les doubles colonnes. Dans les dix niches d'enbas, sont les Statuës de dix Prophêtes, & dans les niches d'enhaut, celles des dix Sibylles.

C'est là-dedans qu'est renfermée la *Santa Casa*, laquelle ne consiste qu'en une seule chambre, ou plûtôt en une seule sale. Elle est longue en dedans de quarante-quatre palmes, large de dix-huit, & haute de vingt-trois ; c'est-à-dire, trente-deux pieds, treize, & dix-sept ou environ : la palme & demie faisant justement treize pouces mesure d'Angleterre.

On veut faire accroire, à ceux même qui sont sur les lieux, que cette Maison est bâtie de certaines pierres inconnuës, pour persuader d'autant mieux qu'elle vient de loin : mais cela n'est bon à dire qu'à des aveugles volontaires. J'ai examiné la chose par deux fois de fort près, & avec assez de loisir. Il est vrai qu'il y a eu de l'affectation

B ij

dans le choix des briques, qui sont de manière différente, & d'inégale grandeur. Cependant il n'est pas moins certain, & j'ai très-distinctement vû, que ces murailles sont pourtant de brique, véritablement brique, & de quelques pierres plates grises ou roussâtres, & communes par tout. Tout cela est bâti à chaux & à sable, comme nos maisons ordinaires, mais les pieces en sont mal jointes & mal arrangées, ce qui peut faire conjecturer, avec assez de raison, que cet ouvrage a été maçonné fort à la hâte.

Je ferai ici une petite digression, pour ne pas oublier la pensée qui me vient sur cela. Ce fut sous le Pontificat de Boniface VIII. que ce prétendu miracle arriva : [a] Et si vous faites réflexion à la vie de ce fameux Renard, que toute l'histoire nous représente comme le plus rusé, le plus ambitieux, & le plus avare de tous les hommes du monde, il n'y aura ce me semble qu'à ajoûter à ces considérations, celle de sa puissance & de son autorité, pour demeurer d'accord que c'étoit un vrai homme à entreprendre une fourberie comme celle-ci. Après avoir supposé des Anges, qui firent peur au bon homme Célestin son Prédecesseur, & qui l'obligerent à s'en retourner dans son hermitage, après avoir abdiqué le

[a] C'est de lui qu'on dit qu'il parvint au Pontificat en Renard, qu'il vécut en Lion, & qu'il mourut en Chien. [Ce fut lui qui inventa, & qui porta le premier la triple Couronne.]

Intravit ut vulpes, regnavit ut Leo, mortuus ut canis

Pontificat ; il eſt aſſez de la vraiſemblance qu'il ſe ſervit des mêmes Anges pour l'expédition de Lorette. Il fut plus facile de bâtir cette Maiſonnette en une nuit, que de conſtruire un Moulin entier, comme les *Jeſuites* ſont convaincus de l'avoir fait à Ste. Foi, proche de Grenade. La verité de cette hiſtoire eſt ſoutenuë par M. Arnaud, dans une de ſes lettres à l'Evêque de Malaga. (*Voyez le I. Tome de la Morale pratique des Jeſuites*) Mais retournons à la *Santa Caſa*.

Vous devez comprendre parce que je vous en ai dit, qu'on ne peut pas en voir les dehors, & que par conſéquent c'eſt toujours du dedans dont je parle. La maçonnerie eſt preſque toute découverte, mais il reſte des fragmens d'enduit couvert de peinture, qui font juger qu'autrefois il y en avoit par tout. L'Image de la Vierge tenant le petit Jeſus entre ſes bras, paroît en cinq ou ſix endroits, ſur ce qui reſte de ces peintures. Ce ſacré Tabernacle eſt ſitué d'Orient en Occident, quoique cette maniere de bâtir les Egliſes, s'obſerve peu en Italie. Vers l'Orient eſt la petite cheminée de la chambre ; & au-deſſus dans une niche, la grande Nôtre-Dame de Lorette. On dit que cette Nôtre-Dame eſt de bois de cédre, & l'on ſçait par mille révélations, que c'eſt un ouvrage de Saint Luc, qu'on a fait ainſi Sculpteur, auſſi-bien que le Peintre, quoiqu'il n'ait jamais été ni l'un ni l'autre. La Figure eſt haute de quatre pieds ou environ. (*a*) Les ornemens dont elle eſt chargée, ſont d'un prix infini. Sa Triple couronne, qui eſt toute couverte de joyaux précieux, eſt un (*b*) preſent de Loüis XIII. Roi de France. On m'a dit que ce diſtique eſt gravé par dedans.

Tu Caput ante meum cinxiſti VIRGO, Coronâ.
Nunc caput ecce tegit noſtra Corona Tuum.

Aux deux côtés de la niche, il y a deux armoires pleines des anciens ornemens de la Statuë, & dans l'autre petite fenêtre, qui eſt menagée dans le mur du côté du Midi, on conſerve quelques plats de terre, qui ont ſervi, dit-on, à la Sainte Famille. Il y a pluſieurs de ces vaiſſeaux que l'on a recouverts de lames d'or; mais nous n'en avons pû voir qu'un, qui eſt ſeulement revêtu d'argent par-deſſous. On voudroit perſuader que cette écuelle eſt d'une terre étrangere, ce qui au fond n'auroit pas été difficile à prouver; mais ce n'eſt rien autre choſe que de la fayence, dont l'émail n'a pas même été ſi ſoigneuſement écrouté, qu'il n'en paroiſſe encore quelque partie. Vis-à-vis de la Nôtre-Dame, au bout qui regarde l'Occident, eſt la fenêtre par où ils diſent que l'Ange entra : quelques-

---

(*a*) Elle a un grand nombre de robes de rechange, & ſept differens habits de deüil, pour la Semaine ſainte. Soit qu'on l'habille, ou qu'on la desbabille, cela ſe fait avec le grandes cérémonies.

(*b*) Le Roi donna auſſi une Couronne au *Bambino.*

N. Dame de Lorette Tom. 2. Pag. 30.

uns ajoûtent qu'elle difoit alors fon Chapelet. Cette fenêtre me paroît avoir trois pieds de haut, & un peu moins de large.

On ne m'a pû dire ce qu'eſt devenu le vieux toît, ni le petit clocher qu'on remarque, dans les anciennes peintures qui repréſentent cette Maiſon; car la voute qu'on y voit aujourd'hui, eſt de plus nouvelle fabrique. Pour les cloches, on les a; & leur uſage feroit qu'en les ſonnant, on appeſeroit ſur le champ toute ſorte de tempête; mais on ne s'en ſert point de crainte de les uſer.

Il ne faut pas oublier deux choſes bien conſidérables, que l'on dit avoir été tranſportées en même tems que la Maiſon. L'Autel fait de la propre main des Apôtres: & la pierre ſur laquelle S. Pierre célébra ſa premiere Meſſe. Cela eſt recouvert d'argent, & tient place entre les Reliques, ſous l'Autel où l'on célébre ordinairement. Le pavé eſt de carreaux de marbre blanc & rouge. Ce n'eſt pas l'ancien pavé; car ils diſent que les Anges le laiſſerent à Nazareth, avec les fondemens de la Maiſon. Pour aider à prouver l'hiſtoire de ſa tranſlation, on inſiſte fort ſur ce qu'il paroît, dit-on, qu'en effet elle n'a point de fondement, & qu'elle eſt poſée ſur terre, comme étant tombée du Ciel.

On entre dans ce ſacré lieu par trois portes, deux deſquelles ſont vers le bout qui regarde l'Occident, & donnent paſſage en traverſant du Nord au Midi, c'eſt par-là que les Pelerins ſont introduits. L'autre

B iiij

porte est aussi du côté du Midi, mais vers l'Orient, & elle conduit dans le lieu qu'on appelle le Sanctuaire (*a*), c'est-à-dire l'espace qu'on a ménagé entre l'Autel, & le bout de la Chambre où est la Nôtre-Dame.

Je n'entreprendrai pas de vous représenter les richesses qui sont en cet endroit, car ce seroit une chose bien longue & bien difficile. Je vous dirai seulement qu'on est ébloüi de la multitude infinie des pierres précieuses dont le manteau de la Statuë est quelquefois chamarré : Ce ne sont aussi tout autour que Lampes, que Statuës, que bustes, & autres figures d'or & d'argent. §. *On y voit un très-beau Tableau d'Annibal Carrache, & les Plans en argent de plusieurs Villes à qui la Madone a accordé sa protection.* Sans parler des candelabres d'argent & de vermeil, qui sont au nombre de vingt-huit, il y en a douze d'or massif, deux desquels pesent trente-sept livres chacun (*b*). La derniere offrande riche, & toujours laissée pour un tems sous les yeux de la Nôtre-Dame, dans un lieu preparé pour cela. Celle qui occupe présentement cette place honorable, c'est un Ange d'or, lequel tient un cœur plus gros qu'un œuf, tout couvert de diamans d'un grand prix. Le *Jesuite* An-

---

(*a*) Non si permette l'entrar dentro, con armi offensive. B. *Bartoli.*

Il est permis de lécher les murailles ; mais on assure qu'il est arrivé des choses terribles à ceux qui ont eu l'audace d'en enlever la moindre partie.

(*b*) La Couronne d'or que Talus envoya à Rome pour être mise dans le Capitole, pesoit deux cens quarante-six livres.

glois qui nous a conduits, nous a appris que c'étoit un présent de la Reine d'Angleterre. Ce R. Pere nous a dit aussi une grande nouvelle, dont vous deviez bien, ce me semble, nous mander quelque chose. Il assure que cette Princesse est grosse, & il ajoûte qu'on ne peut pas douter que ce ne soit par miracle, puisqu'on a calculé que l'instant même auquel le present est entré, a été le (*a*) moment heureux auquel elle a conçû.

Voici des vers qu'il a faits sur cela, & dont il a bien voulu me donner copie. Il introduit l'Ange parlant à la *Madone*, & la *Madone* lui répondant.

(Ang.) *Salve*, VIRGO *potens: En, supplex, Angelus adsum.*
  Reginæ Angelorum *munera, vota, fero.*
Perpetuos edit gemitus mœstissima Princeps:
  Sis pia, & Afflictæ quam petit asser opem.
Casta Maria *petit Sobolem; petit* Anglia*, Summi*
  Pontificis (*b*) *titubans Religioque petit.*
Inculti miserere uteri: sitientia, tandem,
  Viscera, fæcundo fonte rigare velis.

(Virg.) *Nuncie Cœlestis,* Reginæ *vota secundo;*
  Accipiet socii pignora clara tori.
Immò; Jacobus*, dum tales fundo loquelas,*
  Dat, petit amplexus; concipit Illa. *Vale.*

(Ang.) *Sed Natum, ô* REGINA*, marem*
  Regina *peroptat;*

(*a*) Cinq heures, cinquante-huit minutes du matin.

(*b*) *Scilicet in magnâ Britanniâ.*

Nam spem jam Regni (a) *Filia bina fovet.*
Dona, VIRGO, *Marem.* (Virg.). Jam
condunt ilia Natum.

Fulchrum erit Imperii, Relligionis honos.

(Ang.) Reginam *exaudit.* REGINA MARIA Mariam.

Alleluia ! ô felix ! ter, quater, Alleluia !

(L'Ange.) Bien vous soit, puissante Madone. Vous voyez un Ange du Ciel, qui vient vous présenter une très-humble Requête. Marie Reine d'Angleterre, est dans une afliction inconcevable de n'avoir point d'enfans. Elle vous saluë avec toute humilité, & vous supplie d'agréer le présent & les vœux qu'elle vous adresse : Soyez touchée de compassion pour Elle, ô sainte & pitoyable Vierge ! & faites en sorte, je vous en conjure, que ses entrailles alterées & un peu negligées, puissent être fécondement arrosées, afin qu'Elle conçoive, & qu'Elle engendre bien-tôt selon son souhait. Cela est nécessaire, non-seulement pour sa consolation, mais aussi pour le bien des Etats dont Elle est Reine ; & pour l'affermissement de la Religion Catholique, qui est présentement chancellante en ce païs-là.

(La Madone.) Oüi-da, cher Gabriël, j'accepte volontiers le present de la Reine d'Angleterre, & j'éxauce ses vœux. Elle aura des Enfans, je te le promets. Au moment que je te parle, la chose se fait : Jacques embrasse Marie, Marie embrasse Jacques, & Marie conçoit.

(L'Ange.) *Mais, ô benigne Madone, c'est*

(a) Les Princesses d'Orange & de Dannemarc.

un Fils que la Reine demande à Vôtre Majesté (a) *celeste ; car il y a déja deux Filles du Roi qui sont capables d'heritier :* (la Princesse d'Orange, & la Princesse de Danemarc.) *accordez donc un Fils aux vœux de Marie.*

(*La Madone.*) Oüi, mon Enfant, la Reine aura un Fils. Crois-moi, l'affaire est déja faite. Cet heureux Heritier sera l'honneur & l'appui de la Couronne & de la Religion. Adieu : Va-t'en en paix.

(*L'Ange.*) *O joie inexprimable ! ô sujet d'éternelles acclamations ! LA REINE MARIE exauce la Reine Marie. O bonheur ! ô félicité ! Alleluïah ! Alleluïah ! Alleluïah !*

Jamais vers ne furent recités d'un ton plus doucereux, ni d'un air plus content. Le Compagnon du Jesuite les trouva si bien prononcés, qu'il en demanda humblement la répétition, quoiqu'il les sçût déja par cœur ; & cette grace lui fut incontinent accordée. Mon visage riant sembloit aussi applaudir ; mais mon silence n'accommodoit pas tout-à-fait le Reverend Pere : il soupçonna qu'il y avoit là quelque chose qui ne me plaisoit pas, & il me pria tant de lui dire sincerement ma pensée, que je ne pûs me dispenser de le faire. Je loüai d'abord de certains endroits, comme la *Source féconde* que l'Ange demandoit ; & le *Dat petit amplexus*, qui me paroissoit beaucoup significatif. Oui, dit-il, *la maniere de dire*

(a) *Ou Loretique.*

B vj

la chose, n'est pas moins douce & fine, qu'énergique & démonstrative ; cela exprime une ardeur mutuelle. J'ajoûtai que puisqu'il me permettoit de parler franchement, je ne ne pouvois m'empêcher de lui dire, que le commencement du septiéme vers, me choquoit autant, que celui du douziéme me sembloit beau ; que l'*Uterus* dont il parloit, ne manquoit point de culture, à en juger selon toutes les apparences ; que cela faisoit tort au Royal Epoux ; & qu'en un mot ce terme d'*Inculti* m'étoit insuportable, & n'exprimoit point du tout sa pensée. Il voulut d'abord se défendre ; mais enfin il céda, & il fut arrêté, qu'au lieu d'*Inculti miserere uteri*, désormais il mettroit, *ô humilem species uterum*, ou quelque chose de semblable. J'aurois passé sur le *Vale*, mais il m'avoüa, sans que je lui en parlasse, qu'il ne l'avoit mis là que pour achever le vers. L'*Alleluia* le charmoit sur toute chose : Il trouvoit qu'on ne pouvoit pas finir plus heureusement. Il est vrai, lui dis-je, *Alleluia* est une parole Angelique ; c'est une exclamation de loüange & de joie, que vous avez placée fort à propos ; mais vous ne vous souvenez pas, ajoûtai-je, que les trois premieres syllabes d'*Alleluia*, sont toutes trois longues, au lieu que vous en faites un Dactyle, & que ce mot Hebreu, s'écrit en Grec Αλληλυια. Il se sauva pour l'antepenultiéme, en me criant [a] Prudence qui l'avoit fait breve malgré l'η Grec, qui ne

[a] *Amen reddidit ; Alleluia dixit.* C'est un vers Phaleuque.

signifioit pas grand chose, puisque le terme étoit Hebreu ; & il confessa que la penultiéme étoit nécessairement longue. §. *La seconde est nécessairement breve en Hebreu, puisque le scheva qui la forme, est absolument le plus court de tous les points ou voyelles.* Mais il conclut que la beauté d'une pensée pouvoit faire negliger une délicatesse de quantité : & il résolut de garder son *Alleluia*, à quelque prix que ce pût être. Nous avions déja changé de discours, quand le jeune Frere demanda permission de critiquer le *Natum* du quinziéme vers : Il dit que le Fils n'étant pas encore né, on ne devoit pas l'appeller *Natum* : & qu'il ne lui paroissoit pas possible de donner le nom de *Natus* ou de *Filius*, à un Embrion d'une demie minute, ou plûtôt à la matiere informe d'un *fœtus*. Mais le Pere Poëte se mocqua de cela ; il répondit que la parole de la Sacro-Sainte *Madone* étoit une parole sûre, que né ou à naître, *Natus*, *Filius* ou *Mas*, signifioient la même chose en cette occasion ; qu'il n'étoit proprement question que du genre, & qu'on parloit des choses infaillibles de la même maniere que de celles qui étoient déja arrivées. Le Frere avoit encore une difficulté à faire sur *Natum Marem* ; il dit tout bas qu'il n'y avoit point de *Natus fæmina* ; mais il craignit de déplaire. Ainsi finit la conversation.

Il y a un grand nombre de chandeliers à branches & d'autres luminaires tout autour de la Maison en dehors, c'est-à-dire à l'entour de ces murailles qui la renferment. Mais ce que nous avons trouvé de plus rare dans cet endroit, ce sont les Processions de ceux qui font le tour de cette Maison à genoux; les uns tournent cinq fois, les autres sept & les autres douze, selon le mystere qu'ils cherchent dans le nombre. Représentez-vous quarante ou cinquante personnes, hommes, femmes & petits enfans, tout cela trottant sur ses genoux en tournant d'un côté, & un pareil nombre qui le rencontre, en allant de l'autre. Chacun tient son Chapelet, & murmure ses patenottes; cependant ils songent tous à cottoyer la muraille, tant pour abréger le chemin, que pour approcher de plus près le Saint lieu, ce qui fait souvent entrechoquer & ne cause pas peu d'embarras. Cela ne se fait que quand il y a peu de monde. Le grand abord des Pelerins est à Pâques & vers le tems de la Nativité de la Vierge, qu'on assigne au mois de Septembre: alors on est bien contraint de prendre d'autres mesures. Je ne me hazarde qu'avec peine, à vous dire une chose qui paroît presque incroyable, & qu'on nous affirme pourtant comme très-vraie; c'est que dans les années du plus grand concours, on a diverses fois compté deux cens mille Pelerins & plus pendant ces deux Fêtes. §. *Il est inutile de faire aucune réflexion sur tout ce que Misson dit ici & en mille autres endroits des Reliques & des dévotions, & du ridicule qu'il s'efforce de jetter sur bien d'autres articles. Tous les Protestans tiennent la même langage, & les Catholiques y sont tellement accoûtumés, que tout ce que l'on trouve ici & ailleurs, doit être aussi peu capable de scandaliser ces derniers, qu'il l'est de renverser leurs principes.*

Il est difficile d'imaginer une chose plus plaisante, que les caravanes de Pelerins & Pelerines, quand ces Caravanes arrivent ensemble en corps de Confrèries. Plusieurs Confrèries de Boulogne, par exemple, se joignent pour faire le Pelerinage de compagnie. Chaque Societé se revêt de son * sac de toile ordinaire, avec le capuchon de la même toile fait en chausse d'hipocras, qui couvre entiérement la tête, & ne laisse que trois trous pour les yeux & la bouche. Il y a des Confrèries de toutes couleurs. On n'oublie pas les grands Chapelets, les ceintures, les bourdons & les Armes de la Confrèrie qui sont ou peintes ou brodées, & qui se portent devant & derriere sur le dos & sur la poitrine de chaque Confrere. Ces Pelerins ainsi équipés, montent sur des ânes : ces ânes sont réputés avoir quelque odeur de Sainteté, à cause de leurs fréquens Pelerinages. Ils ne trébuchent presque jamais ; & si quelquefois cet accident leur arrive, c'est, dit-on, sans aucun danger pour le Pelerin. Voilà pour les hommes. Les femmes s'habillent le plus richement qu'il leur est possible, & attachent à leurs corps de robe un petit bourdon de la longueur de la main (a),

* Cacco-la.

(a) Il y en a d'or, d'argent, d'ébene, d'yvoire, de fleurs artificielles, & plusieurs qui sont enrichis de perles, de pierreries, &c.

bourdon qui donne lieu à quantité de joïes pensées, & qui sert à égayer l'entretien sur la route. Ces Confrèries de Dames montent dans des caléches, & les escadrons d'Aniers les escortent & les environnent. Ne fait-il pas beau voir ces dévots Pantatalons ainsi montés & ajustés, faire cent postures & cent caracoles accompagnées de chansons boufonnes, pour divertir Mesdames les Pelerines. Ne vous étonnez pas de voir des femmes dans cette liberté. Le prétexte de dévotion à la *sanctissima Madone*, est une raison capable de les arracher de leurs prisons ordinaires ; & d'ailleurs je ne doute pas que chacune n'ait du moins auprès d'elle, ou quelque frere ou quelque espion.

J'aurois plusieurs choses à vous dire de l'Eglise, mais je craindrois que ces sortes de recits ne vous devinssent ennuyeux. §. *Le devant de l'Autel est d'argent massif & très-épais ; il est fait de tous les petits ex voto peu considérables qu'on a fait fondre. On peut juger du nombre auquel montoient ces petits présens. L'Eglise est desservie par des Chanoines ; mais les Jesuites y confessent.* Au reste, vous devez sçavoir que tout ce qu'il y a de riche dans la Maison, n'est qu'assez peu de chose, en comparaison de ce que nous avons vû dans la chambre du Trésor. Cette chambre est un lieu spacieux : dix-sept grandes armoires à doubles battans en lambrissent les murs, & la voûte est de stuc, à compartimens dorés & enrichis de belles peintures. L'argenterie n'est pas dime d'entrer dans les armoires : cela se souffroit au commencement ; mais aujourd'hui on l'entasse confusément dans des lieux écartés jusqu'au premier besoin. Ces armoires ne sont donc remplies que de pur or, de pierreries distinguées, ou de vases & d'ornemens plus précieux que l'or [a]. Pour comprendre la maniere dont ces grandes richesses se sont ainsi accumulées, il n'y a qu'à se souvenir, que tous les Peuples, tous les Princes & tous les Etats qui reconnoissent l'autorité du Pape, apportent continuellement depuis quatre cens ans, & visent même à se surpasser les uns les autres : aussi faut-il considerer encore, que ce Trésor n'est qu'une médiocre partie des biens qu'on a reçus. On a bâti une Eglise & un Palais magnifique ; on a fondé des rentes ; on a acquis des domaines à perte de vûe ; & peut-on douter qu'on n'ait aussi des cofres pleins d'or monnoyé ? Ce n'est pas tout, les troncs fournissent encore des sommes prodigieuses, & l'un des secrets dont on se sert pour exciter les dévots à les remplir, mérite bien que je vous le dise. Ils débitent ici un papier imprimé, par lequel ils prétendent faire accroire, que la S. *Casa* n'a [b] pas plus de vingt-sept mille écus de revenu ; & ils font voir par un autre cal-

---

[a] Entre ces joyaux, on estime sur tout une perle en forme de gondole, sur laquelle est, dit-on, naturellement figurée une image de la Madone. B. *Bartoli*. Cela a quelque sorte de ressemblance imparfaite.

[b] L'écu vaut à peu près cinq *shillings* & demi d'Angleterre.

cul qui est ajoûté au premier, qu'ils sont obligés de débourser trente-huit mille six cens trente-quatre écus, pour fournir aux appointemens des Officiers & aux autres dépenses annuelles. Voilà donc plus d'onze mille écus, qui selon ce prétendu compte, leur manquent tous les ans; & cela le plus heureusement du monde, pour prendre occasion de représenter pathétiquement leur pauvreté, & pour émouvoir la charité des dévots Pelerins en faveur de la bonne Nôtre-Dame, laquelle n'aime rien tant, disent-ils, que la vertu de Libéralité.

En sortant du Trésor, on nous a conduits à l'Arsenal : c'est assez peu de chose. On y montre quelques armes prises sur les Turcs (a), & on raconte que ces Barbares ayant fait une descente pour piller le Trésor il y a environ cent cinquante ans, la Nôtre-Dame les aveugla tous comme ils étoient prêts d'y entrer, pendant lequel tems on se saisit d'une partie de leurs armes. Des fenêtres de cet Arsenal, on découvre l'endroit de la Mer au-dessus duquel on dit que passa la Maison. On ajoûte qu'il a toujours paru depuis ce tems-là une certaine voye blanche sur l'eau, & notre *Jesuite* s'est bien voulu servir de ses termes les plus affirmatifs pour nous protester qu'il l'avoit souvent remarqué. Hier comme nous arrivions ici, le tiers & le quart nous venoient bien dire aussi qu'il falloit promptement se confesser & communier, sans quoi ceux qui étoient si osés que d'entrer dans la Sainte Maison,

(a) Mahomet II. & après lui, Selim son Neveu.

trembloient jusqu'à la moëlle des os, &c. étoient en danger de mort subite. Il faut de l'effronterie chez les uns dans ces sortes d'affaires, aussi bien que du préjugé & de la stupidité chez les autres.

Après avoir vû quelques appartemens du Palais, on nous a menés dans la cave où nous avons trouvé pour nouveau Trésor cent quarante grosses tonnes remplies de bons vins. De-là nous avons été à l'Apotiquairerie, où l'on nous a fait voir trois cens quarante-cinq vases de fayence, que l'on dit avoir été peints par Raphaël & qu'on estime infiniment. Sur les cinq plus grands sont S. Paul & les quatre Evangelistes, & sur les autres, des histoires Saintes, des Métamorphoses d'Ovide & des jeux d'enfans.

Lorette est un fort petit lieu §. *sur une hauteur à deux mille de la Mer*, quoiqu'il soit muré & même fortifié de quelques tours, & qu'il ait titre de Ville & d'Evêché. Il y a dans la grande Place une parfaitement belle fontaine de marbre enrichie de statues de bronze. On en voit aussi une de Sixte V. dans la même Place: les Habitans de Lorette la lui érigerent en reconnoissance des Priviléges qu'ils en avoient reçûs. Le principal négoce de cette petite ville consiste en Médailles saintes, en Rosaires, en Grains benits, en Images, en *Agnus-Dei*, en mesures de la hauteur de la Nôtre-Dame & en autres semblables marchandises. Nous avons vû des Chapelets (a), dont les

(a) [Les Chapelets ont été inventés par Urbain II.]

grains sont gros comme des œufs d'oyes ; c'est pour les grosses dévotions. Il faut que vous sçachiez encore qu'il n'y a personne ici, qui ne se dise de la race de quelqu'un qui a vû l'arrivée de la *S. Casa*: Tous ont oüi-dire à leurs Grands-Peres, qu'ils l'avoient entendu raconter à leurs Bisayeuls, comme ceux qui vivent ne manqueront pas aussi de faire la même histoire à leurs enfans & aux enfans de leurs enfans. Après cette tradition ne faudroit-il pas être bien incredule ? §. *Il y a à Lorette des Hôpitaux pour recevoir les Pelerins pendant trois jours.*

Je suis,

Monsieur,

Vôtre, &c.

A Lorette ce 26. *Février* 1688.

LETTRE XXI.

MONSIEUR,

En passant à Récanati, qui est une petite RECA-
ville sur le haut d'une montagne à trois mil- NATI.
le de Lorette, je suis descendu un moment
pour voir la grande Eglise : je n'y ai rien
découvert, qui m'ait paru digne de quelque
remarque, que le Tombeau de Gregoire
XII. Pape de Rome, qui comme vous sçavez, fut dépoüillé du Pontificat au Concile
de Pise en même tems que Pierre de Luna soi-disant Benoît XIII. & Pape d'Avignon.

A dix mille de-là dans une campagne fertile sur la rive de la Pontenza, nous avons
traversé les ruines de la ville autrefois appellée *Helvia Ricina*. Il y a encore d'assez HEL-
grands restes d'un Amphithéâtre qui étoit VIA.
bâti de pierre & de brique mêlée ensemble RICI-
comme celui de Rimini. En deçà de la ri- NA.
viere, nous avons toujours été entre des
côteaux pendant deux mille, après quoi nous
sommes arrivés à Macérata [a], *Patrie de* MACE-
Sixte V. où nous avons couché. On dit que RATA.
cette Ville est passablement grande & assez
agréable ; mais il étoit tard, & d'ailleurs il
faisoit mauvais tems, de sorte que nous ne
nous y sommes point promené. Entre Macé-

[a] Il n'y a rien à voir.

rata & Tolentino, c'eſt une plaine graſſe & bien cultivée, quoique le païs ne ſoit guéres habité. On plante de gros roſeaux pour faire les échallas des vignes, & on ſe ſert de Buſles (a) pour tirer la charruë. Ces animaux ſont incomparablement plus forts que les bœufs, & mangent beaucoup moins.

TOLEN-TINO. Tolentino eſt ſur une hauteur : je n'ai pas appris qu'il y ait autre choſe de remarquable que quelques Reliques, dont vous ſçavez que nous nous informons peu. §. *Le Sang y eſt aſſez beau.* De-là on vient au Bourg de Belforte, qui pour le dire en paſſant, eſt le premier lieu bâti de pierre, que juſqu'ici nous ayons vû en Italie. Un bon mille en deçà on entre dans la Province d'Ombrie, & on commence à s'engager dans l'arrête de l'Apennin.

Un Gentilhomme du voiſinage qui alloit à Foligno ſur notre même route, nous a accoſtés proche de Macérata. J'étois bien aiſe de l'entretenir, afin de m'inſtruire touchant diverſes choſes du païs. Nous avons parlé d'abord de la fameuſe Nôtre-Dame dont il m'a fait cent hiſtoires. Le diſcours ayant tourné ſur la Religion, il m'a dit entre autres choſes, qu'on avoit une grande joye en Italie de ce que notre Roi s'étoit fait Chrétien. Quand j'ai voulu le faire expliquer, j'ai trouvé dans cet eſprit les plus étranges idées que jamais perſonne ait conçûes. Toutes les extravagances qu'il nous impoſoit, ne ſont en rien moindres que cel-

(a) [Les premiers Buſles furent amenés en Italie l'an 595.] *Ciacon.*

les que les Payens reprochoient aux premiers Chrétiens. Il me regardoit quelquefois d'un œil un peu consolé, quand je lui disois des choses qui lui sembloient bonnes; mais il soupçonnoit toujours que je déguisois, & quoique j'aye pû faire, il ne m'a pas été possible de lui persuader que nous fussions baptisés.

Vous n'avez qu'à compter que c'est là l'esprit général du païs. Ils ne connoissent non plus notre Religion ni les uns ni les autres, qu'on la connoit chez les Tobinamboux; mais ceux d'entre les gens à froc qui en sçavent le plus de nouvelles, se font un mérite de la défigurer & de la rendre odieuse par les folies & par les impiétés qu'ils nous imputent.

Entre Tolentino & Foligno pendant près de quarante mille, on est presque toujours parmi des rochers dans des chemins souvent bien difficiles. Les principaux villages qu'on voit en passant, sont Valcimara, Ponte-di-trava, Mutia, Dignano, Colfiorito, Casenuove. A la sortie de ces montagnes proche d'un petit village nommé Pale, on découvre d'une hauteur la plaine de Foligno, laquelle paroît de-là une des plus belles choses du monde (a). Ce grand bassin est environné de riches côteaux, arrosé de plusieurs petites rivieres, parsemé de maisons agréables & parfaitement bien cultivé. A peine étions-nous échappés des neiges, des rochers & des vents froids & piquans, que tout d'un coup nous nous sommes sentis flat-

(a) *Hic ver assiduum....* Virg.

tés par l'air d'un doux climat. Les amandiers déja tout fleuris ont succedé en un moment aux genets des montagnes, & cela joint à la beauté d'un jour tranquille & serain, nous a effectivement fait voir un bel Eté. Nous ne pouvions nous lasser de contempler ce délicieux parterre dont les charmes extraordinaires mériteroient aussi de grands éloges.

[FOLIGNO.] Après avoir fait insensiblement trois ou quatre mille en descendant toujours, nous sommes entrés dans un chemin droit & uni, sur le bord duquel coule un beau & gros ruisseau, & nous sommes arrivés à Foligno qui n'est qu'à un mille avant dans la plaine au bout de ce chemin. Si cette Ville est située dans un Paradis terrestre, d'ailleurs elle n'a rien de considerable. On dit pourtant que le commerce y roule un peu mieux que dans la plûpart des autres Villes de l'Etat Ecclésiastique que nous avons vûes. On y fait de la draperie, des dentelles d'or & d'argent, quelque négoce de soye & d'épicerie [a]. Les Gots l'ayant diverses fois ravagée, il n'y reste aucun monument antique. §. *Le Dome est assez joli, l'Autel est bâti sur le modele de celui de Saint Pierre. On admire un beau Tableau de Raphaël. Au Couvent des Filles qu'on appelle les Comtesses à S. François, le bienheureux est habillé sur le grand Autel en Pere éternel.*

Peu après qu'on est sorti de Foligno, on voit de l'autre côté de la plaine sur une

[a] Ils ventent fort mal à propos leurs dragées, & autres confitures seches.

assez

assez haute éminence, le Bourg de (a) Montefalco où gît la miraculeuse Ste. Claire. On y montre, dit-on, trois pierres grosses comme des noisettes, que l'on a trouvées dans le cœur de cette Sainte & sur lesquelles est gravée l'histoire de la Passion ; mais ce qu'il y a de plus merveilleux, c'est que les trois pierres ensemble ne pésent pas plus qu'une seule, & qu'une par conséquent pése autant que les trois.

Assez près de-là est la ville d'Assise, où l'on garde les Os de ce Saint qui préchoit aux hirondelles ; qui se fit une femme & toute une famille de neige, & dont la Légende renferme d'autres ridicules fables. Vous connoissez le personnage. (b) Ses Reliques sont sous le grand Autel de la Cathédrale, mais il n'est pas permis à ame vivante de les regarder. On raconte qu'un certain Evêque de l'Isle de Corse se croyant plus privilégié que les autres, s'opiniâtra il y a environ soixante ans à les voir, & que par permission divine, la mort subite l'aveugla tout d'un coup. Il est vrai qu'on intercéda tant pour lui auprès du Saint, que peu de tems après le Prélat reprit vie.

Proche du village de Pesignano, entre

(a) La plus grande partie des os de cette Sainte, se voyent à Assise, dans l'Eglise du Monastere de Sainte Claire.

(b) On prétend que son corps, & celui de S. Dominique, sont à côté l'un de l'autre, se tenant debout sur leurs pieds. A Porciuncule, à cinq milles de-là, ils se vantent d'avoir le premier de ces Saints [S. François] Et au grand Couvent de Boulogne, ils assurent aussi qu'ils ont S. Dominique.

Tome II. C

Foligno & Spolette & au pied du côteau qui environne la plaine, une source vive & abondante sort par quatre bouches de dessous un rocher, & fait d'abord comme un petit lac. Les quatre ruisseaux s'y étant unis, il en nait une jolie riviere qui forme ensuite une infinité de Méandres, & qui contribue sans doute beaucoup à la fertilité aussi-bien qu'à l'ornement du païs qu'elle arrose. A deux cens pas de cette source, on rencontre sur le bord du chemin à droite un fort petit Temple de marbre blanc & d'ordre Corinthien. Un homme qui paroît avoir quelque connoissance de l'antiquité, m'a dit à Spolette, qu'il passe pour constant que la petite riviere est le *Clitumnus*, dont parlent quelques anciens Auteurs &(*a*) Virgile entre autres dans le second livre de ses Géorgiques ; & les raisons qu'on allégue pour ce sentiment, sont assez fortes ; mais ce qu'ajoûte l'opinion commune, que le petit Temple étoit consacré à *Clitumnus* érigé en Divinité, est une chose hors de toute apparence ; outre que ce Temple est bâti en croix, qu'il est orienté comme le sont la plûpart des Eglises Chrétiennes, & qu'il y a des Croix de bas-reliefs en divers endroits sur les frontons & des chifres du nom de Christ, ce qui ne s'accorde pas avec les manieres du Paganisme. De plus les trois Inscriptions suivantes sont gravées sur les frises de la façade & des deux côtés.

Hinc albi Clitumn: greges, &c. | Bœufs qui bûvoient de l'eau de cette riviere devenoient blancs, J. 2. c. 3.
(*a*) Pline dit que les

(1) + S C S *Deus Profetarum qui fecit redemptionem.* (2) *Deus Angelorum qui fecit Refurrectionem.* (3) + S C S *Deus Apofto.* * * * * le reste est rompu. Les caracteres n'ont rien de Gotiques, ni aucune partie de l'Architecture, §. *qui est d'ordre Corinthien & les colonnes de marbre blanc ; le tout de fort bon goût.* Peut-être pourroit-on dire que ce Temple a été bâti du débris de celui de *Clitumnus.* On l'appelle aujourd'hui *S. Salvatore*, & l'Evêque de Spolette y dit la Messe une fois par an.

De Pisignano à Spolette qui n'en est qu'à sept mille, on cottoye toujours la plaine campagne au pied des collines. Il y a dans tous ces endroits quantité de villages & de maisons parsemées çà & là. Spolette est assez avant dans la montagne, au-dessous de la riche plaine que je vous ai représentée. C'est une pauvre ville mal peuplée, mal bâtie, & dans une situation fort raboteuse. §. *Elle est en amphithéâtre, ce qui la fait paroître belle de loin.* On y voit une porte rebâtie apparamment sur le modele de l'ancienne : elle s'appelle *Porta fuga* ; on y lit cette Inscription moderne sur la pierre.

SPOLET-
TE.

Annibal
Cœsis ad Trasimenum Romanis,
Urbem Romanam infenso agmine petens,
Spoleto
Magnâ suorum clade repulsus,
Insigni fugâ Portæ nomen F.

On nous a menés à la Cathédrale, après
C ij

nous avoir bien vanté la hauteur de fa Nef; mais nous n'avons rien trouvé d'extraordinaire en cette hauteur. Le pavé est de petites pieces de marbre rapportées, comme à l'Eglise de S. Marc de Venise, & tout le fronton du grand Portail est d'une belle Mosaïque à fond d'or. §. *Cette Eglise est moderne & le Portail est gotique.* De-là nous avons été au Château, qui est au plus haut de la ville. Il n'est fort que par sa situation; nous n'y avons rien trouvé qui nous ait récompensés de la peine que nous nous sommes donnée pour y monter. On nous a montré de cette hauteur à cinq cens pas hors de la ville, un Temple qui étoit consacré à la Concorde & qu'on nomme aujourd'hui la Chapelle du S. Crucifix. On voit à Spolette quelques autres fragmens Antiques, un Arc Triomphal à demi-ruiné, quelques restes d'un Amphithéâtre & divers marbres détachés; mais tout cela sans Inscription, excepté l'Arc sur lequel on reconnoît encore quelques Caracteres. L'Aqueduc qui joint la montagne de Saint François à celle de Spolette, est d'autant plus considerable, qu'il est entier & qu'il n'a pas discontinué de servir depuis qu'il est fait; mais cet ouvrage n'est que gotique. Il a trois cens cinquante pas de long, & (*a*) six cens trente pieds de haut à mesurer la hauteur du plus profond de la vallée. §. *Il passe par dessus le Torrent Tesino: la fontaine où ses eaux se distribuent, a une Inscription, qui porte qu'on a eu soin d'entre-*

(*a*) Environ sept cens pieds d'Angleterre.

tenir cet ouvrage & qui finit par ces mots,

Bibe Viator.

A trois mille en-deçà de Spolette, nous avons passé la (a) Somme qui est la plus haute des montagnes de cette route; & après avoir été pendant cinq ou six mille entre des rochers secs & déserts, ces rochers ont tout d'un coup changé de décoration. Durant l'espace de quatre mille, on diroit que la Nature auroit employé tous ses soins pour couvrir entiérement ces montagnes de Lauriers, d'Oliviers sauvages, de Tamarins, de Genévriers, de Chênes verds & d'une merveilleuse diversité de ces autres arbres ou arbrisseaux qui conservent leur verdure pendant tout l'Hyver. Qu'on passe là au mois de Janvier ou au mois de Juillet, on y trouvera toujours presque la même chose. Il est vrai que si la beauté de la plaine de Foligno, est une beauté riante, celle-ci est une beauté triste & mélancolique. En approchant de Terni, ces montagnes qui nous avoient toujours serrés dans un passage assez étroit, sur le bord du torrent qui coule au fond de la vallée, se sont insensiblement écartées, & nous nous sommes trouvés au milieu d'une assez grande forêt d'Oliviers. Ces arbres étoient encore chargés de leurs fruits, la maniere étant de les laisser meurir jusqu'à ce qu'ils tombent d'eux-mêmes ou à la moindre secousse. Les

(a) Cette Montagne étoit presque impraticable, avant la réparation qui fit le Pape Greg. XIII.

Olives vertes que l'on garde en compote, se cueillent avant leur maturité, & on en ôte l'amertume par artifice : celles qui sont meures, ne sont pas moins ameres que les vertes. C'est une chose étonnante que du fruit du monde le plus amer, on en tire la liqueur la plus douce. Au sortir de ce bois d'Oliviers nous avons fait un mille ou environ dans une plaine, dont l'air bénin & la fertilité ne cedent guéres à celle de Foligno, & nous sommes arrivés à Terni qui est sur la riviere du Néra au milieu de ce bon païs.

TERNI. Terni est plus petite que Spolette, mais elle nous a parue un peu mieux habitée. Tout son négoce consiste en huile. On nous a dit que pendant six mois de l'année, il s'y fait cent charges d'huile par jour, le charge pése six cens livres & vaut à peu-près douze écus d'Angleterre. Cette Ville est fort (*a*) ancienne. Il paroît par une Inscription que nous avons remarquée dans le vestibule du Séminaire proche de la Cathédrale, que sa fondation n'est pas beaucoup postérieure à celle de Rome. Cette Inscription fut faite pour Tibere, & la datte en est *Post Interamnam conditam.* DCCIIII. Terni étoit appellée *Interamna* ou *Interamnium*, à cause de sa situation *inter amnes*, entre les deux bras de la riviere qui l'arrose. Il y a aussi une autre Inscription qui fut mise sur le pont du tems d'Urbain VIII.

(*a*) Pline loüe les choux & les raves d'Interamnia. [On a dit *Interamna*, *Interamnia*, *Interam-* *nium*.] *Interamno anno Ante-Christum* 671. *condita, vivente Numa Pompilio.*

dans laquelle il est dit que ce pont fut bâti par le grand Pompée.

Nous avons été voir la célébre Cascade du mont *del Marmore*, qui est à trois mille de Terni. Le chemin en est rude & agréable tout ensemble. Il faut monter des rochers extrémement difficiles & déscendre quelquefois de cheval, à cause du danger des précipices; mais en récompense, on a le plaisir de rencontrer dans ces montagnes de certains petits recoins à l'aspect du Midi, qui n'ont jamais senti d'Hyver. Nous avons trouvé là toute la Nature riante au mois de Fevrier, quoique l'Hyver ait été rigoureux comme vous le voyez au mois d'Avril dans votre Isle. Au tiers du chemin en remontant les montagnes de (Papinion,) j'ai remarqué en bas au bord de la riviere, un assez grand espace de terre tout planté d'Orangers: j'en ai compté pour le moins sept cens, & c'est le premier lieu où nous les ayons vûs ainsi en pleine campagne sans aucun abri; mais allons à la Cascade. §. *Quelques-uns prétendent que ce n'est point le Velino qui forme cette chute, & que c'est la riviere de Nera qui se joint un moment après au Velino, dont elle agite fort les eaux. Le Velino descend de-là à Narni: cette chute se faisoit autrefois un peu plus sur la gauche, & l'on en distingue aisément le lieu qui étoit moins profond. La crainte où l'on étoit que les eaux n'emportassent des terres qu'on vouloit conserver, a fait faire aux gens du païs l'ouverture d'aujourd'hui qui n'en est que plus belle.*

La riviere appellée Velino, a sa source

dans les montagnes à douze ou treize mille du lieu où elle se précipite : elle passe dans le lac de (*a*) Luco à neuf mille de sa source, & en sort plus grosse au double qu'elle n'y étoit entrée. Quand elle arrive à l'endroit de sa chute, la vallée qu'elle quitte se trouve comme une haute montagne, eu égard à la profondeur qui l'attend. (*b*) Là donc, cette riviere qui marchoit déja d'un pas diligent, se précipite tout d'un coup d'une roche escarpée haute de trois cens pieds, & tombe dans le creux d'un autre rocher contre lequel ses eaux se brisent avec une telle violence, qu'il s'en éleve comme un nüage de poussiere jusqu'à la double hauteur de la Cascade, ce qui fait aussi comme une pluye éternelle dans tous les environs. Cette eau pulverisée forme avec le Soleil une infinité d'arcs-en ciel qui se multiplient ou qui disparoissent, qui se croisent & qui voltigent selon la rencontre & les divers rejaillissemens des flots, & selon que cette fumée d'eau est plus ou moins épaisse. On est, je vous assure, dans je ne sçai quel étonnement à la vûe de cet objet. La riviere semble hâter son cours avant qu'elle se précipite, à cause du penchant de son lit :

(*a*) Ou *Piedeluco*. Les Truites de ce Lac n'ont point d'arêtes. *Du Val*, Auteur souvent Apocriphe.

(*b*) Pietro Tolentino, Siennois, étant entré à cheval dans la riviere, au-dessus de la Cascade, fut entraîné par le courant, & fit le saut avec son cheval. Mais comme il eut le tems d'invoquer en tombant la *Madone* de Lorette, il en fut quitte pour être bien moüillé. *Balt. Bartoli Descr. di Lorette.*

les flots s'empreſſent comme autant de deſeſperés, à qui partira les premiers. Dès qu'ils ſont en l'air ils ſe briſent, ils bruyent, ils écument, ils ſe choquent & ſe repouſſent, ils s'embaraſſent les uns dans les autres; ils tombent enfin dans un abîme qu'ils ſe ſont eux-mêmes approfondi, & ils en ſortent tout furieux, l'un par l'ouverture d'un rocher, l'autre par l'autre. Ils s'en vont après cela en grondant & en murmurant quelque tems encore, & ſe mêlent enfin parmi les eaux de la petite riviere de Nera (a) qu'ils groſſiſſent pour le moins des trois quarts. C'eſt ainſi que finit le pauvre Velino.

De Terni à Narni, le chemin eſt plat & le païs bon: il n'y a que ſept mille. Cette derniere Ville promet quelque choſe de loin, à cauſe des excellens côteaux dont on la voit accompagnée, quand on vient du côté de Terni. Mais quand on y entre, on eſt tout ſurpris de la trouver déſerte; les rues en ſont ſales & étroites & la ſituation en eſt ſi rude, qu'on ne ſçauroit y faire trois pas ſans monter ou deſcendre. Selon la vilaine coûtume du païs, on ne voit aux fenêtres que des lambeaux de papier déchiré, ce qui ſent la gueuſerie & fait paroître les maiſons comme abandonnées. J'ai remar- NARNI.

___

(a) Du Val a écrit qu'il y a une certaine terre autour de la Néra, vers Narni, qui ſe convertit en boüe en tems de ſechereſſe, & qui ſe réduit en poudre quand il pleut. Et d'autres qu'il a copiés l'avoient écrit avant lui. Permis à chacun d'en croire ce qu'il lui plaira.

qué en passant deux fontaines de bronze qui sont assez belles. L'Empereur Nerva étoit de Narni.

Nous nous sommes un peu détournés avant que d'entrer dans la Ville, pour aller voir les ruines d'un pont qu'on dit avoir été bâti sous l'Empire d'Auguste, & qu'on regarde comme un ouvrage digne d'admiration. §. *Il servoit à passer le Velino.* Les grands quartiers de marbre dont il est construit, sont joints à sec sans ciment & sans crampons de fer. La hauteur en est extraordinaire : il unissoit la montagne de Spolette avec la montagne voisine, & conduisoit au chemin de Perouse. De quatre arches il n'en reste qu'une entiere ; le haut du ceintre de la plus grande est rompu. §. *Les piles des autres subsistent & l'on voit qu'elles étoient d'inégale grandeur ; ce qui est étonnant dans un ouvrage public du siécle d'Auguste. Les pierres sont taillées en pointes de diamans.* Plusieurs personnes que je crois bien informées, m'ont dit que cette arche a cent soixante-dix pieds de large, & les yeux en jugent à peu-près ainsi, ce qui laisse bien loin derriere le fameux pont de Rialto.

Au sortir de Narni, nous nous sommes retrouvés entre des montagnes qui continuent presque toujours pendant huit mille jusqu'au Bourg d'Otricoli (a), §. *où commence la campagne de Rome.* Près de-là dans la plaine sont les ruines de l'ancien *Otriculum.* Nous nous sommes un peu détournés, pour voir de plus près ces tristes

OTRI-
COLI.

(a) Voyez l'Avis aux Voyageurs.

restes; mais nous n'y avons rien trouvé dont on puiſſe tirer aucune inſtruction. §. *Peut-être ſont-ce ceux d'Ocrea dont Miſ-ſon veut parler, & qui ſont ſur le bord du Tibre.* Peu de tems après nous avons paſ-ſé le Tibre ſur un beau pont de pierre qui fut commencé ſous Sixte V. & achevé ſous Urbain VIII. comme cela paroît par l'Inſ-cription qu'on y a gravée.

Il étoit aſſez tard quand nous ſommes arrivés à Citta-Caſtellana, & comme no-tre intention étoit d'en partir le lendemain fort matin, nous nous ſommes volontiers rapportés à la parole de ceux qui nous ont dit que nous n'y trouverions rien de re-marquable.

CITTA-CASTEL-LANA.

Proche de Régnano, nous avons rencon-tré l'ancienne *via Flaminia* avec ſon pavé de dix-neuf cens ans, qui s'eſt admirablement bien conſervé dans cet endroit; aulieu que nous n'en avons apperçû aucuns autres veſ-tiges depuis Rimini, juſqu'où ce chemin s'étendoit. §. *On la trouve un peu après la ſortie du pont dont on vient de parler. On ap-prend par une Inſcription moderne qu'ou trou-ve à Caſtel-Nuovo, que la via Flaminia avoit été long-tems couverte d'épines & de terre, & que Gregoire XIII. la découvrit en 1630.* Je remets à vous en parler plus particulié-rement dans une autre occaſion.

Nous avons dîné à Caſtel-Nuovo, qui n'eſt qu'un méchant Bourg non plus que Régnano. Tout le reſte du païs juſqu'ici, eſt preſque ſans culture & ſans habitans: c'eſt un mauvais fonds & un terrein plat

C vj

en général, mais pourtant mal uni. On y voit beaucoup d'anciennes masures. Après avoir repassé le Tibre sur le pont que Tacite & les autres anciens Auteurs appellent *Pons Milvius*, & qu'on nomme aujourd'hui par corruption *Ponte - Molle*, nous avons trouvé un (*a*) chemin pavé qui nous a conduits pendant deux mille, entre des jardins & des maisons de plaisance, dans la fameuse Ville de Rome. Je suis,

Monsieur,

Vôtre, &c.

A Rome ce 4. *Mars* 1688.

(*a*) Via Flaminia, *détruite & repavée*.

LETTRE XXII.

Monsieur,

Il est si agréable de faire voyage en bonne compagnie, que cette raison nous a aisément engagés dans celui de Naples un peu plûtôt que nous ne nous l'étions proposé. On trouve dans cet excellent païs diverses nouveautés extraordinaires, quand on se donne le loisir d'attendre que le Printems soit un peu avancé. La campagne devient aussi plus riante, & tout le voyage n'en est que plus gai. Il est vrai qu'il vient de faire un Hyver si rude, que tout a été beaucoup retardé, & nous reconnoissons présentement ici que, si nous n'y fussions venu qu'au mois d'Avril, comme quelques-uns nous le conseilloient, nous n'en eussions tiré que très-peu d'avantage, à cause de la continuation du froid. D'ailleurs, cela auroit gâté toutes nos mesures pour Rome, où il est à propos de faire un séjour qui ne soit pas interrompu, quand on n'a pas dessein d'y demeurer fort longtems.

On met ordinairement cinq jours à faire le chemin de Rome à Naples. La route est mauvaise & l'on y rencontre peu de choses qui méritent d'être remarquées; mais on trouve de quoi se récompenser à

Naples, au Mont Véfuve & parmi toutes les raretés de Bayes, de Pouzzol & des environs.

Après donc avoir parcouru pendant deux ou trois jours à Rome, les principales chofes dont notre curiofité étoit la plus affamée, nous en fommes partis pour aller à Naples. A douze mille de Rome, nous avons paffé à Marino gros Bourg appartenant au Prince Colonne, & autrefois connu fous le nom de (a) *Villa Mariana*. On quitte là le païs plat, & on monte en fortant de Marino une montagne pierreufe, où l'on ne trouve que des bois & des bufles. Je ne vous dis rien préfentement du lac de Caftel Gandolfe que nous avons cottoyé pendant près d'une heure, parce que notre intention eft de le voir au retour avec plus de loifir.

MARINO.

En defcendant la montagne, à quatre ou cinq mille en deçà du lac, on découvre la Mer & on voit fur un petit côteau à main droite la Ville appellée *Citta di la Vigna*, qui eft l'ancien *Lanuvium*, Ville Municipale & lieu de la naiffance d'Antonin Pie, & non pas le *Lavinium* d'Enée, comme on le dit communement. *Lavina littora* font à dix ou douze mille de-là, vers l'endroit où eft aujourd'hui *Prattica*.

VELITRI.

Nous fommes arrivés le foir à Vélitri, petite Ville ceinte d'un mur & fituée fur une colline bien cultivée. C'étoit autrefois une Place importante, qui même a donné de l'occupation aux Romains; mais préfen-

(a) Ou *Villa Martii*.

tement elle n'a rien de confiderable.

Il n'y a pas eu jufqu'aux valets de l'Hôtellerie, qui ne nous ayent dit en arrivant que la Ville de Velitri avoit été honorée de la naiſſance d'Augufte. §. *En 1739. on ne connoiſſoit plus Auguſte à Velitri.* Quelqu'un de notre compagnie leur a demandé qui étoit cet Augufte, & ils ont répondu que c'étoit le premier Empereur Chrétien. Il n'y avoit plus qu'à le nommer S. Augufte; car j'ai remarqué qu'en ce païs, le peuple canonife aifément les Illuftres du tems paſſé, Payens & autres. Au refte Augufte nâquit à (*a*) Rome, Suetone le dit pofitivement: il eft vrai que fa (*b*) Famille étoit originaire de Véletri, & qu'il fut mis en nourrice dans le voifinage de cette Ville. Ce même Auteur rapporte que de fon tems, on parloit de la chambre où ce Prince avoit été nourri, à peu-près comme on parle aujourd'hui de la Sainte Maifon de Lorette: *Huc introire niſi neceſſariò & caſtè, religio eſt; temerè adeuntibus metus & horror objiciebatur.*

Au milieu de la grande Place de Velitri, il y a une fort belle (*c*) ftatue de bronze du Pape Urbain VIII. J'ai pris garde que les ftatues des Papes, les repréfentent toujours aſſis: c'eſt pour marquer fans doute l'Empire qu'ils ont fur les autres Princes du Mon-

---

(*a*) *Natus eſt Auguſtus M. Tullio Cicerone, & Antonio Coſſ... regione Palatii, ad capita bubula.*

(*b*) *Gentem Octaviam Velitris præcipuam olim fuiſſe, multa declarant.*

(*c*) De la main du Cavalier Bernin.

de. §. *Celles de Sixte V. à Ste. Marie Majeure & d'Alexandre VII. à S. Pierre de Rome les repréſentent à genoux.* On nous a conduis à la Maiſon du Marquis Ginetti : la ſituation en eſt fort agréable & les appartemens ſont remplis d'un grand nombre d'Antiques. Le bel Eſcalier eſt de Martin Lunghi. §. *Les marches, les pilaſtres & les rampes ſont de marbre.*

En deſcendant le côteau de Velitri (*a*), nous avons remarqué quantité de caves que l'on a pratiquées ſous des rochers pour garder le vin frais. On entre enſuite dans un païs peu habité, aſſez plat & tout découvert pendant quinze mille, juſqu'au pied de la montagne au haut de laquelle on voit la petite Ville de (*b*) Sermonetta.

Environ quatre mille en deçà, on nous a fait remarquer à main gauche à cinquante pas du grand chemin, quelques anciennes maſures, qui à ce que l'on dit, ſont des reſtes du lieu que S. Paul appelle les Trois-boutiques au vingt-huitième chapitre des Actes. Cet endroit eſt vulgairement nommé *le Tre-taverne* qui vient ſans doute de ce que ταϐέρναι en Grec, & *Tabernæ* en Latin ont plus de rapport au mot de *taverna* qu'à celui de *bottega* (*c*). C'eſt à peu-près de cette maniere qu'on a fait venir

---

(*a*) Entre *Velitri* & *Sermonetta*, on paſſe les deux petites rivieres *Teppia* & *Nympha*.

(*b*) Bâtie ſur les ruines de l'Ancienne ville de So-ra. *Sermonetta quaſi ſorella della Città di Sora*, dit Th. Valle.

(*c*) Le mot de ταϐέρνα eſt un mot Latin Greciſé,

S. Longin de λόγχη, & S. Tiphine de θιοφανία.

On voit à main droite le Promontoire qu'on appelle aujourd'hui [a] *Monte Circello*, & qui au rapport de quelques Naturalistes, étoit autrefois une Isle. Ce fut là, disent les Poëtes, que la jalouse Circéé métamorphosa en monstre marin la pauvre Scylla Maîtresse de Glaucus, & qu'elle changea en pourceaux les Compagnons d'Ulisse.

(*Credibile est Circen mutasse potentibus herbis, In Monachosque sues, inque sues Monachos.*)

La petite Ville de Setia [b] est sur une montagne un peu en deçà des ruines des Trois-boutiques. Elle étoit autrefois fameuse à cause de ses vins, *Setinum ardebat in auro*, dit Juvenal; mais aujourd'hui le terroir de cette montagne a changé de nature, il ne produit presque rien du tout. J'ai remarqué parmi les bois dont ces montagnes sont présentement couvertes, beaucoup de ces plantes appellées *Ficus indica*, il y en a qui s'élevent jusqu'à la hauteur de trente ou quarante pieds, & qui font un tronc de la grosseur d'un homme. Les Lauriers & les Myrthes sont là communément dans les hayes, & on commence

SETIA.

[a] *Mons Circæus, Antiquis famosissimus, in quo Circes habitasse fertur, & herbis efficacissimis ibi natis, homines in bestias commutasse.* Ant. Magin.

[b] Sous Setia on passe auprès des sources de l'ancien *Ufens*, qu'on appelle présentement *Portatore*.

à trouver assez fréquemment les Oranges en pleine terre. Proche de Setia, au village de *Case-nuove*, on rencontre un fort grand marais, sur lequel on se peut embarquer pour aller droit à Terracina; mais nous avons pris sur la gauche, dans une vallée qui nous a conduits à la montagne & à la Ville de Piperno, où nous avons couché.

PIPERNO.   Piperno est une Ville nouvelle, bâtie proche de l'ancien *Privernum* Capitale des Volsques & résidence de leur Roi Metabus, Pere de la fameuse Camille. (Virg. l. xi.) Quelques-uns disent que *Privernum* fut nommée Piperno, parce qu'en édifiant celle-ci des débris de l'autre, on trouva dans le lieu où est aujourd'hui Piperno, un arbre qui porte le poivre : d'où vient, ajoûte-t'on, que la Ville a mis cet arbre dans l'Ecu de ses Armes avec la tête de Camille portée par un Lion. D'autres ne sont pas de ce sentiment ; ils croyent que Piperno s'est dit par corruption pour *Priverno* ou pour *Privernum* ; & ils prétendent que l'arbre dont il s'agit, n'est point un Poivrier, mais un Laurier : particularité dont ils tirent de grandes conséquences en faveur de la bravoure des anciens *Privernati*.

L'Evêché de Piperno fut réuni à celui de Terracina (par Honoré III.) à cause de sa pauvreté ; *ob indecentem paupertatem*, dit Favonius Leo. La Chaire Episcopale se garde encore dans le Chœur de l'ancienne Cathédrale.

Ils ont dans l'Eglise de S. Benoît une fa-

meuse *Madone* de S. Luc qui résista au feu pendant le Sac de *Privernum*, & qui est le grand objet de la dévotion de Piperno, avec S. Sebastien, S. Thomas d'Aquin & l'illustre Camille.

Les Lis & les Narcisses croissent, dit-on, naturellement sur le côteau de Piperno nommé *Colle rosso*. On y trouve aussi une certaine terre fine, qu'ils appellent *Buccaro*, & qui est très-bonne pour faire de la poterie. Du haut de ce côteau on découvre la petite Ville de [a] Mayença, auprès de laquelle est un lac dont les eaux, au rapport de P. Paulo Benvenuti, s'élevent à coup sûr fort considerablement, deux jours avant qu'il pleuve.

En sortant de Piperno, nous avons passé des côteaux sablonneux tous remplis de ces diverses sortes d'arbrisseaux qui sont verds en toute saison. Il y a beaucoup de lieges dans le bois où l'on entre ensuite. Cet arbre ressemble extrêmement au Chêne verd, & je crois qu'on peut bien dire que c'est une espece de Chêne, puisqu'il porte du gland. C'est une chose admirable que la nature de cet arbre s'accomode si heureusement à l'utilité que les hommes en tirent. Quand on ôte aux autres arbres leur écorce, on leur ôte en même tems leur suc & leur vie ; & bien loin d'offenser celui-ci en le dépoüillant de son écorce, cela le forti-

[a] Maenza, Rocca gorga, Rocca-secca, Asprano, Prossedi, Sonnino, & quelques autres petites Villes du voisinage, sont comme autant de Colonies qui se formérent du débris de l'ancien *Privernum*.

fie & il en reproduit incontinent une autre, comme les moutons pouffent une nouvelle toifon.

FOSSA-NUOVA. A fortir du bois de Piperno, nous nous fommes détournés de deux ou trois cens pas, pour aller voir l'Abbaye de *Foſſa-nuova* [a]. Les Moines qui nous ont conduits dans l'Eglife, nous ont raconté que S. Thomas d'Aquin allant de Fondi au Concile de Lyon, & s'étant trouvé malade, defcendit de deſſus fon mulet, enfonça fon bâton à terre, y attacha le mulet, & puis s'endormit dans un coin du bois, proche de l'Eglife. Ils difent que le mulet s'étant détaché, entra & courut par tout comme un étourdi dans l'Eglife, fans que ceux qui y étoient puſſent l'en empêcher : on ajoûte qu'il eut même l'infolence de mettre les pieds dans le Chœur ; mais qu'à l'inftant on le vit s'enfoncer dans le pavé, & que l'animal fut au même moment [b] puni de mort fubite. On montre les prétenduës empreintes de fes pieds, & l'on a mis par-deſſus de petites grilles de fer pour les con-

[a] Cette Abbaye eft fur les ruines *Forum Appii*, duquel *Benvenuti* aſſure qu'il paroît encore quelques Veftiges.

La Riviere s'appelle Amafeno, ou *Fiume nuovo*. Ils appellent l'autre *Amafenus*, plus loin *Fiume Vecchio*. La vallée qu'on traverfe après l'avoir paſſée, jufqu'à la Tour appellée *Torre de la mole*, faifoit autrefois partie du grand Marais appellé *Palus Pontina*, & étoit navigable. Ce paſſage eft difficile quand il a beaucoup plu.

[b] D'autres difent que le Mulet erra pendant quelques jours dans le bois ; & qu'étant accouru au tombeau de fon Maître, il y mourut de déplaifir.

ferver. Au reſte, comme on cherchoit le Maître du mulet, pour le punir du peu de ſoin qu'il avoit apporté à le bien attacher; on fut tout ſurpris de voir que c'étoit [a] S. Thomas, qui étoit prêt à rendre l'ame, faute de monture pour chercher du ſecours. On l'apporta au Couvent, où il mourut quelques jours après : ſon Corps fut quelque tems dans cette Egliſe. On le tranſporta enſuite à Fondi, & de Fondi à Touloufe.

Environ à dix milles en deçà de *Foſſanuova*, nous nous ſommes rencontrés ſur l'ancien chemin qui étoit appellé *via appia* : cet ouvrage ayant été fait par Appius Claudius, lorſqu'il étoit Cenſeur [b]. Les changemens que la ſuite des temps apporte à la ſurface de la terre, font qu'on eſt quelquefois obligé à changer auſſi de route, comme cela s'éprouve tous les jours. Mais rien ne démontre plus clairement cette verité, que cet endroit du chemin d'Appius, où nous ſommes entrés. On le voit [c] ſortir d'un marais profond, & aujourd'hui tout-à-fait inacceſſible, au lieu que c'étoit autrefois le chemin droit de Capouë à Rome. On a été obligé de faire un grand détour, quand on a quitté ce chemin, pour prendre celui de Piperno. J'avois déja re-

---

[a] Villani, & quelques autres, ont écrit qu'il avoit été empoiſonné par l'ordre de Charles I. Roi de Naples.

[b] *Appius Claudius, Cenſor, Aquam Claudiam induxit, & viam Appiam ſtravit*. Eutrop.

Appia longarum teritur Regina Viarum. Statius.

[c] Proche de la *Torre della Molle*.

marqué une chose semblable entre Citta-Castellana & Rome, à l'occasion de la *via Flaminia*, dont on voit de grandes longueurs bien conservées depuis Regnano. En quelques endroits, & particulierement du côté de Castel-nuovo, à quinze milles de Rome, on remarque cet ancien pavé, qui monte tantôt sur des hauteurs dont on n'approche point aujourd'hui ; & qui tantôt se perd dans des profondes vallées, où l'on ne peut pas descendre non plus : on le retrouve ensuite à quelques milles plus loin. C'est une chose certaine, que soit par les vents, soit par des pluyes, & par les ravines ; soit par les tremblemens de terre, ou par d'autres raisons, les campagnes s'élevent, les côteaux s'abaissent, les vallées se comblent, la Terre empiéte sur la Mer, & la Mer sur la Terre ; la Mer donne des Lacs à la Terre, & la Terre lui rend des Isles.

Les rivieres tarissent, & changent leur cours, les Montagnes s'enflent, & s'applanissent ; & la figure du Globe varie incessamment : J'ai des exemples de tout cela. Il est vrai que ces changemens ne sont pas universels : la longueur du pavé, par exemple, qui continuë pendant deux milles ou environ jusqu'à Terracina, est le mieux du monde au niveau des terres.

Au reste, de tout ce que j'ai vû jusqu'ici des monumens antiques, il n'y en a point à mon gré, qui meritent tant d'être admirés, que ces fameux chemins. Les Bâtimens qui se sont conservés, n'ont été exposés qu'à quelques accidens ; & tout bien compté, il y auroit peut-être plûtôt lieu de s'étonner, que des édifices extrêmement solides ayent été si promptement détruits, que de les voir subsister encore. Mais qu'un nombre innombrable de passans, de chevaux & de chariots, foulent incessamment un pavé pendant tant de siécles, & qu'il s'en trouve encore des fragmens si considérables, qui soient demeurés dans tout leur entier ; c'est ce qui ne paroît pas croyable. Les [a] pierres de ce pavé sont de grandeur inégale, de couleur grisâtre & roussâtre, à peu-près comme du fer qui commence à se roüiller ; d'une dureté extrême, & de dix ou douze pouces d'épaisseur. A généralement parler, les plus grandes n'ont guéres plus de deux pieds dans leur sens le plus étendu, & les plus petites n'ont pas moins d'un pied. Quoique la forme de ces pierres soit irréguliere, elles sont toutes si parfaitement jointes, & si étroitement unies, qu'il ne seroit pas possible de faire entrer la pointe d'une épée entre deux, dans les endroits qui ont bien gardé leur ancienne situation. J'ai mesuré la largeur de ces deux chemins, *via Appia* & *via Flaminia*, & je l'ai trouvée par tout de vingt palmes Romaines, à très-peu de différence près ; ce qui fait quatorze pieds moins quatre pouces, mesure d'Angleter-

---

[a] Procope a dit qu'elles étoient toutes quarrées, & s'est trompé. Divers Echos de cet Auteur ont dit la même chose après lui, & ont par conséquent fait la même faute.

re : Ce n'eſt pas trop pour la rencontre de deux chariots. Ces chemins qu'on appelloit *viæ Conſulares*, avoient de chaque côté des [a] bords de la même pierre que le pavé, & ces bords étoient élevés de deux pieds ou environ : J'en ai vû quelques endroits fort bien conſervés. Cela s'appelloit *margines* ou *marginationes viarum*; c'eſt entre ces bords que l'ont peut meſurer ſûrement la largeur des chemins. Les rouës des chariots ont fait en quelques endroits des ornieres profondes de trois ou quatre pouces, & la maniere dont le canal de cette orniere eſt ſuivi d'un pavé à l'autre, eſt une des preuves de ſon ancienne ſituation. Le reſte du pavé eſt uni & entier, ſans qu'il paroiſſe que les fers des chevaux l'ayent uſé en aucune maniere. On m'a dit qu'un premier lit de pierres fort épaiſſes, & poſées ſur un fonds de ſable, ſert de fondement à ce pavé : ce qui l'empêche de s'affaiſſer. En approchant de Terracina, on voit à droit & à gauche pluſieurs ruines des anciens monumens, qui, ſelon la coutume, accompagnoient ces grands chemins, comme pour ſervir de décoration, & pour donner ainſi aux voyageurs quelque idée de la magnificence de Rome. Au reſte, ſi d'un côté ces chemins avoient leur

---

[a] *Cippi*. Il eſt vrai que cela étoit auſſi quelquefois appellé *Marginationes*; mais Lipſe prétend que ces *Marginationes* étoient proprement les pavés du bord, qui ſe faiſoient plus grands que les autres. J'ai remarqué que quelquefois dans ce ſens-là, *Cippus & Marginatio*, ſont de la même piece.

beauté,

beauté, & leur utilité; d'ailleurs un pavé si dur & si glissant étoit fort incommode: nous prenions soin de l'éviter en même-tems que nous l'admirions.

L'ancienne *Auxur* qui fut ensuite nommée *Trachyna*, parce qu'elle est sur un rocher [a] d'assez difficile accès, est présentement appellée par corruption T*erracina*. Elle est petite, pauvre, & mal peuplée; comme aussi tout ce païs est presque inhabité. §. *On soupçonne que le Dome qui est pavé de Mosaïque assez belle, a été construit sur un Temple. Il n'en reste qu'une petite partie dans laquelle on lit encore:* C. Sempronius. F. Pollio. Architectus. *Sur une espece de place qui est devant le Dome, il y a une inscription ancienne, & une colonne milliaire bien conservée. Elle est de marbre blanc. On y voit en haut le chifre* X. *& en bas le chifre* LIII. *Elle est du tems de Trajan.* Un peu en deça de Terracina [b], il a fallu couper les rochers pour continuer le pavé d'Appius entre la Mer & les Montagnes. Cela se voit

TERRA-CINA.

[a] ... *Scopulosi Verticis Anxur.* Sil. Ital.

[b] Terracina étant assiegée par les Turcs, les habitans firent vœu de donner tous les ans vingt mille anguilles à Saint Benoît, si par son intercession il pouvoit les garantir de ce danger. Les Turcs leverent le siége peu de jours après : le vœu fut accompli, & les anguilles sont portées tous les ans au Benedictins. *Theod. Valle, & Ostiense.* L. Alberti parle d'un ancien Théâtre, dont quelques ruines se voyent encore à Terracina. Peut-être veut-il parler du Théâtre quarré, qui, au rapport de George-Brovvn, se voit encore sur la plus haute Montagne voisine, à la gauche du chemin de Naples en sortant de Terracina.

en divers endroits dans l'espace d'un mille. Le Rocher qui est appellé *Pisca-marina*, est à-peu près haut de six-vingt pieds, & les anciens chifres sont marqués de dix en dix en caracteres majuscule & Romain, sur la face de ce rocher qui est coupé perpendiculairement, de sorte que le chifre du haut est CXX. Mais un Antiquaire qui n'est pas moins exact, que curieux & sçavant, m'a dit à Rome qu'il avoit mesuré ces distances, & qu'il les avoit trouvées presque toutes inégales. Quelques-uns conjecturent que le principal but de l'entrepreneur, a été de faire voir la juste mesure de son travail, & qu'il n'en a remarqué les divisions que par maniere d'aquit, cela ne faisant rien à son affaire. D'autres croyent que chaque distance est le travail de dix jours, & que l'inégalité des distances a été causée par le plus ou le moins de facilité que les ouvriers ont trouvée en taillant le rocher. Et ce qui a donné lieu à cette pensée, c'est que les distances d'en haut sont plus grandes que celles d'en bas, le rocher s'étrecissant toûjours vers la cime. Mais je trouve une objection forte contre ce sentiment; car vrai-semblablement on a commencé à travailler par le haut du rocher, & il faudroit ainsi que la premiere dixaine fut marquée en haut, & que le nombre CXX. se trouvât au bas : Tout cela me paroît difficile à entendre. §. *Terracina, quoiqu'au bord de la Mer, n'a point de Port. On dit que Sixte V. en avoit fait commencer un, mais les Espagnols l'empêcherent d'executer ce dessein.*

Après avoir traversé des côteaux chargés de liéges, ayant à droit les marais & la Mer, & suivant toûjours l'ancien pavé, nous sommes venus le soir à Fondi. Une vieille muraille qui est à trois milles en deçà de Terracina, fait la séparation de l'Etat Ecclesiastique d'avec le Royaume de Naples. §. *On lit tout proche cette Inscription:*

Phil. II. Cath. Regnante P. A. Alcalæ Duce Pro-rege. Hospes, hic sunt fines Regni Neapol. Si amicus adveneris pacata omnia invenies, & malis moribus pulsis bonas leges. MDLVIII.

Tout ce païs en allant vers la Mer, est fort marécageux. De l'autre côté sont des Montagnes. Il y a quelques antiquités, mais fort delabrées.

Fondi est un terrein plat, proche d'un Lac qui porte le nom de cette Ville, & qui fait de grands circuits dans un fonds marécageux, entre les côteaux & la Mer. On dit que ce Lac produit des Anguilles d'une extraordinaire grosseur. [a] Hariaden Barberousse, Roi d'Alger & Amiral du Grand-Seigneur, acheva de desoler la pauvre petite ville de Fondi l'an 1534. On a peint dans l'Eglise de l'Annonciade, l'histoire de ce saccagement. Barberousse en vouloit particulierement à [b] une Princesse de la

FONDI.

[a] D'autres disent Chairadin, Caratin, & Gheir Eddin.
[b] Julie de Gonzague, femme de Vespasien Colonne. Barberousse en vouloit faire un present au Grand-Seigneur : Elle

Maison de Gonzague, qui étoit alors à Fondi. Mais cette Princesse ayant été avertie par un Gentilhomme de la Ville, du dessein que le Pirate alloit executer, sortit promptement de son lit, & se sauva nuë en chemise, par le secours du Gentilhomme. L'histoire ajoûte que ne pouvant se souvenir qu'avec dépit qu'un homme l'eût vûë en cet état, elle fit impertinemment poignarder son Liberateur quelque tems après.

Fondi est toute pavée des pierres de la *via Appia*, mais il s'en faut beaucoup qu'on ne les ait jointes si étroitement qu'elles l'étoient autrefois. Proche du Château il y a un grand jardin, que la tradition dit avoir appartenu à Ciceron : je ne pense pas qu'il y en ait d'autres preuves. On a une grande véneration chez les Dominicains pour la chambre de Thomas d'Aquin, & pour l'auditoire où il enseignoit. Ils conservent aussi avec beaucoup de soin un vieux Oranger, qu'ils disent que ce Docteur a planté. Thomas d'Aquin mourut l'an 1273. ou selon la vieille Légende l'an 1274. jugez de l'âge de l'Oranger. On parle d'un certain arbre de la Cochinchine, qui a vécu, dit-on, deux mille ans; & nous avons une Relation de la Chine, qui nous en représente un autre si vieux & si gros, que quatre-vingt hommes le peuvent à peine embrasser ; mais les Orangers ne sont pas de si longue durée. C'est une chose inoüie, à ce que tout le monde m'assure ici, qu'aucun de ces arbres

étoit très belle. Il désola | manqué son coup. *Schrad.*
la Ville, de dépit d'avoir |

ait jamais atteint l'âge de quatre cens ans. Il falloit bien que les Dominicains eussent quelque miraculeux mémorial de l'Angelique Thomas, aussi-bien que de leur grand Patriarche Saint Dominique, dont ils ont un autre Oranger à Sainte Sabine du Mont Aventin. Au reste, que ne croira-t'on pas sur ce sujet, après ce que Surius rapporte des anciens Oliviers de Nazareth, & du figuier maudit qui se voyoit encore il n'y a que trente-deux ans ? Que ce tronc ait si long-tems subsisté, après la malediction qu'il a reçuë, c'est une chose mal-aisée à entendre, sans parler de la nature de l'arbre, qui ne lui donne pas une si longue vie.

On vouloit nous persuader à Terracina, que nous trouverions les feüilles de l'Oranger de S. Thomas, tout autrement faites que les feüilles des autres Orangers, comme ce que l'on dit de l'Amandier de Saint François, qui se voit encore sur le Mont Luco, & dont les feüilles croissent, dit-on, avec des croix bien formées ; mais nous ne nous sommes point apperçûs de cette prétenduë différence. Nous n'avons pas trouvé non plus que l'hyver ait respecté les Oranges de ce vénerable Oranger : elles étoient toutes gelées aussi-bien que celles du jardin de Ciceron, lequel, pour le dire en passant, tient lieu à Fondi d'un espece de Saint, aussi-bien qu'Auguste à Velitri. Quand cet arbre mourra, si tant est qu'il doive mourir, on se propose d'en faire une châsse, pour renfermer quelques Reliques du Saint qui l'a planté : cela n'eſt pas trop mal imaginé. C'eſt ainſi qu'on garde quelque part dans un village du Tirol, un des plus grands Ongles de S. Chriſtophe, dans un étui qui eſt fait, dit-on, du palmier qui nâquit de ſa perche, lorſqu'il la planta en terre, après qu'il eut paſſé l'Enfant Jeſus, d'un côté de la riviere à l'autre. En ſortant de Fondi nous avons ſouvent ſuivi malgré nous l'ancien pavé pendant dix milles juſqu'à Mola. On eſt preſque toujours entre les montagnes ; & cette inégalité du terrein jointe à la dureté & au poli des pierres, rend ce chemin fort difficile. Les chevaux y marchent en tremblant, comme s'ils étoient ſur la glace, & il faut à tous momens les reſerrer. En approchant d'Itru, qui eſt une petite Ville ſur un rocher à ſix milles de Fondi, j'ai remarqué en divers endroits de ces montagnes d'aſſez grands arbres, qu'ils appellent en ce païs-là *Soucelle*, & qui portent des *Siliques* longues d'un demi pied ou environ, & groſſes comme des coſſes de féves. Ces fruits ſe ſéchent, & ont un goût emmiellé qui approche aſſez de celui de la Manne ; j'apprens ici que leur veritable nom eſt *Carobba*.

ITRU. ou *Itri*.

Nous ſommes arrivés ſur les dix heures du matin à la petite Ville de Mola, ſur le bord de la Mer. On y voit quantité de marbres & d'autres ruines de (*a*) Formiæ cette Ville fameuſe, qui avoit été bâtie dans ce même lieu par Antiphanes Roi des Leſtrigons. C'étoit grand dommage qu'un des plus

MOLA.

(*a*) *Hormiæ ante dictum.* Plin.

(a) délicieux endroits de la Terre, fût habitée par des mangeurs d'hommes. L'air est là d'une merveilleuse douceur; les fruits sont admirables sur tout le penchant des côteaux qui sont arrosés du Golfe entre Gaïette & Mola. On y trouve de très-bons vins; tout y abonde, & la Mer est aussi fort poissonneuse (b). Nous nous sommes promenés parmi les ruines d'un ancien Palais, qui étoit, dit-on, celui de Ciceron. C'est la Mer en partie qui l'a détruit: nous avons trouvé sur le rivage quantité de petites pieces de Mosaïque, qui font assez connoître que c'étoit autrefois une maison distinguée. Il passe pour certain qu'on en a enlevé quelques Inscriptions qui prouvoient manifestement, que c'avoit été celle de Ciceron. Je n'ai pû me souvenir sans quelque peine d'esprit, de la triste destinée de ce grand Personnage, qui étant chassé de cette maison où il avoit crû se mettre à l'abri pendant les dernieres fureurs d'Antoine, ou plûtôt du Triumvirat, contre lui, fut enfin (c) massacré dans sa littiere comme il cherchoit encore à se sauver ailleurs. Il me semble que quand on voit les lieux mêmes

---

(a) *O temperatæ dulce Formiæ littus! &c.* Mart.

(b) On y cultive aussi des canes de sucre. *Schrad.*

(c) Par Herennius & Popilius Lena Parricide infâme, à qui Ciceron avoit sauvé la vie par ses soins & par ses éloquens plaidoïers.

Ciceron finissoit sa soixante & quatriéme année. L'assassin [dit Calvis.] reçût d'Antoine, qui l'avoit mis en œuvre, la somme de quarante-quatre mille écus d'or, pour sa récompense. Appian Alex. fait cette récompense moins grosse.

où les malheurs fout arrivés, on s'en trouve d'autant plus touché.

Après avoir quelque tems balancé si nous irions à Gaïette qui est sur la pointe d'un Promontoire, vis-à-vis & à la vûe de Mola, la Mer étant un peu trop gaye pour la petite barque qui nous attendoit, nous avons enfin franchi le pas; mais à dire la vérité, le voyage s'est fait en dansant beaucoup, quoique quelques-uns de la compagnie n'eussent pas trop envie de rire. La pluye est survenue, & tout ce mauvais tems ne nous a pas permis de nous arrêter longtems à Gaïettte, outre qu'il falloit aller le même jour coucher à seize ou dix-sept mille de Mola. Le trajet du Golfe est d'environ quatre mille.

(a) Gaïette nous a paru d'assez raisonnable grandeur & bien joliment fortifiée. Son Port est bon & la situation de la Ville sur un haut rocher, la rend de difficile accès. Il nous a été impossible de monter tout au haut à cause du mauvais tems. On y voit le Tombeau de (b) Charles de Bourbon

(a) *Tu quoque littoribus nostris Æneia Nutrix.*

Æternam moriens famam Cajeta dedisti. Æn. 7.

(b) Voici son Epitaphe rapportée par Arn. Ferron.

Aucto Imperio, superatâ Italiâ, devicto Gallo Pontifice obsesso, Româ captâ: Borbonii hoc marmor cineres continet.

Autre.

*Francia me diò la léche,
Espanna fuerze y ventura,
Roma me diò la muerte,
Y Gaëta la sepultura.*

Autre rapportée par H. Foulis, Histoire, [of Romish Treasons] *Consiliis, Calchas; Animo, Hector; Robore, Achilles; Eloquio, Nestor; jacet hìc Borbonius Heros.*

Connétable de France, qui fut (a) tué au Sac de Rome; & sur la montagne voisine, l'ancien Mausolée de Munatius Plancus par l'avis duquel, à ce que rapporte Suetone, Octavius Cœsar préfera le surnom d'Auguste à celui de Romulus, que quelques autres lui vouloient donner comme au Restaurateur de la Ville de Rome. Ce Mausolée est communément appellé la Tour de Roland.

Notre conducteur nous a d'abord menés à la montagne fendue, qu'on appelle la *Spaccata*, & montagne de la Trinité. Ce gros rocher s'est separé du haut en bas, depuis la cime jusques dans la Mer. La distance de cette separation est de quatre à cinq pieds par l'endroit où l'on y entre; mais elle s'élargit un peu vers le haut, & il est tout manifeste par la rencontre des concavités & des convexités de chaque côté du rocher, qu'il s'est véritablement ouvert. Ils disent que ce fut un des prodiges qui arriva lorsque Nôtre-Seigneur rendit l'esprit, & ils font voir contre un des côtés de l'ouverture de la montagne, comme l'empreinte d'une main sous laquelle le rocher se seroit amolli. Ils racontent qu'il s'amollit en effet sur le deffi que lui en fit un incrédule, & ils ont gravé ce distique au-dessous.

Improba mens verum renuit quod fama fatetur
Credere; at hoc digitis saxa liquata probant.

(b) On a fait des degrés pour descendre

(a) 6. Mai 1521.
(b) Toutes les barques, galéres, & autres vaisseaux qui passent par-là, ne man-

entre ce double rocher, & on a pratiqué assez avant une petite Chapelle qui est dediée à la Trinité, à S. Anne & à Nicolas de Bary. Proche de la porte à droite & à gauche, on a mis les vers que voici.

* * *

Una fuit quondam hæc Rupes ; nunc diffita,
  Montes
 Exitium Domini cum gemuêre fui.
Durior es faxis ; ferior feritate ferarum,
 Sin lachrymis cernas hoc pietatis opus.

* * *

Rumpe cor, ô mortalis homo, velut ardua ru-
  pes
 Rupit ; in arce Crucis compatiare Deo.
O hominum durum genus ! Ardua faxa de-
 hifcunt ;
Saxaqu e corda hominum ftant, moriente Deo.

Le Chapelain a pris la peine d'aller chercher un marteau, pour rompre des morceaux du rocher & pour nous les doner en qualité de Reliques. Nous lui avons répondu que nous étions déja embarassés de trop de bagage ; & le pauvre homme a été tout fcandalifé de notre refus.

En revenant de-là, nous sommes entrés dans la [a] Cathédrale, où l'on nous a fait voir entre autres chofes, une prétenduë colonne du Temple de Salomon. Il y en a quatre femblables au grand Autel de la Cha-

quent jamais de rendre leurs devoirs à la Sainte Montagne. C'est un Pélerinage fameux.

[a] On dit que l'Empereur F. Barberouffe bâtit la Tour de cette Eglife par penitence de fes pechés.

Tom. 2. Pag. 83.

pelle de S. Marc à Venise. [a] Le Vase Antique de marbre blanc qui sert de fonts dans le Baptistaire de cette Eglise, est un ouvrage parfaitement beau & très-bien conservé. Il est fait en forme de cloche, & est haut de quatre pieds ou environ. Les bas-reliefs dont il est orné, sont admirés des plus habiles connoisseurs. Le petit Bacchus tout frais sorti de la cuisse de Jupiter, est mis par Mercure entre les mains d'Ino; & tout autour du Vase sont représentés des Satyres & des Bacchantes. Il y a aussi un Faune qui joüe de deux flûtes tout à la fois [b] : j'ai vû un berger dans le Tirol qui faisoit la même chose. L'Ouvrier a mis son nom sur ce Vase : ΣΑΛΠΙΩΝ ΑΘΗΝΑΙΟΣ ΕΠΟΙΗΣΕ. §. *Les quatre Lions qui le supportent, ne répondent pas à la magnificence du Vase.*

Voyez dans cette Eglise la Chapelle souteraine & son Escalier.

En montant par la petite porte de l'Evêché vis-à-vis l'Autel du *S. Sacrement*, on voit la statue de marbre d'un vieillard qui met le pied sur un petit chien : sous le chien il y a une tête de mort ; un serpent dont la queuë est posée sur le chien, s'entortille entre les jambes du vieillard & s'appuye sur la tête de ce vieillard, lequel a une aigle sur la sienne. Il y a cent opinions différentes

---

[a] P. Rosetto a écrit que ce Vase a été trouvé à Mola. Il est soûtenu par quatre Lions, & le tout est d'une même piéce de Marbre.

[b] On a remarqué la même chose d'Hérodote de Mégare.

D vj

sur cette piece : la plus reçue, est que le vieillard représente Esculape avec son serpent ; que le chien signifie la vigilance & l'attention requise aux Medecins ; que l'aigle marque l'Empire de la Divinité sur les hommes, ou peut-être du Dieu de la Médecine en particulier ; & que la tête de mort est une emblême de la Nature humaine tristement soumise à cette Divinité. Le groupe est haut de quatre palmes.

Proche du jardin des Franciscains *Zoccolanti*, il y a un buisson d'épines lesquelles dit-on, naissent presque toutes sans pointes, depuis que le Séraphique S. François s'y roula pour éteindre ses convoitises. Vers la Place nommée *della Foglia*, on fait voir aussi l'endroit où il [a] prêcha aux poissons.

Comme nous avons mis pied à terre à Gaïette, les Officiers de la garnison se sont fort informés s'il n'y avoit point de François parmi nous, & après qu'on les eut bien assûré que nous étions tous Anglois, ils nous ont dit que depuis le démêlé de la France avec le Pape, ils étoient toûjours dans l'appréhension de ces Lestrigons de François Cela m'a fait souvenir de ce qui nous arriva il y a tantôt deux ans, en approchant de Mons autre Ville Espagnole. Il courut un bruit qu'il venoit une Armée de François sous prétexte de garder le Poteau de Namur, & qu'ils alloient faire irruption dans les Terres du Roi d'Espagne. Sur ce bruit Mrs. de Mons ouvrirent leurs

[a] *Uscissero col capo dell' aqua*, dit le Rosen... *& l'ascoltassero*.

Ecluses, ils inonderent toute la prairie, ils gâterent tous les chemins : les François ne sçavoient rien de tout cela, & il n'y eut que les pauvres voyageurs qui en pâtirent : nous eûmes mille peines à nous tirer de leurs chemins fondus.

En sortant de Mola, nous avons cottoyé la Mer pendant quelques heures en suivant toujours le chemin d'*Appius* huit mille durant, jusqu'aux ruines de la Ville de Minturne [a]. Nous y avons vû en passant un reste d'Amphithéâtre & une longeur assez considérable d'un Aqueduc, qui venoit de la petite Ville de Trajetto à deux mille de-là sur la gauche. La riviere qui étoit autrefois connuë sous le nom de Liris & qui porte aujourd'hui celui de Garigliano, arrosoit les murailles de Minturne, & terminoit de ce côté-là le Païs Latin. Nous avons passé cette riviere dans un bac, & nous avons pris un nouveau chemin au travers des prairies, laissant & quittant tout-à-fait l'ancien & incommode pavé, qui se perd dans des lieux qui ne sont plus fréquentés. Le même jour nous sommes arrivés au village de Ste Agathe & nous y avons couché.

De Ste Agathe à Capouë il y a seize mille. Le païs est assez uni, particuliérement

MINTURNE.

[a] Marius poursuivi par Sylla, se cacha parmi des roseaux, dans les marais qui sont entre la Mer & Minturne. [Un Soldat qui fut envoyé pour le tuer, n'osa jamais l'entreprendre.] Marius se mit dans une barque qui le jetta en Afrique, où il demeura jusqu'à ce qu'il fut rappellé.

en approchant de Capouë, & la campagne est belle & fertile. En sortant de Ste Agathe, on nous a montré des côteaux à quelques mille de-là sur la gauche où croissoit, dit-on, le fameux vin de Falerne. Le Volturne qui est la principale riviere du Royaume de Naples, quoique de médiocre grandeur, arrose les ramparts de Capouë du côté que nous y sommes entrés. §. *On prétend que le nom de cette Ville vient du mot Etrusque* Capys *qui signifie faucon.* Cette Ville est petite & peu considérable à tous égards. On y voit plusieurs Inscriptions & plusieurs marbres qu'on y a apportés de l'ancienne Capouë [a]. Nous nous sommes détournés pour aller visiter les ruines de celle-ci. Elle est à deux mille de l'autre, assez près des montagnes du côté de l'Est; & le Bourg qui est appellé Ste Marie, est presque tout bâti des débris informes de cette délicieuse & orgüeilleuse Ville. Nous y avons vûs plusieurs petits Temples; un ancien Château; les restes de deux Amphithéâtres; une des portes de la Ville, avec une grande quantité de colonnes brisées, & d'autres fragmens d'Architecture.

[CAPOÜE.]

Urbs Capys hoc campo? ambitiosa hic Æmula Romæ?
Parvula quàm magni corporis ossa jacent!

[a] *Ipsa caput Urbium numerata*, L. Florus. *Omnium olim felicissima Civitas*. Polyb. *Capua, quondam inter tres urbes maximas Romam, Carthaginemque*

Les Païsans nous ont apporté plusieurs médailles que nous avons prises sans les regarder, parce que nous étions pressés & qu'ils nous en demandoient peu ; mais nous avons trouvé ensuite que ce n'étoit rien de fort rare. Ils en déterent souvent en ce lieu-là, aussi-bien que du côté de Mola & en divers autres endroits où ils nous en ont fait voir ; mais comme ils sont informés de la recherche que l'on en fait, ils ne sont pas si simples que de les donner toutes au premier venant pour un prix égal. Ils connoissent les curieux des Villes voisines, dont ils reçoivent quelque gratification, quand ils leur portent des pieces qui se rencontrent n'être pas communes ; de sorte que ce que les Païsans apportent aux voyageurs, n'est d'ordinaire que le rebut des autres.

De Capouë à Naples il y a seize mille, & cette campagne, comme vous sçavez, fait partie de la province qui est appellée Terre de Labour : c'est effectivement un fonds de terre admirable. *Dives arat Capua,* dit Virgile. On prétend qu'il n'y en a point de plus fertile au monde, & on l'appelle aussi *Campagna Stellata,* pour signifier qu'elle est extraordinairement favorisée des benins aspects des Astres, & pour faire connoître la continuelle douceur de l'air qu'on y respire. Nous avons traversé la petite Ville d'Aversa, qui fut, dit-on, [a] bâtie AVER-par les Normonds, lorsqu'ils chasserent les SV. Sarrasins & les Grecs, & qu'ils envahirent le Royaume de Naples.

[a] Des ruines d'Atella.

NAPLES dite la gentille.

Je ne m'arrêterai pas à vous parler fort au long de l'étimologie de Naples. Elle fut détruite, dit l'histoire, & rebâtie ensuite par les Cumains qui l'appellerent Νεαπολις pour la distinguer des restes de la haute Ville, qu'ils nommerent ou qui devint en même tems παλαιόπολις. Vous sçavez que l'une & l'autre ensemble portoient auparavant le nom de *Parthenope*, à cause, disent les uns, qu'Ulysse & ses Compagnons s'étant échappés des douceurs du chant de la Sirene *Parthenope*, cette Nymphe marine se précipita de desespoir, & fut enterrée à *Palæopolis* [a]. D'autres prétendent qu'une *Parthenope* Fille d'Eumelus Roi de Thessalie & petite Fille d'Admette & d'Alceste, y amena une Colonie des Etats de son Pere, & qu'elle donna son nom de *Parthenope* à cette Ville qui en portoit auparavant un autre aujourd'hui inconnu. Quoiqu'il en soit, il paroît par ces noms Grecs, que Naples a été bâtie par des Grecs. Elle est fort grande & fort peuplée, mais je ne puis vous rien dire, ni de précis sur le nombre de ses habitans, ni de fort satisfaisant sur son circuit, sa figure étant des plus irrégulieres. Les curieux ont compté qu'en suivant les murailles, elle a neuf mille de tour & qu'elle en a dix-huit mille en y comprenant ses sept fauxbourgs. [b] Quoiqu'elle

[a] Le Concile de Latran, sous Innocent III. l'an 1215. ôta l'Evêque Grec, qui étoit Collegue de l'Evêque Latin. *Buli*-*son*.

[b] Un de leurs Poëtes a joliment dit que Naples lui sembloit être tombée du Ciel,

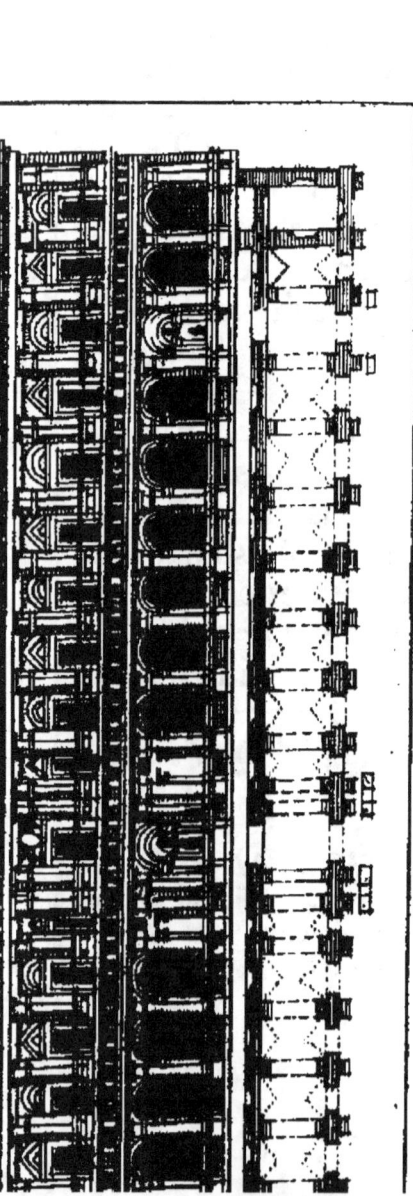

ait souvent essuyé de terribles assauts, c'est encore une des plus nobles Villes du monde, & peut-être la plus également belle. Elle est toute pavée d'un grand carreau d'échantillon ; les rues sont droites & larges pour la plûpart ; les maisons sont hautes, presque toutes à toits plats & d'une structure uniforme. Londres, Paris, Rome, Vienne, Venise & quantité d'autres Villes fameuses ont à la vérité de beaux Hôtels, mais ces Hôtels sont entremêlés de vilaines maisons, au lieu que Naples est généralement toute belle. La Mer fait un petit Golfe qui l'arrose au Midi ; vers le Nord elle a de riches côteaux qui montent insensiblement à la [a] Campagne heureuse ; à l'Orient, c'est la plaine qui conduit au Vesuve, & à l'Occident, c'est la haute Naples où sont les grands Chartreux & le Château de Saint Erasme. (b) La vûe qu'on a de cette hauteur, est une chose ravissante ; je vous en parlerai dans la suite.

Outre que les maisons de Naples sont communement grandes & bien bâties, il y en a un nombre considérable, qui méritent le nom de Palais. Celles, par exemple, des Ducs de Matalone, de Gravina, d'Airola, de la Tour, des Princes de Ste. Agathe, de Mont-milet, de Botera, de Cellamare. Le Palais du Viceroi est sur une grande Place ; la façade en est réguliere & ornée de trois ordres d'Architecture. Elle est longue

[a] Campagna felice.
[b] Castello di S. Ermo, ainsi appellé d'une ancienne Eglise dediée à Saint Erasme.

de près de quatre cens pieds mesure d'Angleterre, & cet ouvrage est du fameux Fontana. §. *Les appartemens en sont vastes & magnifiques : au bas du grand Escalier on lit ces deux vers sous la figure d'un Fleuve.*

Det Tagus auri vim, det nomen Hiberus,
  Aragon,
Do Regi & Regnis nômen & imperium.

Les trois Châteaux qui défendent Naples; l'Academie qu'on appelle *Studii nuovi,* l'Academie où l'on enseigne à monter à cheval, les Couvens, les Hôpitaux, l'Arsenal & les Magasins pour les Galeres, sont encore autant d'Edifices très-considérables. Il y a plusieurs Fontaines qui apportent une grande commodité & un grand embellissement à la Ville, & [a] trois de ces Fontaines sont d'une grandeur & d'une beauté rare. Mais ce qui nous a paru le plus extraordinaire à Naples, c'est le nombre & la magnificence de ses Eglises ; je puis vous dire sans exagérer, que cela surpasse l'imagination. Si l'on veut voir de beaux morceaux d'Architecture, il faut visiter les Eglises [b], il faut voir les Portails, les Chapelles, les Autels, les Tombeaux. Si l'on veut voir de rares peintures, de la Sculpture & des charretées de Vaisseaux d'or & d'argent, il ne faut qu'entrer dans les Egli-

[a] *Fonseca*, *Nola*, *Medina*. Leur source est au pied du Vesuve.
[b] Il y a peu de belles façades d'Eglises à Naples : Toute la beauté est en dedans.

L'Academie.

ses. Les voûtes, les lambris, les murailles, tout est ou revêtu de marbre précieux & artistement rapporté, ou à compartiment de bas-reliefs, & de menuiserie dorée & enrichie des ouvrages des plus fameux Peintres. On ne voit par tout que Jaspe, que Porphyre, que Mosaïque de toutes façons, que chefs-d'œuvres de l'art. J'ai visité vingt-cinq ou trente de ces superbes Edifices : on s'y trouve toujours nouvellement surpris. S'il étoit possible d'en unir huit ou dix ensemble & d'en faire un composé qui eût de la régularité, je me représente cela comme la chose du monde la plus magnifique.

Je n'ai garde d'entrer bien avant dans un si grand détail ; mais je ne puis m'empêcher de vous indiquer tout au moins quelques-unes de ces Eglises que nous avons trouvées les plus remarquables : peut-être cela vous servira-t'il quelque jour. [a] L'Eglise Professe des *Jesuites*, est une pièce admirable ; le Dôme est peint de la main du *Cavalier* Lanfranc, & de quelque côté qu'on se tourne dans ce superbe Temple, tout y est chargé d'enrichissemens qui disputent de prix ensemble, depuis le pavé jusqu'à la voûte. C'est la même chose à Ste Marie de l'Annonciade : on peut dire que ce Vaisseau est d'une éclatante beauté. C'est là qu'on voit aussi ce fameux Hôpi-

[a] Cette Eglise fut extrêmement endommagée par le tremblement de terre qui arriva le 5. Juin 1688. Mais depuis ce temslà, on a toujours travaillé à la reparer.

tal, dont le revenu monte à plus de deux cens mille écus. [a] Ces quatre vers se lisent sur la porte.

Lac pueris, Dotem innuptis, Velumque pudicis :
Datque medelam ægris hæc opulenta domus.
Hinc meritò sacra est illi, quæ nupta, pudica,
Et lactans ; Orbis vera medela fuit.

Tout est encore riche & surprenant à S. Philippes de Néri ; à Sancta Maria *la nuova* ; à S. Severin ; à S. Paul ; à S. Dominique ; à l'Eglise & au Monastere du Mont Olivet, aux Saints Apôtres ; à S. Jean *Carbonara* ; à la Cathédrale ; à l'hospitalette ; à Sainte Marie de la Santé. J'en laisse plus de trois cens autres, si ce que l'on dit est vrai, pour ne tomber pas dans une ennuyeuse longueur. Je ne parle pas non plus des Trésors & des Sacristies qui renferment par tout des richesses immenses. Comme deux Théatins nous conduisoient dans leur Eglise des Saints Apôtres, ces bons Peres nous représentoient par maniere de conversation, l'étrange condition de ceux de leur Ordre, qui sont, disoient-ils beaucoup plus à plaindre qu'aucun des autres, par la raison que si les Mendians, par exemple, ne joüissent d'aucun bien en propre, il leur est

[b] Les Religieux peuvent acheter à droit & à gauche, toutes les maisons voisines, jusqu'à ce qu'ils se trouvent bornés par quelque ruë. De sorte que n'y ayant point de ruë sans quelque Couvent, ils peuvent acheter toute la Ville. G. *Burnet.*

du moins permis de quêter; au lieu qu'eux pauvres & malheureux Théatins, vivent uniquement, comme on dit, de Dieu grace, ne poſſedant rien & n'oſant rien demander. Tout en cauſant ainſi, après nous avoir fait remarquer les diverſes magnificences de leur Egliſe, ils nous ont conduits à la Sacriſtie, où nous avons trouvé quatorze grandes armoires à double battans, toutes remplies de vaiſſeaux d'or & d'argent, & d'autres ornemens précieux: Tréſor de pauvres gens, capable de contenter l'ambition la plus déreglée.

La grande Chartreuſe de S. Martin eſt un lieu extraordinairement rempli de choſes rares & magnifiques. Les Religieux qui nous y ont conduits, nous ont affirmé que ſous un ſeul *Priorat* il a été dépenſé chez eux cinq cens mille ducats, en argenterie, en tableaux & en ouvrages de ſculpture ſeulement. Leur Egliſe n'eſt pas des plus grandes; mais elle n'a aucune partie qui ne mérite d'être admirée : on ne peut rien ajoûter ni au prix de la matiere, ni à l'excellence de l'ouvrage; tout y eſt fini & d'une beauté exquiſe. La Nativité du Guide dans le Chœur de cette Egliſe, eſt une piece ineſtimable. Les quatre tableaux de la Cêne, qui ſe voyent dans le même lieu, ſont de l'Eſpagnolet, d'Ann. Carache, de Paul Veroneſe & du *Cavalier* Maſſimo. Le..... a trouvé à propos de repréſenter Jeſus-Chriſt debout, donnant la Cêne aux Apôtres & leur mettant lui-même le pain dans la bouche, eux étant à genoux. Il y a quantité d'autres pieces beaucoup estimées, mais dont il seroit trop long de parler ici.

Le Cloître a cent pas en quarré : tout le pavé est de marbre rapporté en rinceaux & en autres ornemens de cette sorte, & les quatre Galeries sont soûtenues de soixante colonnes d'une seule piece d'un beau marbre blanc de Carrare. Les Religieux sont agréablement logés, chacun d'eux ayant sa chambre, son cabinet, sa bibliothéque & son petit jardin. L'appartement du Prieur est digne d'un Prince : on y fait voir entre autres choses le fameux Crucifix de Michel-Ange peint, dit-on, d'après nature sur un Païsan que ce Peintre crucifia exprès. Cela sent beaucoup la fable ; cependant ils la font fort passer ici pour une vérité. Ce tableau est en bois, & n'a pas plus d'un demi-pied de haut. J'ai remarqué que le Crucifix tient la tête parfaitement droite, ce qui ne s'accorde pas, ce me semble, avec la posture d'un homme mourant en croix. Ils ont encore un S. Laurent du Titien & quelques autres desseins de Rubens & d'Alb. Durer, dont on fait un très-grand cas.

Les diverses vûes qu'on découvre de cette hauteur, suspendent l'esprit en admiration. On voit la Mer & plusieurs Isles, entre lesquelles sont les deux Caprées, ce fameux Sérail de Tibere. On peut considérer distinctement la grandeur & le plan de Naples, avec ses [a] Châteaux, son Port,

[a] Le Château de l'Oeuf, le Château neuf, & le Château S. Elme. Dans le Château neuf,

son Mole & son Fanal. On se plaît à regarder les jardinages qui l'environnent, & les côteaux fertiles qui montent à la Campagne qu'on appelle heureuse. Si l'on jette les yeux d'un autre côté en suivant le rivage, les sinuosités qui se mêlent réciproquement avec les petits caps que cette paisible Mer arrose, & les jolis villages dont cette côte est parsemée, sont un objet tout-à-fait agréable. Un peu plus loin l'air s'épaissit des horribles fumées du Vesuve, & l'on voit tout en plein cette affreuse montagne.

Je ne serai pas long sur l'article des Reliques, non plus que sur celui des statues & des Images miraculeuses (a), comme on parle. Mais il faut bien que vous en sçachiez aussi quelque chose, puisque j'ai commencé de vous dire de tout un peu. On garde à Saint Louis du Palais, une assez raisonnable quantité de lait de la Vierge; & ce lait devient liquide toutes les Fêtes de Nôtre-Dame. A la Cathédrale, le sang de Saint Janvier boüillonne toutes les fois qu'on

il y a un Canon de fonte appellé la Magdelaine, qui est de six vingt livres de bâle, & qui pese vingt & un mille livres *Bulif.*

(*a*) A Sainte Restituta, qui étoit autrefois l'Eglise Cathédrale, on conserve un Crucifix miraculeux, fait par un Aveugle : & un Image de la Vierge, [faite à la Mosaïque] qui est la premiere Image à laquelle on ait adressé un culte religieux, en toute l'Italie. A S. Laurent des Franciscains conventuels dans la Chapelle qu'on appelle de l'*Ecce Homo*, il y a une Image de Jesus-Christ, qui ayant été frapée d'un coup de poignard, saigna, & porta la main droite sur sa playe. A S. Marcellin, il y en a un autre qui s'apésantit sur un tronc de colonne, & qu'on fut obligé d'y laisser, &c.

l'approche de la Châsse où est le corps ; & le sang de S. Jean-Baptiste, qui est à *S. Maria Dona Romita*, fait la même chose pendant qu'on dit la Messe de la Décolation de ce Saint. Je ne vous dirai rien des morceaux de la vraye Croix, des cloux, des branches de la Couronne d'épines, des Images de la Vierge faites par S. Luc, ni d'une infinité d'autres semblables raretés, dont le nombre m'accableroit. A S. Dominique Maj. on voit le Crucifix qui dit un jour à S. Thomas d'Aq. *Bene scripsisti de me, Thomas, quam ergo mercedem accipies ?* & auquel Thomas répondit : *Non aliam nisi te ipsum.* La Legende ajoûte que ce Saint homme étoit alors en extase, & que la ferveur de son zele le soûtenoit en l'air à trois pieds de terre. Un autre Crucifix qui est dans l'Eglise des Benedictins, eut aussi, dit-on par deux fois une assez longue conversation avec son Lieutenant le Pape Pie V. Celui de Ste. Marie des Carmes, baissa la tête à la vûe d'un boulet de canon qui la lui alloit emporter : ce fut l'an 1439. lorsque Dom Alfonse d'Arragon tenoit Naples assiegée : Le boulet ne fit qu'abbatre la couronne du Crucifix. On le montre tous les ans au premier Vendredi de Mars & la seconde Fête de Noël. A l'Eglise de *S. Agnello*, dans la Chapelle de la Famille des *Monaco*, on voit encore un Crucifix qui parla & dont vous apprendrez l'histoire par l'Inscription que voici.

Anno Domini M. CCC. *Regnante Domino Carolo II. sacra hac Imago Crucifixi, dum*
pro

pro mutatâ pecuniâ Compatres ad invicem altercarentur; divino splendore fulgente, Verbo facti veritatem aperuit: quod alter indignè ferens, debiliorem se esse negavit, durissimâque petrâ Imaginis faciem continuò percussit, quæ statim livore consperfa, miraculum omnibus enituit: atque sacrilegus ipse tanto crimine immobilis factus, creditoris precibus Deo fusis, iterum incolumis redactus, quamdiù vixit, pœnitentiam egit.

Dans la même Eglise, l'Image de Ste. Marie d'Intercession a souvent aussi eu de longs entretiens avec la Béate Jeanne Mere de S. Agnello, avec S. Agnello lui-même. Au reste, ce n'est pas d'aujourd'hui que de semblables choses sont arrivées. (a) Ne vous souvenez-vous pas d'avoir lû qu'entre les prodiges qui parurent à Rome quelque tems avant le Triumvirat, plusieurs statues des Dieux süerent du sang & de l'eau, & qu'il y eut un bœuf qui parla. On ne fut pas sans doute moins étonné sous l'Empire de Caligula, quand la Statue de Jupiter, qui étoit à Olimpie, fit de si grands éclats de rire, que ceux qui la démontoient pour la transporter à Rome, s'enfuirent tous effrayés, & abandonnerent leur ouvrage. Vous sçavez l'histoire de la Corneille qui pronostiqua malheur à Domitien avec son ἔσαι πάντα καλῶς.

Le grand nombre d'Eglises que nous

[a] *Corvus qui salutabat, Tiberium, Drusum, & Germanicum Cæsares, à quodam sutore interficitur: iubetur funebri pompâ efferri, &c.* Pl. l. 10. c. 43.

avons visitées, & la quantité de Tombeaux que j'y ai remarqués, m'a donné occasion d'en copier plusieurs Epitaphes. Si vous voulez, afin de changer un peu de matiere, je vous ferai quelque part de mon recüeil. C'est un style triste à la vérité ; mais il est, ce me semble, agréable en cela même qu'il est touchant.

Dans l'Eglise de S. Jean l'Evangeliste, il y a six ou sept Epitaphes de la façon du fameux Poëte *Joannes Jovianus Pontanus*. Je ne pense pas qu'on puisse rien voir, ni de plus tendre, ni de plus heureusement exprimé. En voici quatre seulement.

Tumulus Luciæ Filiæ.

Liquisti patrem in tenebris, mea Lucia, post-
    quam
    E luce in tenebras, filia rapta mihi es.
Sed neque tu in tenebras rapta es, quin ipsa
    tenebras
    Liquisti, & medio lucida sole micas.
Cœlo te natam aspicio, num Nata parentem
    Aspicis? an fingit hæc sibi vana Pater?
Solamen mortis miseræ, te Nata, sepulchrum
    Hoc tegit; haud cineri sensus inesse potest.
Si qua tamen de te superat pars, Nata, fa-
    tere
    Felicem quod te prima juventa rapit.
At nos in tenebris vitam luctuque trahemus,
    Hoc pretium Patri, Filia, quod genui.

Musæ, Filia, luxerunt te in obitu, at lapi-
de in hoc luget te Pater tuus, quem liquisti in

squallore, cruciatu, gemitu, heu, heu! Filia, quod nec morienti Pater adfui, qui mortis cordolium tibi demerem; nec Sorores ingemiscenti collachrymarentur misellæ; nec Frater singultiens, qui sitienti ministraret aquulam; nec Mater ipsa quæ collo implicita, ore animulam acciperet infelicissima; hoc tamen felix quod haud multos post annos revisit, tecumque nunc cubat. Ast ego felicior, qui brevi cum utraque edormiscam eodem in conditorio. Vale Filia, Matri frigescenti cineres interim caleface, ut post etiam refocilles meos.

Joannes Jovianus Pontanus L. Martiæ filiæ dulcissi, P. quæ vixit. Ann. XIIII. *Men.* VII. D. XII.

Pont. Pater I. Franc. Fil. infelic.

Lucili, tibi lux nomen dedit, & dedit ipsa
  Mater Stella tibi, stellaque luxque simul.
Eripuit nox atra, nigræ eripuêre tenebræ.
  Vixisti vix quot littora prima notat.
Hos - ne dies? breve tam ne tibi lux fulsit, &
  auræ
Maternum in nimbis sic tenuêre jubar?
Infelix fatum, puer heu malè felix, heu!
  quod
Nec puer es, nec lux, nec nisi inane quid es.
Floreat ad pueri tumulum, ver halet &
  urnæ
Lucili, & cineri spiret inustus odor.

Dies L. *non implesti, Filiole, breve Naturæ specimen, æternus parentum mæror, ac desiderium.*

Pour sa Femme.

Illa thori bene fida Comes, custosque pudici
 Cuique & Acus placuit, cui placuêre Coli.
Quæque focum, castosque Lares servavit &
 aræ
 Et thura, & lachrymas, & pia serta dedit.
In prolem studiosa parens, & amabilis uni
 Quæ studuit caro casta placere viro.
Hic posita est Ariadna, rosæ, violæque nites-
 cant,
 Quo posita est Syrio spiret odore locus.
Urnua crocum Dominæ fundat, distillet amo-
 mum
 Ad tumulum, & cineri sparsa cilissa fluat.

Quinquinnio postquam Uxor abiisti, dedicatâ prius Ædiculâ, monumentum hoc tibi statui, tecum quotidianus ut loquerer, nec si mihi non respondes, nec respondebit desiderium tui, per quod ipsa mecum semper es : aut obmutescit memoria, per quam tecum non loquor. Ave igitur, mea Hadriana; ubi enim ossa mea tuis miscuero, uterque simul bene valebimus. Vivens tecum, vixi Ann. XXIX. D. XXIX. Victurus post mortuus æternitatem æternam. Joannes Jovianus Pontanus Hadrianæ Saxonæ uxori Opt. ac benemerentissimæ P. quæ vixit Ann. XLVI. mens. VI. Obiit Kalend. Mar. Ann. M. CCCC LXXX.

Pour lui-même.

Vivus domum hanc mihi paravi, in qua

Tombeau du Roy Robert.

quiescerem mortuus. Noli obsecro injuriam mortuo facere, vivens quam fecerim nemini. Sum etenim Joannes Jovianus Pontanus, quem amaverunt bonæ Musæ, suspexerunt viri probi, honestaverunt Reges Domini. Scis jam qui sum, aut qui potiùs fuerim. Ego verò te, hospes, noscere in tenebris nequeo; sed te ipsum ut noscas, rogo. Vale.

A Ste (a) Claire pour une fille qui mourut pendant ses fiançailles.

Nata, eheu miserum! misero mihi nata Parenti,
Unicus ut fieres, unica nata, dolor.
Dum tibi namque Virum, tædas, thalamumque parabam,
Funera, & inferias anxius ecce paro.
Debuimus tecum poni Materque, Paterque,
Ut tribus hæc miseris Urna parata foret.

Dans la même Eglise, pour le Roi Robert qui en fut le Fondateur, & qui fut surnommé le Bon & le Sage.

Cernite Robertum Regem virtute refertum.
(Cy gît le Roi Robert tout farci de mérite.)

Ce panégyrique est un peu bref, pour un Prince si sage & si sçavant, & pour un si

_____
(a) Grande & belle Eglise, bâtie par le Roi Robert l'an 1310. Les Religieuses sont toutes de familles Nobles, & leur nombre monte d'ordinaire à trois cens cinquante.

E iij

grand Capitaine. Mais les éloges les plus amplifiés ne sont pas les meilleurs. En voici deux autres du même style. A *S. Pietro d'Ara.*

D. O. M. Fabricio Francipano, cui nec viventi Romana virtus, nec morienti vera pietas defuit. Hæredd. ex testam. B. M. &c.

A S. Domin. Maj. pour un Seigneur de la Maison de Caraffe.

Huic
Virtus Gloriam,
Gloria immortalitatem
Comparavit
M. CCCC. LXX.

Dans la même Eglise, pour une personne qui n'est pas nommée.

Terra tegit terram.

Dans la même Eglise, pour le Cardinal d'Ariano, de la famille de Caraffe.

Vivat adhuc, quamvis defunctum ostendat imago;
Discat quisque suum vivere post tumulum.

Dans la Sacristie de la même Eglise, il y a plusieurs Tombeaux des Rois & des Reines de Naples. On y a représenté une Mort, au-dessous de laquelle sont écrites ces paroles.

Sceptra ligonibus æquat.
Memoriæ Regum Neapolitanorum Arrago-
nenſium, &c.

Pour le Roi Ferd. II.

Ferrandum mors ſæva diu fugis arma gerentem,
Mox, illum, poſitis, impia, falce necas.
Obiit anno Domini 1496.

Pour Iſabelle d'Arragon, fille d'Alfonce I.
& Epouſe de Jean Galeas Duc de Milan.

Hic Iſabella jacet, centum ſata ſanguine Regum,
    Quacum Majeſtas Itala priſca jacet.
Sol qui luſtrabat radiis fulgentibus Orbem
    Occidit, inque alio nunc agit orbe diem.
Obiit die 11. Febr. 1524.

Dans le même lieu, pour le Marquis de
Peſcara, par l'Arioſte.

Qui jacet hoc gelido ſub marmore ? *Maxi-*
    mus ille
    Piſcator, Belli gloria, Pacis honos.
Numquid & hic piſces cœpit ? *Non.* Ergo
    quid ? *Urbes,*
    Magnanimos Reges, Oppida, Regna, Duces.
Die quibus hæc cœpit Piſcator retibus ? *Alto*
    Conſilio, intrepido corde, alacrique manu.
Qui tantum rapuere Ducem ? *Duo Numina,*
    Mars, Mors.
Ut raperent quiſnam compulit ? *Invidia.*
At nocuere nihil ? *vivit nam fama ſuperſtes,*

E iiij

Quæ Martem, & Mortem vincit, & Invidiam.

§. La Bibliothéque de cette Maison est beaucoup plus petite que le Refectoire à proportion. Les Dominicains ont douze ou treize Couvens à Naples.

Pour Jean Alefelt Gentilhomme Danois, mort à Naples comme il voyageoit. C'est au Mont Olivet.

Ut flos mane viret, tepida productus ab aura,
 Languescit flaccus vespere, nocte cadit.
Sic nos mortales orimur, morimurque miselli,
 Certaque vivendi non datur ulla dies.
Præsentis vitæ est cursus labyrinthus, in illum
 Ex utero intravi, morte vocante abii.
Erravi hic quantum Deus; & mea fata volebant,
 Lustraque transmisi quinque, diesque decem.
Nobilibus tribui stadiis hæc tempora vitæ,
 Ut sic nobilior nobilis ipse forem.
Horum & Liligeri me visere Regna Monarchæ
 Fecit, & in Latium bis pius egit Amor.
Nunc jaceo Patriæ longè tumulatus ab oris,
 Judicis expectans acta suprema Dei.
Cimbrica me genuit tellus Arctoa, sub Austro
 Parthenope rapuit, Parthenopeque tenet.
Obiit XVI. Kal. Jul. An. M. D. LXXI.

Dans la même Eglise.

Constantia Davala, & Beatrix Picolominea Filia, redditis quæ sunt Cœli Cœlo, & quæ sunt Terræ Terræ, ut semper uno vixere animo, sic uno condi tumulo voluere. O beatam, & mutui amoris constantiam!

J'oubliois l'Epitaphe de Jeanne I. Reine de Jerusalem & des deux Siciles. Charles de Duras qu'elle avoit premierement adopté, & qui se rebella contre elle, la fit étrangler en prison, l'accusant d'avoir étranglé elle-même André de Hongrie Roi de Naples, son premier mari : les Historiens en ont parlé diversement. Les intrigues d'une blanchisseuse & d'un Cordelier furent cause de tous ces malheurs. Le tombeau d'André est à la Cathédrale : Voici l'Epitaphe de Jeanne.

Inclyta Parthenopes jacet hic Regina Joanna Prima : prius felix, mox miseranda nimis : Quam Carolo genitam mulctavit Carolus alter, Quâ morte illa virum sustulit ante suum.
M. CCC. LXXXII. 22. Maij.

Elle étoit fille de Charles de Sicile, Duc de Calabre. Je me souviens d'avoir lû quelque part, qu'un certain *Pronostiqueur* lui avoit dit en regardant sa main, comme elle étoit encore fort jeune, *Maritaberis cum ALIO* ; & qu'on avoit depuis remarqué que ce mot est composé des premieres lettres de ses quatre maris, (a) André, Louis, Jacques, & Othon.

(a) André de Hongrie ; Louis, Prince de Tarente ; Jacques, Infant de Majorque ; Othon de Brunsvvich.

A Ste. Marie de la Concorde, pour un Roi de Fez qui embraſſa la Rel. Rom. & qui mourut âgé de cent ans.

D. O. M. B. M. V.

Gaſpar ex Sereniſſima Benemerina Familia, vigeſimus ſecundus in Africa Rex, dum contra Tyrannos à Catholico Rege arma rogat auxiliaria, liber effectus à Tyrannide Machometi, cujus impiam cum lacte hauſerat legem, in Catholicam adſcribitur. Numidiam proinde exoſus, pro Philippo III. Hiſpaniarum Monarcha, pro Rodulpho Cæſare quibus carus, præclaré in hæreticos apud Belgas, Pannoneſque ſævit armatus. Sub Urbano VIII. Eques commendator Immaculatæ Conceptionis Deiparæ creatur, & Chriſtianis, heroïcis, Regiiſque virtutibus ad immortalitatem anhelans, centenarius hîc mortale reliquit, & perpetuum cenſum cum penſo quater in hebdomade incruentum Miſſæ Sacrificium ad ſuam offerendi mentem. Anno Dom. M. DC. XLI.

Le Pape Innocent IV. mourut à Naples l'an 1254. Son tombeau ſe voit à la Cathédrale, avec deux Epitaphes qu'il ſeroit trop long de rapporter ici. La premiere eſt en vers léonins, & n'a pas grand goût : l'autre eſt en proſe ; & il y eſt remarqué que ce Pape *purpureo primus pileo Cardinales exornavit.* Il s'aviſa de leur faire cette careſſe, pour ſe captiver davantage leur amitié, pendant ſes démêlés avec F. Barberouſſe. Environ 50. ans après, Boniface VIII. leur donna la robe de pourpre. Paul II. la calotte rouge, & quelque autre marque de distinction : & Urbain VIII. la qualité ou l'honneur d'être traités d'Eminence. J'ai observé dans la même Eglise, sur les Tombeaux de plusieurs Chanoines, qu'ils portoient encore il n'y a que deux cens ans, le titre de Cardinaux : *Raymundus Barrilius Neap. Presbiter, Canonicus, Cardinalis, &c. Do. Petrus Nicolaus de Marchesiis Neap. Sacerdos, almæ Ecclesiæ Canonicus, Diaconus, Cardinalis, &c. anno* 1492. Vous sçavez ce que signifioit autrefois *Presbiter Cardinalis*, ou *Presbiter principalis* ; & comment le Cardinalat s'est enflé peu-à-peu. Il y a de l'apparence que les Chanoines de cette Eglise, ont eu le privilege de se servir de ce terme selon le précédent usage, assez long-tems après qu'il en avoit changé. §. *On lit encore à la Cathédrale l'Epitaphe de Gratinola Philomarina, mere du Pape Boniface IX. Elle y est appellée* Magna Mater Maximæ Sobolis; *& on y remarque qu'elle eut l'honneur d'appeller son fils du nom de pere, & d'adorer les pieds de celui qu'elle avoit mis au monde.*

Voyez dans cette Eglise la magnifique Chapelle de S. Janvier, & ses cinq Autels : le Sang du Saint est renfermé dans une Armoire qui est derriere le principal de ces Autels, & dont la porte est couverte d'argent.

Dans la Chapelle de la famille Alesia, à Saint Agnello.

Quæ miser imposui lugubria saxa sepulchro,
Mi Pater, innumeris accipe pro meritis.
Quod si marmoream licuisset sumere formam,
Te Natus tegeret non alio lapide.
Incisæque notæ legerentur; Gratus Alexis.
Reddidit ossa Patri, fitque Patri tumulus.

C'est une chose si rare qu'un Evêque préfère sa condition à celle d'un Cardinal, que je ne veux pas oublier l'Epitaphe que voici.

Sigismundo Pappacudæ Franc. F. Tropejensium Præsuli. Viro Opt. & Jurisconsulto; qui cum in cœtum Cardinalium fuisset à Clemente VII. adscitus, maluit in Patria Episcopus vivere. Hæredes pos. Vixit Ann. 80. M. 6. D. X. Obiit 1536.

Cet homme ne vous fait-il pas souvenir de Jean Angelic de Fiesole, ce bon Frere Dominicain qui sçavoit si bien la Peinture, & qui aima mieux travailler dans sa cellule, que d'être promû à l'Archevêché de Florence? L'Eglise où l'on voit ce tombeau de Sigismond est appellée S. Jean des Pappacodi, parce qu'elle a été bâtie par un de ses ancêtres. On nous a raconté que ce Gentilhomme ayant été enterré pour mort après un accès d'apoplexie, un de ses parens qui l'aprit étant à la campagne, en revint incontinent en poste, pour faire ouvrir son tombeau : le corps fut trouvé mort, mais on reconnut bien qu'il avoit changé de posture.

Tom. 2. Pag. 109.

Tombeau
de I. B. Cicaro.

Tom. 2. Page. 109.

Tombeau d'André Bonifacia.

A S. Severin des Benedictins, pour J.
Bapt. Cicaro.

Liquisti gemitum miseræ lachrymasque Parenti,
Pro quibus infelix hunc tibi dat tumulum.

Pour André Bonifacia, jeune enfant, dans le même lieu. Les vers sont de Sannazare.

Nate Patris Matrisque amor, & suprema voluptas ;
En tibi quæ nobis te dare sors vetuit.
Busta, eheu ! tristesque notas damus, invida quando
Mors immaturo funere te rapuit.

Les deux Tombeaux sont magnifiques. La Chapelle de la famille *Sanseverine*, dans la même Eglise, est aussi un parfaitement bel ouvrage. On y voit les Tombeaux de trois jeunes Seigneurs Freres, qui furent empoisonnés par leur Oncle, & qui moururent tous trois à la même heure. Cela a quelque chose de si touchant, que je ne puis m'empêcher de vous envoyer aussi leurs Epitaphes, & d'y ajoûter celle de la Comtesse leur Mere.

(1) *Hîc ossa quiescunt Jacobi Sanseverini Comitis Saponariæ, veneno miserè ob avaritiam necati ; cum duobus miseris fratribus eodem fato, eâdem horâ commorientibus.*

(2) *Jacet hic Sigismundus Sanseverinus veneno impiè absumptus, qui eodem fato, eodem tempore, pereuntes Germanos Fratres, nec alloqui, nec cernere potuit.*

(3) *Hic situs est Ascanius Sanseverinus, cui obeunti eodem veneno iniquè, atque impiè commorienti Fratres nec alloqui, nec videre quidem licuit.*

(4) *Hospes, Miserrimæ miserrimam defleas orbitatem. En Hippolita Montia, post natas fœminas infelicissima, quæ Ugo Sanseverino Conjugi, tres maximæ expectationis filios peperi qui venenatis poculis (vicit in familia, proh scelus ! pietatem cupiditas, timorem audacia, & rationem amentia) unà in miserorum complexibus Parentum, miserabiliter illicò expirarunt. Vir ægritudine sensim obrepente, paucis post annis in his etiam manibus expiravit. Ego tot superstes funeribus, cujus requies in tenebris, solamen in lachrymis, & cura omnis in morte collocatur. Quos vides separatim tumulos, ob terni doloris argumentum, & in memoriam illorum sempiternam. Anno M. D. XLVII.*

Voici encore une Mere affligée. C'est dans la Chapelle de la famille Coppola, à l'Eglise de S. Aug.

O Fata præpostera ! ô miserrimam pietatem ! Clarix Rynalda Tiberii Coppulæ Jur. Cons. & Cameræ Regiæ Præsidiis uxor amans,

tissima, sepultis turbato ordine VII. dulcissimis Infantibus filiis, post habito paterno tumulo, simul cum iis sepeliri voluit: Ut materni amoris Officium, quod viventibus maluisset, saltem in communi sede cineribus paranda exiguum doloris ingentis solatium præstaret.
M. D. LXXXXI.

Vis-à-vis de la grande Eglise des Carmes, dans la Place du Peuple, il y a une espece de Chapelle qui fut bâtie par l'ordre de Charles I. Roi de Naples, à l'endroit même où ce Prince fit trancher la tête au malheureux (a) Conradin, (b) en même tems qu'à son Cousin Frederic, Marquis de Bade, & Duc d'Autriche. Cette tragédie est peinte à fresque sur les murailles de la Chapelle en dedans. On y garde aussi la colonne de porphyre qui fut érigée au milieu, & autour de laquelle ce distique est écrit.

Asturis ungue Leo pullum rapiens Aquilinum, Hic deplumavit, acephalumque dedit.

Le corps fut mis d'abord dans la petite (c) Chapelle, & transporté ensuite dans l'Eglise des Carmes.

(a) Il ne fut pas mis en terre Sainte, parce qu'il étoit excommunié.
(b) Et a cinq ou six Seigneurs.
(c) Il y a une piece de marbre servant de pavé dans cette Chapelle, qui marque l'endroit où se fit l'exécution. Ils disent que cette pierre est toujours suante, & ils concluent de là, que Conradin & ses Compagnons ne meritoient pas la mort.

Infelix Juvenis, quænam Tibi fata superstant,
Dum Patrium Regnum subdere Marte paras.
Te fugat hinc Gallus, fugientem intercipit
Astur,
Parthenepeque ab (a) *Equo decutit ipsa suo.*
Omnia post hæc, quid mirum, si captus ab
hoste,
Carnificis ferro victima cæsa cadas ?
Heu ! nimium completa manet sententia vulgi,
Quod Caroli tandem mors tua vita fuit !
Hinc Leges sileant, rerum invertatur & ordo,
Si Rex in Regem jam tenet Imperium.

J'ai tiré ces vers de l'Abbé Sarnelli, qui les a cités en parlant de cette tragique histoire.

On nous a fait voir dans le Couvent des Carmes, l'endroit où fut assassiné le fameux Rebelle (b). Thomas Aniélo, (c) dix-huit jours après l'établissement de sa République. §. D'autres disent que ce fut dans la Place du Marché qui est devant cette Eglise. J'ai une des piéces de la monnoye qui fut battuë à Naples pendant ces desordres. On y voit S. P. Q. N. *Senatus Pop. que Neap.* On pourroit faire quelque comparaison des Maz-aniel à Cromwel, avec cette difference, que Cromwel étoit un homme de qualité, & que Maz-aniel n'étoit qu'un Pêcheur.

Notre Conducteur nous a tantôt raconté comme nous passions devant l'Eglise Ste.

(a) Voyez le commencement de la Lettre suivante.
(b) Vulgairement appellé Mazaniello.
(c) Quelques-uns ont écrit huit jours, mais ils avoient été mal informés.

Marie Maj. que le Démon apparoissoit autrefois sous la figure d'un pourceau, dans le lieu où cette Eglise a depuis été bâtie : ce qui épouvantoit, & faisoit tellement fuïr les habitans de Naples, que la Ville seroit enfin devenuë deserte ; mais que la Vierge répondit aux vœux de Pomponius, alors Evêque de Naples, & qu'elle lui ordonna de lui bâtir un Temple, dans le lieu où l'on voyoit le plus fréquemment le Pourceau Infernal, ce qui le feroit disparoître pour jamais. On ajoûte qu'en memoire de cet événement, l'Evêque fit faire un Pourceau de bronze, qui est encore présentement gardé quelque part dans l'Eglise.

§. *Il y a quelques Obelisques à Naples, l'un auprès de la Cathédrale, & il est dedié à S. Janvier ; l'autre dans une petite Place proche l'Eglise des Dominicains ; & il est dedié à S. Dominique second Patron de la Ville. Leurs piedestaux sont ornés de plusieurs figures de marbre ; & l'on voit au haut de chacun les statuës d'un des deux Saints. Ces dernieres sont de bronze doré.*

Ce n'est pas ici tout ce que j'ai à vous dire de Naples : mais puisque nous écrivons aujourd'hui à Londres, je suis d'avis de joindre cette lettre au paquet. Faites-moi l'honneur de m'aimer toûjours, & de croire que je suis,

Monsieur,

Vôtre, &c.

A Naples ce 14. *Mars* 1688.

LETTRE XXIII.

MONSIEUR,

La ville de Naples a tant de fois été ravagée, & a passé par les mains de tant de Maîtres, que la plûpart de ses Antiquités ont été ensevelies sous ses ruines. La façade de (*a*) S. Paul Maj. est le frontispice ancien d'un Temple d'Apollon, qui fut ensuite dédié à Castor & Pollux, par un *Tiberius Julius Tarsus* Afranchi d'Auguste, son nom se lit encore fort distinctement sur une des frises de cette façade, (*b*) ΤΙΒΕΡΙΟΣ ΙΟΥΛΙΟΣ ΤΑΡΣΟΣ. Le portique est soutenu de huit colonnes canelées, d'Ordre Corinthien; & l'on voit sur le fronton quelques bas-reliefs, qui représentent des Divinités.

On dit que les colonnes de S. Restituta, ont été prises d'un Temple de Neptune. Il reste aussi quelques ruines d'un Amphithéâtre. Nous avons plusieurs fois remarqué en passant, une ancienne statuë du Nil, elle est appuyée sur un Crocodile. La Mai-

---

(*a*) C'est une des Eglises des Théatins.

(*b*) Trois mois après la datte de cette lettre, la façade de cette Eglise fût renversée par un tremblement de terre, & vingt personnes, entre lesquelles il y avoit quelques PP. Théatins furent accablés sous ces ruines. Le 5. Juin 1688.

son de D. Diomede Caraffe est toute remplie de sculptures & d'inscriptions antiques. On voit dans la cour la tête & l'encolure entiere d'un grand cheval de bronze, qui n'avoit point de bride, & qui étoit autrefois dans une des Places de Naples, comme un emblême de la liberté de cette Ville, lorsqu'elle se gouvernoit en République. Mais le Roi Conrad fit mettre un mors à ce cheval, comme il y paroît encore, & il écrivit, dit-on, ces deux vers sur le piedestal qui le soûtenoit.

Hactenus effrænis, Domini nunc paret habenis :
Rex domat hunc æquus Parthonopensis equum.

On trouve aussi quantité de masures anciennes sur la hauteur où les Antiquaires disent qu'étoit παλαιοπολις, du côté de S. Côme & S. Damien, & outre cela plusieurs Curieux, comme entr'autres M. Pichetti, ont ramassé diverses Antiques, & ont fait particulierement des collections de medailles, de quelques-unes desquelles on a tiré de belles lumieres pour l'histoire de Naples. Je remets à un autre tems à vous parler des Catacombes.

Vous sçavez avec quelle exactitude, & avec quel prompt succès, le Pape Sixte cinquiéme extirpa les Bandits de Rome, & de tout l'Etat Ecclesiastique. Mais vous sçavez aussi que les autres Princes d'Italie, ne réüssirent pas si bien que lui, quoiqu'ils eussent entrepris le même ouvrage d'un commun accord. Ces bandes de voleurs avoient depuis ce tems-là travaillé plus que jamais le Royaume de Naples ; & il n'y a que quelques années encore, qu'il falloit s'assembler en caravanes pour y voyager sûrement. Présentement il n'y a rien à craindre : le Marquis del Carpio dernier Viceroi de Naples, a enfin délivré ce païs des incursions & des brigandages de ces scelerats. Plusieurs ont été passés au fil de l'épée, beaucoup d'autres ont été executés à mort: & il y en a quantité qui sont encore en prison. Nous en avons vû dans l'arsenal cinq cens qui se rendirent il y a quelques mois, à condition qu'ils auroient la vie sauve, & qu'on ne les mettroit point aux galeres.

Au reste, si l'on a exterminé presque tous les Bandits de profession, il en reste une infinité d'autres, qui ne valent pas beaucoup mieux. Les prisons regorgent de criminels; & si ce que plusieurs gens nous disent est vrai, il y en a présentement ici jusqu'au nombre de quatre mille. Cela me paroît difficile à croire, quoique le peuple de Naples soit en assez mauvaise réputation.

La Ville est extrêmement belle, comme je vous l'ai déja dit; mais on y a de certaines manieres, qui répondent mal à sa beauté, & qui empêchent l'air guai qu'elle auroit autrement. Premierement on n'y voit point de Femmes : elle a ce défaut commun avec presque toutes les autres Villes d'Italie. Vous ne m'accuserez pas de faire trop le galant, quand je dirai que c'est cacher ridiculement la plus belle moitié du monde. Secondement les habits & les équipages sont à Naples d'un noir ou d'un obscur qui attriste les yeux. §. *Cela est vrai à Genes & à Venise; mais les choses ont bien changé à Naples. Les équipages sont peut-être plus dorés qu'à Paris, & personne ne s'astreint à porter le deüil toute l'année.* Il est défendu de porter ni or, ni argent, ni soye sur soi. Les plus grands Seigneurs ne peuvent avoir plus de deux *estafiers:* & la plûpart des carosses étant lentement traînés par des mules, font un mauvais effet. §. *Tout cela est fort changé.* Presque tout le monde est habillé à l'Espagnole. Le Viceroi se montre peu, & sa Cour est sombre comme tout le reste. Le Commerce de Naples est beaucoup déchû; on y fait force savon, tabac en poudre, bas, camisoles, & autres ouvrages d'estame.

Nous fîmes hier le voïage du Vésuve (a); la promenade en est assez fatigante, & l'objet a quelque chose d'épouvantable. Je veux tâcher de vous en donner une idée plus distincte que celle que vous en avez pû recevoir, par les autres descriptions qui en ont été faites.

On compte huit milles de Naples au plus haut du Vésuve. Les quatre premiers milles se font entre plusieurs bons villages, en suivant le bord de la Mer: ces endroits sont bien cultivés, & ne paroissent pas avoir jamais été exposés aux ravages de la montagne, encore que cela soit souvent

(a) Le Mont Vésuve. Voyez ce qui en est plus | amplement dit à la fin du dernier Volume.

arrivé : il y a seulement de lieu en lieu quelques grosses pierres qui ont été roulées jusques-là.

Au sortir du dernier village appellé Resina on prend sur la gauche, on commence à monter, & on peut encore aller à cheval pendant deux grands milles, ou deux milles & demi. On est toujours parmi les roches détachées, & les masses de terre cuite, que les vomissemens de la montagne ont répanduës dans tous les environs. Plus on avance, plus on trouve le terrein crevassé, sec, brûlé, & couvert de diverses sortes de pierres calcinées, qui sont autant de témoins des furieux accès de l'embrasement. On remarque aussi en divers endroits les lits des torrens de soufre & de bitume, qui ont plusieurs fois découlé de cette montagne. Enfin, la montée devient si rude & si difficile, qu'il faut nécessairement mettre pied à terre : vous pouvez croire qu'il n'y a là ni cabarets, ni autres maisons ; les valets gardent les chevaux.

Il y a je vous assure beaucoup de travail à monter sur ce prodixieux fourneau : On est presque toujours bien avant dans les cendres, si toutefois on peut donner le nom de cendres, à ce qui ressemble plûtôt à une brique pulverisée. Quelquefois on recule au lieu d'avancer, parce que ces cendres obéïssent sous les pieds ; & enfin, après diverses petites réposées qu'il faut nécessairement faire, on arrive sur le bord de l'ancien goufre : Je dis l'ancien goufre, parce que comme vous le verrez tout-à-l'heure, les choses ont bien changé depuis un certain tems.

Cette premiere hauteur sur laquelle on se trouve, fait un cercle autour du goufre : le sommet de la montagne ayant été usé, vous concevez bien quelles manieres de cornes & d'élevations, ont dû demeurer dans le circuit de sa hauteur. Selon ce que nous en avons pû juger, cette fondriere a près d'un mille de diametre : On y peut descendre par quelques endroits, jusqu'à environ cent pas au-dessous du cercle escarpé du bord de la montagne, ce qui est toute la profondeur de cette ancienne ouverture.

Par un dégorgement extraordinaire, ce vaste abîme s'étoit presque rempli, dans un des derniers efforts, d'un mélange de soufre, de bitume, de mineraux, d'alun, de nitre, de salpêtre, de terres fonduës ou *petrifiées*. Toutes ces matieres ayant cessé de boüillir, avoient formé une croûte épaisse, une espece d'écume endurcie, qui faisoit un niveau dans le goufre, à cent pas au-dessous de ses bords. Un furieux tremblement de la montagne a depuis brisé cette croûte, cette épaisseur de matiere endurcie, & en a renversé les morceaux les uns sur les autres ; comme quand après qu'on a rompu la glace d'un étang, une prompte gelée en resserre aussi-tôt les pieces ensemble. Cette superficie raboteuse, mais égale dans son inégalité, est toute parsemée de soupiraux ardens d'où s'éxhalent des fumées perpetuelles : en quelques endroits on sent la chaleur à travers du soulier, en passant seulement.

Ce n'eſt pas tout : Juſtement au milieu de cette étenduë, qui pour le dire en paſſant, eſt à-peu-près ronde ; une irruption furieuſe s'eſt ouvert un paſſage, & a formé une nouvelle montagne. Cette montagne eſt ronde auſſi, & a bien un quart de mille de haut. Je n'en ai pû compter les pas, parce qu'il eſt impoſſible de les faire égaux à cauſe des cendres qui incommodent, & qui font quelquefois reculer, comme je vous l'ai déja dit.

Après avoir traverſé ces manieres de glaces rompuës, qui ſont comme un foſſé plat & large d'environ trois cens pas, entre les bords que je vous ai repréſentés de la grande montagne, & le pied de la montagne nouvelle : on monte celle-ci avec autant de peine pour le moins, qu'on avoit monté la premiere. Elle eſt toute pleine de crevaſſes fumantes. En divers endroits on voit le ſoufre preſque tout pur, & comme une maniere de ſel armoniac, tirant ſur la couleur de citron : en d'autres, c'eſt une matiere rouſſâtre & poreuſe, comme cette écume de fer qui ſe tire des forges des maréchaux ; il y en a de toutes couleurs, de toutes façons, & de toute peſanteur. Tout cela ayant été cuit & recuit par un feu ſi ardent ; & ce compoſé de tant de matieres differentes, ayant été fondu & incorporé enſemble, vous pouvez aiſément vous repréſenter ce que c'eſt.

Le ſommet de la petite montagne a ſon ouverture, comme la grande avoit la ſienne ; & c'eſt-là aujourd'hui qu'eſt la gueule du
profond

profond abîme : nous avons jugé qu'il est environ large de cent pas. Il en fortoit un torrent de fumée qui en remplifloit presque toute la *capacité*; mais il venoit quelquefois des coups de vent d'enhaut qui chaſſoient tout d'un coup cette fumée, tantôt d'un côté & tantôt d'un autre ; ce qui nous a permis de voir le haut de l'ouverture aſſez clairement, quoi qu'à divers tems.

Le bord en est escarpé tout autour en dedans, excepté dans un seul endroit où il y a aſſez de talus pour y pouvoir descendre. Notre guide y ayant descendu le premier, soixante ou quatre-vingt pas avant, nous l'avons suivi ; ce qui, pour le dire en paſſant, n'étoit point néceſſaire, & ce que je ne conseillerois de faire à personne. Nous avons donc été tout sur le bord de cet épouventable précipice, & nous y avons fait rouler plusieurs pierres, ou autres maſſes dures, que nous avons détachées tout au tour de nous. Quelquefois cela s'arrête à la premiere ou à la seconde chûte ; & d'autres fois il se fait une longue continuation de cascades avec aſſez de retentiſſement. Il seroit inutile de vouloir mesurer le tems que ces pierres mettent à sauter ou à descendre, parce qu'il n'y a point de fond sensible où il faille qu'elles s'arrêtent enfin, le bruit ne ceſſant quand il ceſſe, qu'à l'égard de ceux qui écoutent, & que le seul éloignement empêche d'entendre.

Nous ne nous sommes pas apperçûs que ce que nous avons fait tomber dans ce gouffre, ait fait augmenter la fumée. Il est vrai qu'il eût fallu pour cet essai de plus grosses masses ; encore est-il fort incertain qu'elles eussent produit aucun effet, n'y ayant rien qui doive obliger de croire, qu'il y ait un lac de matieres boüillantes, qui réponde perpendiculairement à l'ouverture de la montagne.

Il y en a qui portent de la poudre à canon, & qui font des mines pour avoir le plaisir de faire sauter de plus grands rochers ; mais à parler franchement, j'estime qu'il y a de l'imprudence à pousser si loin la curiosité dans un endroit si dangereux ; & je crois même que c'est sagement fait, de ne s'amuser pas là trop long-tems. Le prompt dégorgement des flammes n'est pas ce qu'il y a le plus à craindre ; mais le tremblement de la montagne en précede les grands éclats, & est presque toujours subit. Plusieurs y ont été surpris, & vous sçavez comme il en prit au pauvre Pline, quoiqu'il fût assez éloigné.

Voici une inscription qu'on a mise dans un des villages qui sont sur le chemin de la montagne, à trois milles de Naples, §. proche Portici.

Posteri, posteri, vestra res agitur. Dies facem præfert diei ; nudius perendino. Advertite. Vicies ab satu solis, ni fabulatur historia, arsit Vesevus, immani semper clade hæsitantium : Ne post hâc incertos occupet, moneo. Uterum gerit Mons hic bitumine, alumine, ferro, auro, argento, nitro, aquarum fontibus gravem. Serius, ocius ignescet, pelagoque influente pariet : sed ante parturit ; concuti-

nir, *concutit solum : fumigat, coruscat, flammigerat, quatit aerem, horrendum immugit, boat, tonat, arcet finibus accolas.* Emigra dùm licet. *Jam jam enititur, erumpit, mixtum igne lacum emovit, præcipiti ruit ille lapsu, seramque fugam prævertit. Si corripit ; actum est, periisti.* Anno salutis 1631. &c. - - - - - - - - - - - *Tu si sapis, audi clamantem lapidem, Sperne larem, sperne sarcinulas ; mora nulla, fuge.*

Tout le monde sçait ce que Baronius, après plusieurs anciens Auteurs, a rapporté des embrasemens de cette montagne; que les éclats en ont sauté jusqu'à Rome, & jusqu'en Egypte : Que l'épaisseur de sa fumée a fait comme éclipser le Soleil, & a causé dans les environs des nuits obscures en plein midi, que les torrens de soufre en ont couru jusques dans la Mer ; & que cette même Mer en a boüillonné, & bouilli de chaleur. Mais sans avoir recours aux anciennes histoires, il ne faut qu'interroger tout ce qu'il y a présentement de gens à Naples. L'an 1682. depuis le 15. d'Aoust, jusqu'au 27. du même mois ; l'an 1685, à la fin de Septembre ; & l'année derniere, au mois d'Avril, ils furent témoins de semblables choses.

Quand même je pourrois mêler ma petite Philosophie avec celle des Sçavans qui ont exercé la leur sur ce sujet, je ne l'entreprendrois pas pour le present. Mon dessein a été seulement de vous représenter le fait tel qu'il est.

Je sçai bien que le premier vomissement

F ij

que fera cette montagne, apportera de grands (a) changemens à tout ce que je viens de vous repréſenter; & il eſt aſſez probable qu'un ſecond, ou un troiſiéme dégorgement en renverſeront toute l'œconomie. Quoiqu'il en ſoit, vous voyez l'état preſent des choſes, & vous ſerez en état de mieux juger de l'avenir que vous n'auriez fait, ſi vous n'aviez pas été inſtruit de ce que je viens de vous dire.

Je me trouve comme accablé du nombre des choſes curieuſes, que nous avons vûës du côté de Pouzzol. Le peu de tems que nous avons eu pour les conſiderer toutes, a fait que je ne me ſuis attaché particulierement qu'à quelques-unes. Ces choſes-là ont été pluſieurs fois rapportées, je ne l'ignore pas; mais comme je ſuis bien aſſuré que vous n'avez jamais lû dans aucune Relation, la deſcription que je viens de vous donner du Mont Véſuve; je ſuis perſuadé auſſi que vous trouverez quelque choſe de nouveau dans ce que j'ai à vous dire, de la journée que nous venons de faire. En ſortant du faubourg de Naples, quand on va vers Pouzzol, on rencontre le côteau qui porte le nom de (b) Pauſilype, ἀπὸ τῆς παύσεως τῆς λύπης, diſent quelques étymologiſtes.

Pauſilypus noſter qui nunc dat nomina Monti,

(a) Depuis le tems de la premiere Edition de ce Livre, il eſt arrivé de grands changemens au Véſuve, en 1688. en 1689. en 1694. & en 1696.

(b) Le Pauſilype,

Sic dicta à magno Cæsare villa fuit.
Quod foret insanis requies fidissima curis,
Et portum fessæ redderet illa rati.

En effet, ce délicieux côteau est dans une charmante situation. Il est bien cultivé, parsemé de maisons de plaisance, & abondant en excellens vins.

On est tous les jours obligé dans les voyages de monter des hauteurs beaucoup plus difficiles ; & naturellement il n'y avoit pour passer celle-ci, qu'à faire un chemin dont la pente aisée, y montât & en descendit insensiblement, avec quelques terres rapportées & soûtenues de quelques murs, c'étoit une chose extrêmement faisable. Mais un caprice a mieux aimé percer la montage, & faire par ce trou un chemin plus droit à la vérité, & d'une fabrique plus rare, mais aussi plus incommode cent fois, que s'il eût fallu monter le côteau. Cette caverne est communément appellée *Grotta di Pozzuoli* (a) : elle est taillée tantôt dans le roc, & tantôt dans le sable, selon que l'un ou l'autre se sont rencontrés. La longueur de cette grotte est d'un demi (b) mille, la hauteur de trente à quarante pieds, & la largeur de dix-huit ou environ ; de telle maniere que deux chariots peuvent aisément passer à la rencontre. Il n'y a de jour

---

(a) La Grotte du Pouzzol, ou du Pausilype.
(b) Soixante milles d'Italie ne font que quarante-huit milles d'Angleterre. La longueur de cette Grotte est égale à celle du Mail du Parc de S. James, à Londres.

F iiij

que par les deux bouts, & par une petite ouverture qui eſt au milieu, au-deſſus d'un Oratoire qu'on a pratiqué à côté dans le roc, en élargiſſant un peu cet endroit du chemin. (a) §. *Il y a encore une ou deux autres ouvertures de cette eſpece en d'autres endroits; mais elles ſont ſi petites, qu'effectivement cela ne donne preſque aucune lumiere.* Cette lumiere eſt fort petite, & les nuages de fine pouſſiere qui s'élevent à chaque pas qu'on fait, achevent d'aveugler les paſſans : il ſe faut envelopper la tête ou ſe bien couvrir le viſage de ſon mouchoir, ſi l'on ne veut pas reſpirer la terre au lieu de l'air. On ſe voit ſi peu dans cette vilaine caverne, que quand on entend de loin ceux qui viennent à la rencontre, il faut leur crier (b) qu'ils gardent la droite ou la gauche, afin qu'on prenne le côté oppoſé, & qu'on ne ſe heurte pas les uns contre les autres. §. *Ces ténebres ſont un peu exagerées, & ce cri n'eſt bon qu'entre les cochers & autres voituriers, afin que chacun prenne de ſon côté; cela eſt cauſe même qu'il y arrive rarement des embarras. Les gens de pied ſe voïent très-bien.*

Cet ouvrage eſt ancien : Seneque en fait mention, & ſe plaint auſſi-bien que nous, des ténebres & de la pouſſiere. (c) On l'at-

---

(a) Le chemin eſt pavé, & quand on l'a nettoyé, (ce qui ſe fait de tems en tems) on trouve moins de pouſſiere.

(b) *A la Montagna* ou *à la Marina.*

(c) P. Razzani, L. Jove, L. Alberti, F. Lombardo, & pluſieurs autres Auteurs.

tribue à un certain Coccejus, mais on ne le désigne point autrement; & quelques-uns disent même qu'il n'en fut que l'entrepreneur. D'autres en parlent comme d'un Prince ou d'un Gouverneur du païs, & ils alleguent quelques anciennes Annales, où il est dit (*a*) que cent mille hommes acheverent cette caverne en quinze jours, par les ordres de Coccejus.

Le Lac d'Agnano (*b*) est entre les côteaux, un peu au de-là du Pausilype. Ce Lac est à-peu-près rond & n'a qu'un bon mille de tour. L'eau en est assez claire, & n'a nul mauvais goût : on la voit boüillonner en plusieurs endroits, sans qu'on s'apperçoive d'aucune chaleur. §. *Ce boüillonement, s'il est réel, est apparament imperceptible.* Les tanches & les anguilles y abondent. Sur le bord de ce Lac il y a deux choses considérables, les caves qu'on appelle les Bains de S. Germain (*c*), & la Grotte du chien. On nous a raconté une longue & fabuleuse histoire, qui a donné lieu à la denomination de ces Bains, & qui à mon avis, ne mérite pas de vous être rapportée. Vous sçaurez seulement, que dès le troisiéme ou le quatriéme pas qu'on fait en y descendant, on est saisi d'une chaleur qui porte une odeur de soufre, & qui fait suer tout d'un coup. Les gouteux & certains autres malades, s'y font apporter de tous côtés, & y reçoivent, dit-on, beau-

(*a*) Schraderus a aussi écrit la même chose.
(*b*) Le Lac d'Agnano.
(*c*) Les Bains de S. Germain.

coup de soulagement.

La Grotte du chien (a) est comme un petit commencement ou entrée de caverne, au pied d'un côteau. Elle est longue ou profonde de neuf à dix pieds, large de quatre & demi, & haute de cinq : cela est sans art. Le bas n'est que pure terre ou pierre couverte de poussiere, comme le milieu d'un chemin ; & les côtés n'ont rien non plus qui soit ni poli, ni travaillé, ni aucunement remarquable. §. *La chaleur se fait sentir à la main à un bon palme de terre.* J'ai consideré le tout fort soigneusement. On fait remarquer de certaines goutes qui tombent d'en haut, & qu'on explique par la condensation des esprits qui s'élevent d'en bas, & dont je vous parlerai tout à l'heure. Le fait mérite un examen particulier ; mais il est plus naturel de dire que cette eau vient de la montagne & qu'elle pénetre le dessus de la grotte, on voit que cela arrive par tout en de semblables lieux. Et ce qui doit, à mon avis, confirmer dans la pensée, que ces goutes ne viennent point de la condensation des vapeurs, c'est que ces sortes de vapeurs ne se réduiroient point en eau, & que d'ailleurs le haut de la Grotte est quelquefois sec. Il sort de terre dans cette Grotte une exhalaison subtile & pénétrante sans aucune fumée : cela saisit la respiration & suffoque absolument dans une minute. Cette vapeur est communément traitée de venin mortel, quoique ce

(a) La Grotte du chien. Voyez le Memoire pour les Voyageurs.

ne soit apparemment qu'une vapeur de soufre. Il ne faut pas disputer des mots, tout ce qui tue est mortel si l'on veut ; en ce sens là il n'y a point de plus subtil poison qu'une bale de mousquet. Donnons donc à cette vapeur tel nom qu'il vous plaira : quoiqu'il en soit, voici ce qui arrive & ce que nous avons vû.

Celui qui a la clef des Bains de S. Germain, a aussi celles de cette Grotte ; car il faut vous dire en passant, qu'on ne la laisse pas ouverte. Cet homme donc entre debout autant qu'il le peut être, au milieu de la Grotte : il se baisse & s'agenouille peu-à-peu, tenant toujours la tête droite : il s'assied sur ses talons, en telle sorte que ses mains puissent toucher à terre. Alors il empoigne le chien par les quatre pattes, & le couche proprement sur le côté contre terre. A l'instant même ce pauvre animal entre en convulsion, il tourne les yeux, il tire la langue, il s'allonge sans crier, il se roidit ; & celui qui le tient, le jette comme mort hors de la caverne. On le met incontinent dans le Lac, qui n'est qu'à vingt pas de-là : en moins d'une autre minute, il reprend ses esprits, il sort de l'eau en nageant, il court & il crie comme en exprimant la joye qu'il a d'être délivré. §. *On ne le jette plus dans le Lac, on le pose simplement à terre à trois ou quatre pieds de la Grotte : le grand air seul le fait revenir.*

(a) On a fait cette experience sur des hom-

(a) Charles VIII. Roi de France, fit l'experience avec un Ane, & D. Pedro de Tolede, Viceroi

mes & sur toutes sortes d'animaux ; & la même chose est toujours arrivée. A deux pieds de terre & plus près même encore, il n'y rien à craindre, les esprits se raréfient & se dissipent ; mais plus on se baisse, plus le danger est grand : ces mêmes esprits sont subtils & violens, ils pétillent & sortent impétueusement & en abondance. Nous ne sçaurions mettre le feu à une allumette, sans éprouver quelque chose de semblable. Le Maître de la (a) Grotte a fait encore une autre expérience : il y est entré avec deux gros flambeaux allumés ; quand il en abbaissoit un près de terre, non-seulement il cessoit de flamber, mais il s'éteignoit entiérement, sans qu'il restât ni feu, ni fumée : il le rallumoit avec l'autre flambeau, & il les a ainsi éteins plusieurs fois tour-à-tour.

§. *La fumée dure un quart de minute au plus.*

On nous parle de semblables vapeurs dans une caverne de Zolie en Hongrie ; & Pline fait mention de celle dont je viens de parler, il l'appelle *Spiraculum Puteolanum*, & la met au rang de ces autres qu'il nomme *Scrobes Charoneæ*. Toute cette petite contrée n'est que soufre. Nous avons passé au *Monte Secco* & à la *Solfatara*, où tout est plein de

---

avec deux Esclaves qui en moururent. Le Sieur de Villamont parle dans son Voyage d'un Gentilhomme nommé Tournon, qui s'étant baissé dans la Grotte, pour y prendre une pierre, fut saisi de la vapeur, & porté incontinent dans le Lac, où il reprit un peu ses esprits ; mais l'Auteur ajoûte que Tournon mourut quelques momens après. *Sarnelli*.

(a) Voyez à la fin du troisiéme Volume, les Avis aux Voyageurs.

soufre, d'alun & de trous souterains, d'où s'exhale flamme & fumée avec bruit & puanteur, autant pour le moins qu'on en voit présentement au Vesuve. On prépare l'alun de roche sur la *Solfatara* (a), qui est une montagne seche, jaune & blanche, toute cuite & toute usée par son propre feu. On y fait de petites cabanes pour travailler à cet ouvrage, & la seule chaleur des soupiraux fait boüillir les chaudieres.

Ce côteau dont la partie la plus haute est usée par les feux, forme une espece de bassin ovale long environ de 1250. pieds, & large de mille. Les fumées qui s'en exhalent continuellement, se font souvent sentir à Naples. On m'a assuré qu'elles noircissent les marbres & salissent les ornemens des Eglises & les ameublemens des maisons. Tous ces esprits de soufre, d'alun, de vitriol, &c. dont la terre est remplie, corrompent aussi les eaux. Les Capucins de S. Janvier, qui sont tout au proche de-là, ont été obligés d'élever leur citerne en l'air sur une colonne, pour empêcher la communication de ce qui pourroit en gâter l'eau.

La plûpart des gens de Naples & des environs, ne doutent nullement que les soupiraux de la *Solfatara* ne soient à la lettre, de véritables cheminées de l'Enfer. Le Capaccio qui a fort examiné tout cela, en est persuadé. Il assure que les Capucins dont je

---

(a) La Solfatara. Cette montagne est appellée par les anciens Auteurs: *Phlegra*; *Colles Phlegrei*; *Levocii montes*; *Forum & Olla vulcani*. Il a plû au peuple de dire *Solfatara*, au lieu de *Solforata*.

vous parlois tout à l'heure, entendent de tems en tems des hurlemens épouvantables, & sont souvent harcelés par des Lutins (*Spesso sono stati travagliati dai Diavoli, & spesso sentono ullulati, & terrori di grandissimo spavento*. Il ajoûte sur cela diverses histoires, qu'il débite comme des vérités très-certaines. Il dit aussi qu'il y a bien des gens qui croyent que ce païs est rempli de tresors qu'on découvriroit aisément, sans les mauvais Démons qui y président & qui les gardent.

Pouz- En descendant de-là, nous sommes venus
zol. à Pouzzol. Cette Ville autrefois si fameuse, n'est aujourd'hui que très-peu de chose. Je ne vous dirai rien de ses anciens noms, ni de son antiquité, ni de son étimologie : cela se trouve chez les Géographes. Les guerres, les tremblemens de terre, les assauts de la Mer & les tems enfin qui rongent tout, l'ont presque entiérement détruite. Quantité de superbes masures font foi de son ancienne magnificence. Presque joignant l'Eglise de S. Jacques, on voit les ruines d'un (*a*) Amphithéâtre qui étoit bâti de pierres de taille. La tradition veut que S. Janvier avec (*b*) six autres Chrétiens, y ayant été exposés aux bêtes farouches, on dit que ces bêtes les adorerent au lieu de les dévorer. Quelque tems après, ces sept Champions eurent la tête tranchée proche de la *Solfata-*

(*a*) Les Arênes avoient cent soixante-douze pieds de long, & quatre-vingt huit de large. *Capaccio*.

(*b*) *Sosius, Proculsus, Euticetes, Acutius, Festus Desiderius.*

ra, dans l'endroit où est présentement bâtie l'Eglise dédiée à S. Janvier. (*a*) Ces paroles y sont écrites sur l'Autel : *Locus Decollationis S. Januarii & Sociorum ejus.*

Joignant l'Amphithéâtre, on voit de grands vestiges presque tout enterrés que le peuple croit être d'un labyrinthe. Il y a plus d'apparence que c'étoit un réservoir, comme la *Piscina mirabilis*.

La Cathédrale est bâtie sur les ruines d'un Temple de Jupiter, & en partie des propres matériaux de ce Temple (*b*), particuliérement la façade, où il se voit par une Inscription, qu'il fut bâti par *Calfurnius Luc. Fil.*

Entre la Ville & l'Amphithéâtre, on fait remarquer des ruines d'un Temple de Diane. Vers les Dominicains du *Jesu-Maria*, quand la Mer est fort agitée, elle apporte toujours quelques nouvelles marques de l'ancienne magnificence des Palais de Pouzzol; entre lesquelles on rencontre ordinairement diverses sortes de pierres fines, Cornioles, Agates, Diaspres, Améthystes, &c. Les Antiquaires prétendent que vers cet endroit-là, il y avoit autrefois quantité de boutiques de Joüailliers & d'Orfévres. La Mer amene aussi d'autres sortes de pierres sur lesquelles aussi-bien que sur les

---

(*a*) L'an 299. d'autres disent 305.

Ceux de Pouzzol donnent à cet Amphithéâtre, le nom de Collisée, quoiqu'ils n'en ayent pas la même raison qu'à Rome.

(*b*) Le Sarnelli a écrit qu'il étoit assez entier il n'y a pas long-tems : Que les tremblemens de terre l'ont achevé de détruire. Il étoit au milieu de l'ancienne Ville.

premieres, sont gravées diverses sortes de figures, des coqs, des aigles, des cicognes, des liévres, des serpens, des grenoüilles, des fourmis, des sarmens, des grapes, des épics, des têtes humaines & autres, des mots Grecs & Latins, &c. Il y a des gens qui se sont mis dans l'esprit que toutes ces figures se sont formées naturellement sur ces pierres ; & la superstition leur attribue diverses vertus.

Puzzolana. Le * sable dont on se sert pour bâtir à Pouzzol, mérite une remarque ; Vitruve en fait un grand cas, & Pline le vante aussi beaucoup. Il entre dans la composition d'un mortier qui s'endurcit comme le marbre, même dans la Mer.

En nous embarquant pour aller au Lac Lucrin, qui est à deux mille de Pouzzol : nous avons eu le tems de considerer ces fameuses arcades, que l'on dit communément être le reste du pont (*a*) que Caligula fit construire de Bayes à Pouzzol. C'est le sentiment général ; & sur les lieux mêmes cela ne s'appelle point autrement que le Pont de Caligula. On admire cette merveille & on en fait fête aux Etrangers, comme de la chose du monde la plus rare & la plus surprenante ; & l'on auroit beaucoup de raison sans doute, de faire attention sur un ouvrage si hardi : on le pourroit bien mettre au rang des plus grands prodiges ; mais par malheur, ce prétendu Pont n'est qu'une chimere. Suetone a si positivement raconté l'histoire du Pont de Caligula, qui

(*a*) Le Pont de Caligula.

étoit un pont de vaisseaux, & non pas un pont de brique ou de pierre, qu'il me paroît tout-à-fait étonnant que tant de gens s'en soient fait une si fausse idée. (*a*) Cet Historien rapporte clairement le fait : (*b*) *Bajarum*, dit-il, *medium intervallum, Puteolanas moles, trium millium & sexcentorum fere passuum ponte conjunxit ; contractis undique onerariis navibus, & ordine duplici ad anchoras collocatis, superjectoque aggere terreno, ac directo in Appiæ viæ formam. Primo die Phalerato equo....... Postridie quadrigario habitu, &c.*

Ce que l'Auteur ajoûte des raisons qui firent entreprendre un pareil ouvrage à ce capricieux Prince, ne fait présentement rien au sujet. Remarquez, je vous prie, le terme de *Puteolanas moles* ; il ne dit pas *Puteolos*, mais *Puteolanas moles* : cela explique clairement ce que c'est que ces arcades qui se voyent encore. C'étoit proprement ce que nous appellons aussi dans notre langue un mole, un rempart contre l'impétuosité des vagues, pour mettre les vaisseaux à l'abri dans le port. (*c*) C'est une chose communément pratiquée dans les ports de Mer. Il est vrai que ce mole étoit fait en arcades, ce qui n'est pas selon la coûtume de ces derniers tems ; mais cela ne doit faire aucune difficulté. Outre qu'il est inutile de contester contre un fait si bien attesté, on doit con-

---

(*a*) Dans la vie de Caligula, §. 19.
(*b*) *Per hunc pontem ultro citro commeavit, bi-duo continenti.*
(*c*) Il y a douze ou treize Arches, quatorze Piles.

sidérer encore que les choses ne sont pas toujours de la même maniere; & de plus, on pourroit, ce me semble, alléguer de bonnes raisons, pour faire voir qu'un mole avec des arches, doit être de meilleure durée qu'un autre ; qu'il doit suffire pour rompre les flots, & pour rabattre assez les grands coups de Mer.

Le Lac Lucrin (*a*), *à Lucro dictus*, dit Charles Estienne à cause de la grande pêche qu'on y faisoit, n'est aujourd'hui que comme un petit étang, long tout au plus d'un quart de mille & large de cent pas. La Montagne nouvelle dont je vous parlerai tout à l'heure, l'a presque rempli. Ce petit Lac n'est qu'à soixante ou quatre-vingt pas de la Mer, il y étoit autrefois joint, & Pline rapporte qu'il fallut bien des machines pour l'en séparer, *Mare Tyrrhenum à Lucrino molibus seclusum*. Suetone nous apprend qu'Auguste avoit employé vingt mille hommes, pour faire faire une communication du Lucrin & de l'Averne dans la Mer : il ajoûte même qu'on en avoit fait un Port.

L'eau de ce Lac est toujours salée : il étoit renommé pour ses huitres. *Nuptiæ videbant Ostreas Lucrinas*, dit Varron.

. . . . . . Concha Lucrini delicatior Stagni.
Martial.

On ne peut guéres parler du Lac Lucrin, sans se souvenir du Dauphin dont Pline &

(*a*) Le Lac Lucrin.

plusieurs autres Auteurs on fait mention. Le fait est qu'un Dauphin s'étant familiarisé avec un jeune Garçon qui alloit tous les jours à l'Ecole de Bayes à Pouzzol, & qui lui donnoit quelquefois du pain; le Dauphin présenta le dos à l'Ecolier, le promena dans la baye, & enfin s'accoûtuma à la lui faire ainsi traverser, le portant & le rapportant toutes les fois qu'il en étoit requis. Appion dit avoir été témoin de la chose; & il ajoûte qu'on abordoit de toutes parts à Pouzzol pour la voir. (a) Solin assure que cela dura si long-tems, qu'enfin on cessa de la regarder comme une chose extraordinaire: & Aristote raconte une histoire si semblable, que s'il n'eût pas vécu plus de quatre siécles avant ces Auteurs, on pourroit croire que ce seroit la même. Si l'on avoit à rechercher tout ce que les Naturalistes, tant anciens que modernes, ont dit du Dauphin, on auroit de quoi alléguer sur cela quantité de choses, qui serviroient peut-être à la rendre croyable. Il n'y a point d'animaux qui ne soient disciplinables, & quelques-uns d'entre eux ont ou peuvent avoir un penchant particulier pour l'Homme. Ce qui n'implique point de contradiction, ne doit pas être (b) nié d'une maniere précipi-

(a) Mecenas & Egesydime, Auteurs contemporains, & cités par Th. Garzoni avec Flavien, & F. Alphius, rapportent le même fait.
Voyez diverses choses curieuses sur cela, dans la troisiéme Dissertation de M. Spanheim *de præstantia & usu Numismatum.*

(b) Il y a de la difference entre croire une chose & ne la pas nier.

tée. J'ai vû un Veau marin tout-à-fait *domestique*, & faisant la plûpart des choses que l'on enseigne à un barbet. Camerarius rapporte un grand nombre de semblables exemples dans ses méditations historiques, des Dauphins & d'autres poissons merveilleusement disciplinés. Il n'y a point de chicane à faire sur le nom de Dauphin. Qu'on appelle aujourd'hui tout comme on voudra, le poisson qui étoit autrefois connu sous le nom de Dauphin.

La nuit du 19. au 20. de Septembre l'an 1538. la terre accoucha d'une montagne, qui depuis a toujours été nommée *Montenuovo*. (a) Ceux qui l'ont mesurée, disent qu'elle a quatre cens toises de hauteur perpendiculaire, & trois mille pas de tour ou un peu davantage. Les Naturalistes ont remarqué plusieurs manieres dont les montagnes se sont formées; quelquefois par des tremblement de terre, quelquefois par des vents; quelquefois par des dégorgemens souterrains, à-peu près comme quand une taupe pousse la terre, & fait élever ces petites buttes que l'on appelle des *taupinieres*. C'est par cette derniere voie que s'est formé le *Monte nuovo*, aussi-bien que l'autre nouvelle montagne que je vous ai représentée, au milieu de l'ancienne fondriere du Mont Vésuve. *Le Monte nuovo* a, dit-on, un goufre de 50. pas de diametre au milieu de sa cime, & qui prouve assez sa naissance par irruption : mais il n'a jetté ni feu ni fumée, ni fait aucun desordre, depuis ceux que

(a) *Monte nuovo*, ou *di Cenere*.

causa un si prodigieux & un si douloureux enfantement. La Terre en trembla : la Mer s'en recula : le Lac Lucrin en fut presque comblé ; des Eglises & des Maisons furent embrasées & englouties ; plusieurs hommes périrent, & quantité de bêtes ; il se fit un boulversement effroyable dans tous les environs.

Votre Montagne de Marcklehill (*a*), vint au monde d'une maniere plus douce, & bien plus agréable ; ce fut 33. ans après la naissance du *Monte nuovo*. Je me souviens d'avoir lû avec plaisir ce que vos Naturalistes en ont écrit. Un espace de terre contenant à-peu-près vingt-six arpens, (*b*) s'avisa tout d'un coup de se separer des campagnes voisines, & de s'acheminer doucement à quatre cens pas de là. Ces champs détachés enleverent avec eux les arbres & les maisons ; à droit & à gauche la terre s'ouvrit & s'écarta pour leur faire passage ; ils marcherent d'un pas lent & reglé pendant trois jours & trois nuits presque sans bruit, & avec fort peu de desordre. Enfin, s'étant choisis un nouveau séjour, il leur plût de s'enfler, & de devenir Montagne :

(*a*) Dans la Province de Hereford.

(*b*) Pline rapporte que sous l'Empire de Neron, dans le Royaume de Naples, un pré, & un lieu planté d'Oliviers, se détacherent de leurs continens, & changerent de place.

In Thuringia, cespes longitudine quinquaginta pedum, latitudine quatuordecim sine manibus sublatus, à suo loco vigintipedum spatio trajectus, in Saxonia Terra in aggeris modum intumuit. Aimoin, An. 822.

c'eſt la Montagne de Marcklehill. Il faut avoüer que cela eſt bien plus joli que le tintamarre du *Monte nuovo*.

De l'autre côté du Lac Lucrin, on voit le Mont de Chriſt (*a*), autre Montagne illuſtre, dont voici l'aventure en un mot. La Terre ayant autrefois été ébranlée par une ſecouſſe & un tremblement extraordinaire, elle fut émûë juſqu'au profond de ſes entrailles, & il ſe fit une crevaſſe depuis ſa ſuperficie, juſqu'aux Limbes des Peres : c'eſt ſur cette Montagne qu'on peut voir encore aujourd'hui l'entrée de cette caverne, ou pour mieux dire la bouche de cette ouverture. J. C. étant deſcendu dans la ſombre & ennuyeuſe demeure, où l'attendoient depuis ſi long-tems les ames de ceux qui étoient deſtinés à la felicité celeſte ; il les amena en triomphe par ce conduit ſouterrain, & les enleva dans le Ciel du haut de la Montagne. Je ne ſçai quel (*b*) Poëte moderne a exprimé cette prétenduë hiſtoire en ces deux vers.

Eſt locus effregit quo portas Chriſtus Averni,
Et ſanctos traxit lucidus inde Patres.

Le Lac d'Averne (*c*), cet autre gouffre d'Enfer, n'eſt qu'à un bon mille du Lac Lucrin, & eſt à-peu-près de la même grandeur que celui d'Agnano. Il eſt certain que les oiſeaux volent & nagent aujourd'hui ſur les eaux de l'Averne (*d*), quoique Vir-

---

(*a*) Monte di Chriſto.
(*b*) Alcadine.
(*c*) Le Lac d'Averne.
(*d*) Lucien a dit la même choſe de l'Acheron.

gile, Lucréce, Silius, Italicus, Pline, & quantité d'autres ayent écrits qu'il s'en exhaloit autrefois une vapeur mortelle, qui faisoit mourir ces animaux.

(a) *Quem super haud ullæ poterant impunè volantes*
Tendere iter pennis. — — — — — — —
— — — — — — — — — — — — — — — —
Unde locum Graji dixerunt nomine Aornon (b).

La différence qu'il y a entre ce que l'on voit aujourd'hui dans ce lieu, & la description que nous en font ces anciens Auteurs, fait qu'on les taxe ordinairement d'imposture, sans presque hésiter. Pline, particulierement qu'une mauvaise réputation a déja décredité en beaucoup d'autres occasions, est traité en celle-ci d'insigne menteur. Sans entreprendre de faire ici toute son apologie, je ne laisserai pas de le défendre en cette rencontre, & je dirai hardiment qu'il ne ment point en ce qu'il rapporte du Lac d'Averne. Il allégue Varron, comme en racontant une chose qui étoit autrefois, & il n'affirme rien de soi-même. Pline, curieux comme il étoit, avoit apparemment plusieurs fois visité cet endroit: il me semble même qu'il étoit à Cumes, tout proche de-là, lorsque le Vésuve s'embrasa si terriblement sous l'Empire de

(a) *Æneid.* 6. Ἄορνις *avibus carens.*
(b) *Cùm venere volantes, Regimii oblite pen-* | *narum vela remittunt, Præcipitesque cadunt,* Lucr. c. 6.

Tite; & qu'en s'acheminant vers cette furieuse Montagne, il fut assez malheureux pour y perdre la vie. Il est donc assez vraisemblable que Pline auroit parlé positivement, & en témoin oculaire, des oiseaux de l'Averne, si de son tems l'air de ce Lac leur eût été si fatal: mais il ne dit rien de semblable. En discourant des Lacs qui ont des proprietés extraordinaires, il cite Ctesias Historien Grec, qui parle d'un Lac des Indes, sur lequel rien ne nage, & ensuite il rapporte le témoignage de Varron touchant l'Averne. Strabon raconte que la puanteur de ce Lac avoit été en partie causée par les grands arbres qui panchoient sur les bords, qui le couvroient & l'environnoient: & il ajoûte que ces bois ayant été coupés par l'ordre d'Auguste, l'air y devint pur, & cessa de causer des effets ordinaires.

Si ce fait est veritable, comme il seroit injuste d'en douter, puisque cet Auteur étoit contemporain d'Auguste, & qu'il parle sans doute en témoin bien instruit; on ne doit pas s'étonner ni du témoignage positif de Varron, ni de la simple allégation qu'en fait Pline: puisque l'un vivoit avant & en même tems qu'Auguste, & que l'autre ne vint que quelque tems après. Au reste, on peut bien dire ce me semble encore, sans être si prompt à démentir ces Ecrivains, que depuis leur tems les choses peuvent avoir changé. Boccace qui vivoit il y a trois cens ans, rapporte dans son traité des Lacs, que quelque Lac souterrain de soufre, s'étant mêlé dans l'Averne, les eaux de ce Lac s'empuantirent, & firent mourir beaucoup de poisson ; ce qu'il dit avoir vû de ses propres yeux. Cela fait connoître assez clairement, que ce Lac n'a pas toujours été dans ce même état. Et la chose se découvre assez d'elle-même, pour peu qu'on veüille faire des réflexions sur ces matieres bitumineuses & sulfurées, dont tout est rempli dans les environs. Quelque tremblement de terre a pû boucher les canaux de communication, par lesquels se répandoit dans l'Averne, ce qui empoisonnoit autrefois ses eaux ; & ce qui en faisoit exhaler une matiére subtile, d'autant plus dangereuse que la source en étoit toujours renfermée sous l'abri des grands arbres qui l'environnoïent. S'imaginer que les oiseaux qui voloient dans la moyenne région de l'air, au-dessus du Lac, fussent offensés de ces exhalaisons; ce seroit se forger une chimere sans nécessité ; & faire dire aux Historiens ce qu'ils n'ont pas pensé. Il y a beaucoup d'apparence, & je puis dire même que c'est une chose certaine & manifeste, que si la Grotte du chien avoit vingt fois plus d'étenduë qu'elle n'en a, qu'une hirondelle y volât en éfleurant la terre, jamais elle ne pourroit s'en relever; Et pourquoi ne veut-on pas qu'une chose semblable soit autrefois arrivée sur le Lac d'Averne ? il n'y a que du plus & du moins, ce qui ne change pas la nature du fait. Si vous en voulez un autre à peu près semblable, & bien plus difficile à croire, je vous citerai encore votre Histoire Naturelle d'Angleterre, où il est rapporté que les oyes sauvages tombent mortes quand elles se rencontrent justement au-dessus d'un certain endroit de la plaine de Withay en *Yorkshire*.

Au reste, je répeterai encore ici ce que je disois tantôt, que quelques inconcevables que paroissent les choses, pourvû qu'elles n'impliquent pas de contradiction, on ne doit jamais se hâter de s'inscrire en faux, avant qu'on les ait examinées. Avoüons la verité, l'ignorance des hommes enveloppe bien plus de choses, que leur connoissance n'en a pû découvrir. Nous avons beau faire les Philosophes, & nous moquer des causes occultes; les phenoménes de la Nature, à parler bien sincérement, sont presque tous incomprehensibles. Nous prétendons pourtant expliquer les plus difficiles, quand ils frappent les yeux; ce seroit une honte à nous d'en user autrement: Mais entendons-nous quelqu'autre chose qui nous surpasse, & qui ait auparavant été inoüi à nos oreilles, ou nous crions miracle, ou nous nous piquons fierement d'incrédulité?

Quoique le mot d'Averne vienne d'ἀορνὸς, comme le dit Virgile, il y a tant de Lacs qui portent ce nom, qu'on le peut quasi regarder comme un nom général, pour ces sortes de gouffres sulfurés, que les Anciens appelloient des portes, ou des gueules d'Enfer: *Ostia Ditis. Orci janua. Inferni janua Regis*, dit Virgile. Je pense qu'on peut dire la même chose de l'autre Lac qui est
proche

proche de-là, qui est un des Acherons : & c'est apparemment ce qui fait que Lucréce appelle ces sortes d'étangs, *Averna loca*. Silius confond nôtre Averne avec le Styx & le Cocyte, & les autres fleuves d'Enfer ; ce qui peut contribuer à faire croire que ces noms-là sont devenus communs à plusieurs lacs ou rivieres à-peu-près semblables.

Les ruines qui paroissent en divers endroits sur la pente des côteaux, autour de l'Averne, sont une marque que ce lieu-là fut beaucoup cultivé, depuis qu'on eût abatu les bois de haute futaye qui l'environnoient.

Il est incertain si les masures qui sont le plus près du Lac, sont d'un Temple de Mercure ou de Neptune. Mais les Antiquaires conviennent que ce n'est pas d'un Temple d'Apollon, comme le peuple le dit communément.

Je ne veux pas oublier de vous dire que quand on approche de l'Averne, on est frapé de quelque odeur désagréable ; mais je ne suis pas assuré que cela provienne du Lac. Les eaux en sont assez vives & assez claires, quoiqu'elles tirent un peu sur le bleu obscur. J'en aï goûté en plusieurs endroits, & j'y ai trouvé quelque petite sorte d'âpreté qui tient du mineral ; cependant le Lac est assez poisonneux.

Ce qu'on appelle communément la Grotte (*a*) de la Sibylle, est tout auprès de-là. La principale entrée étoit, dit-on, proche

(*a*) La Grotte de la Sibylle.

Tome II. G

de la ville de Cumes, à quatre petits milles de l'Averne : mais tout est comblé de ce côté-là. Nous sommes donc entrés dans cette Grotte par un passage assez étroit, & embarassé de ronces & d'épines, chacun portant son flambeau allumé. La Caverne est creusée sous les côteaux, sans embellissement, ni aucune chose remarquable, excepté dans l'endroit dont je vous parlerai tout-à-l'heure : elle est environ large de dix pieds, & haute de douze. Après avoir fait deux cens cinquante pas sans détourner, la Grotte fait l'équerre à droit, & 70. ou 80. pas plus loin, on trouve une petite cellule qui a quinze pieds de long, & huit à neuf de large. La voute en étoit autrefois peinte, & les murailles étoient revêtuës de mosaïque : il en reste même quelque chose encore. La terre s'étant affaissée à quelques pas plus loin que la chambre, le passage est rempli, & l'on ne peut pas aller plus avant.

Je me souviens qu'après avoir lû le docte traité de M. Blondel touchant les prétenduës Sibylles & leurs prétendus écrits Sibyllains, j'échappai du torrent de l'opinion commune, & je fus pleinement persuadé que tout cela n'étoit que chimere & supposition, quoiqu'en ayent dit un nombre considerable d'hommes sçavans d'ailleurs, & quelques-uns même de ces bons Docteurs du tems passé, que nous appellons ordinairement les Peres. Je me suis confirmé depuis dans cette persuasion, par l'étude que j'ai faite de cette matiere avec assez d'application; (a) & ainsi vous pouvez penser que je n'acquiesce nullement à ce qu'on nous debite ici de la grotte de la Sibylle. Plusieurs anciens Auteurs ayant parlé d'une Sibylle de Cumes, & d'un antre où elle se retiroit, on a trouvé que celui-ci pouvoit lui convenir, & on le lui a consacré sans autre fondement qu'une certaine imagination, & sans rien alléguer qui soit aucunement convainquant: Le passage de Virgile, *Excisum Euboica*, &c. ne signifie rien du tout; car outre que du tems de Virgile, la fable de la Sibylle étoit déja une ancienne erreur, dont cet Auteur ne parloit que par tradition, je ne vois pas que ce qu'il dit, ait aucun rapport à la caverne dont il s'agit.

Quo lati ducunt aditus centum, ostia centum,
Unde ruunt totidem voces, &c.

Il n'y a nulle apparence que cette caverne ait jamais eu, ni *centum aditus*, ni *centum ostia*. Mais par quelle raison, je vous prie, falloit-il une cave longue de plus d'une lieuë pour loger la Sibylle? & quels ouvriers avoit-elle employés pour ce prodigieux travail? C'est encore une assez plaisante pensée que de lui lambrisser une chambre de Mosaïque. Un antre profond & té-

(*a*) Quelques-uns prétendent que la caverne de la Sybille étoit à Cumes. Et ils alléguent la description qu'en fait Justin Martyr. Ce qu'il en a dit a un peu plus de rapport à l'antre dont parle Virgile: mais au fond, l'opinion de Justin Martyr, n'est point une preuve: Il dit ce qu'il a entendu dire, & cela ne signifie rien.

nébreux, tapiffé de nids de chauve-fouris & de toilles d'araignées; c'eft ce qu'il falloit à cette préтенduë Enragée, & non pas des chambres de peinture & de Mofaïque.

Si vous me demandez quel eft donc mon fentiment fur cette caverne, je vous répondrai que c'étoit peut-être un paffage auffibien que la grotte de Paufilype, peut-être auffi la [a] chambre peinte étoit-elle pour quelque Divinité, comme la Chapelle de cette même grotte du Paufilype, eft pour une Nôtre-Dame. Strabon rapporte fur le témoignage d'Eporus ancien Hiftorien & Géographe de Cumes, que les Cimmeriens d'Italie: je les nomme ainfi pour ne les confondre pas avec ceux du Bofphore, habitoient entre Bayes & le Lac d'Averne, qu'ils n'avoient point d'autres demeures que des autres fouterains, où ils fe cachoient tout le long du jour; & que pendant la nuit, ils voloient & exerçoient leur brigandages. Nous leur attribuërons, fi vous voulez, l'ouvrage de cette caverne à la Mofaïque près, qui ne leur convient pas mieux qu'à la Sibylle. Et au refte, quand je vous dirai que je ne fçais, ni l'ufage de cette *grotte*, ni le tems auquel ou l'a faite, ni qui font ceux qui l'ont fait faire, il ne s'enfuivra nullement que ç'ait été la grotte de la Sibylle. Sans fortir de [b] France & d'Angle-

---

[a] On peut auffi fuppofer qu'il y avoit des bains pour quelque grand Seigneur.

[b] Proche de Mire-mont, dans le Perigort, il y a une grande & fameufe Caverne, appellée du Cloufeau, dont les gens du païs font divers contes,

terre, je pourrois vous nommer un nombre considérable de semblables cavernes, où jamais Sibylle n'entra.

Au sortir de cet antre, nous avons été faire un tour à Bayes. C'étoit autrefois, BAYES, comme vous sçavez, le plus agréble & le plus magnifique endroit du monde : Horace & Martial en parlent ainsi, & Joseph encherit sur eux. La maniere dont s'exprime Martial, est très-douce & très-forte.

Littus beatæ Veneris aureum Baiæ :
Baiæ superbæ donum Naturæ :
Ut mille laudem, Flacce, versibus Baias,
Laudabo dignè non satis Baias.

Il appelle Venus heureuse, parce qu'elle dominoit & qu'elle triomphoit dans ce délicieux rendez-vous de la Noblesse Romaine.

Littora quæ fuerant castis inimica Puellis

dit le Poëte Properce. Si vous voulez sçavoir quelque chose de plus particulier touchant les voluptés de Bayes, vous n'avez qu'à lire la 51. Epître attribuée à Séneque, & ce qu'en a écrit Albin.

Tu qui Bajanas venisti liber ad undas,
Aligeri fies præda cruenta Dei.

Ils disent qu'il y a de grandes sales, des Peintures, & des Autels ; & ils se persuadent que les Païens y ont fait des sacrifices à Venus, & aux Dieux infernaux. *Morery.*

Miscuit his ardens Circe lethale venenum,
&c. (a)

....
Omne nefas atque omne malum his emersit ab
undis, &c.

Le Golfe de Bayes est extrêmement agréable : l'air y est d'une parfaite douceur, & rien n'est plus charmant que les côteaux qui s'élevent insensiblement tout autour. On y voit diverses ruines de Temples, (b) de Thermes & de Palais; & quelques-uns de ces débris paroissent dans la Mer même. Tous les environs de la Ville étoient aussi parsemés de maisons de plaisance. Aujourd'hui ce ne sont que tristes masures, qui font de ces lieux autrefois enchantés une solitude affreuse.

Entre Bayes & Misene, dans le petit canton qu'on appelle *Bauli*, proche du Tombeau d'Agrippine, on voit des restes du Reservoir (c) d'Hortensius Collegue de (d) Metellus. Ce Sénateur prenoit un extrême plaisir à nourrir du poisson, & il en avoit accoûtumé quelques-uns à venir manger dans sa main. (e) J'ai lû quelque part, qu'un de ses amis lui ayant demandé deux mulets de son Reservoir, il lui répondit qu'il aimoit mieux lui donner les deux mulets de sa litiere.

(a) *Nullus in Orbe locus Baiis prælucet amœnis.* Juv.
(b) Ce que le Peuple appelle *il Truglio*, & que bien de gens prennent pour un Temple, est un reste de Thermes.
(c) Q. Ort.
(d) Q. Cecil.
(e) L'équivoque est la même en Latin qu'en François. *Mulus.*

Près de-là, sont d'assez grandes ruines communément appellées (*a*) *Marcato di Sabbatho*. Les uns prétendent que ce sont les restes d'un Cirque, & les autres qui le nient, ne sçavent à quoi se déterminer.

Du côté de la Mer, se voyent de grands vestiges de la *Villa* de Hortensius.

Proche du Reservoir, il y a un reste de Temple, que l'on dit avoir été le Temple de Diane.

Dans le voisinage on déterra il y a quelque tems une très-belle statuë de Venus, deux fois grande comme nature. Elle tient un Globe de la main droite & trois Oranges de la main gauche. J'ai lû dans le *Capaccio*, qui en fait la description, que cette statuë a été trouvée dans le lieu où étoit autrefois le Temple de (*b*) Venus *engendrante*.

De Bayes, il n'y a qu'un bon mille aux Champs Elisées. (*c*) C'est une petite plaine fort agréable entre la Mer & l'Acheron, ce marais puant que Virgile appelle *tenebrosa pulus*. (*d*) L'Epire & la Calabre ont aussi leurs Achérons, & je n'ignore pas que les Champs Elisées de Boetie, aussi-bien que ceux des deux Isles Gorgades ou Atlantiques que nous mettons entre celles du Capeverd, ne le disputent aux Champs Elisées du voisinage de Bayes. Quand je vous dis que ceux-ci sont agréables, je ne parle que du lieu, de la situation & de la

---

(*a*) Marcato di Sabbatho.
(*b*) *Venus genitrix*.

(*c*) Les Champs Elisées.
(*d*) Lago della Collucia.

[a] douceur de cet heureux Climat; car d'ailleurs ce n'est rien du tout : un petit morceau de terre présentement inculte, qu'on a peine à trouver parmi les masures & les buissons. Un homme qui demeure à Naples, m'a dit qu'il y avoit autrefois ceüilli des poids verds à Noël; & je m'assure que si ce petit désert pouvoit être transporté tel qu'il est avec son air, son Ciel, sa vûe, &c. dans l'Isle que vous habitez, quelque bonne & quelque fertile qu'elle soit, il en pourroit aussi devenir l'endroit le plus délicieux.

J'aurois à vous parler encore des ruines qu'on appelle l'Académie de Ciceron, qui servent aujourd'hui d'étable à bœufs. [b] Des differens bains de Tritoli, que les Medecins de Salerne ont tâché de rendre inutiles, parce qu'ils le devenoient eux-mêmes, à cause des vertus de ces bains. Du Tombeau d'Agrippine Mere de Neron, qui fut poignardée par Anicetus entre Bayes & Misene. Du réservoir [c] d'Agrippa appellé *Piscina mirabilis*, dont l'enduit du dedans est d'une dureté de marbre. De l'autre Réservoir nommé *Cento camerelle*,

---

[a] On dit à Naples, qu'aux environs de Bayes, la vieille feuille ne tombe guéres, qu'étant poussée par la nouvelle. On ne voit presque jamais ni neige, ni glace dans cette côte du Royaume de Naples. S'il tombe de la neige, elle fond d'ordinaire incontinent après.

[b] L'Académie de Ciceron. Les bains de Tritoli. Le Tombeau d'Agrippine. *Piscina mirabillis. Cento camerelle.*

[c] Quelques-uns prétendent que c'est un ouvrage de Lucullus.

& d'un grand nombre de Temples, de Palais ruinés, & d'autres restes de l'Antiquité. Mais à dire la vérité, je n'ai pas eu le tems de considérer toutes ces choses-là avec assez d'attention, pour en parler bien exactement.

Nous nous sommes embarqués à Bayes & nous sommes venus droit à Pouzzol, où nous avons monté à cheval pour revenir à Naples. Demain matin nous nous proposons d'en partir, pour reprendre le chemin de Rome.

Je n'ai plus qu'un mot à vous dire du Tombeau de Virgile & de celui de Sannazare, pour finir cette longue lettre. Sur le Pausilype, justement au-dessus de l'entrée de la *grotte* qui conduit à Pouzzol, on voit un ancien monument fait en pyramide & demi détruit; c'est, dit-on, le Tombeau de Virgile. Quelques [a] Historiens des derniers siécles ont écrit que dans la petite chambre de ce Mausolée, il y avoit de leur tems neuf petites colonnes de marbre, qui soûtenoient une [b] Urne de même matiere, sur laquelle étoit gravé ce distique.

Mantua me genuit : Calabri rapuêre : tenet nunc
Parthenopë : cecini pascua, rura, Duci.

[a] Alfonso di Heredia G. C. Cappacio, R. Sarnelli, &c.
[b] Jean Villani, Chroniqueur Napolitain, dit que cette Urne fut portée à Mantouë.
Heredia dit que ce fut à Genes. D'autres ont écrit que les Lombards l'enleverent. Mais tout cela est sans preuve, & sans apa-

On ne voit aujourd'hui ni urne, ni colonnes. Quoique ce Mausolée soit bâti de gros quartiers de pierre, il ne laisse pas d'être presque tout couvert de broussailles & d'arbrisseaux qui y ont pris racine. On remarque entre autres un laurier qui est sur la cime ; & l'opinion commune est, qu'on a beau le couper & l'arracher, qu'il revient toujours. Mais on n'a rien décidé encore sur la vertu occulte qui cause cet effet surprenant, Virgile passant chez le peuple de Naples, tantôt pour un (a) Magicien, & tantôt pour un Saint. A quelques pas du Tombeau, il y a un petit bâtiment ancien, que le Jardinier qui est le Maître du lieu, nous a dit être la Chapelle où Virgile entendoit tous les jours la Messe. D'autres prétendent qu'il étoit Sorcier ; ils disent que c'est lui qui a percé par art magique la montagne du Pausilype. Ils racontent aussi que par le même art, il avoit fait le cheval de bronze dont je vous ai parlé, & dont la tête se voit encore chez D. Diomede Caraffe. On étoit tellement infatué de cette pensée, qu'on attribuoit à ce cheval la vertu de guérir & de garantir de tout accident, les chevaux qui tournoient un certain nombre de fois tout autour. En effet, on ne voyoit

---

rence. Si l'Urne étoit à Mantoue, ou à Gènes, ou ailleurs, on ne manqueroit pas de la faire voir.

(a) M. Spon remarque que Nostradamus est enterré aux Cordeliers de Sa-lon, proche de Marseille, moitié dans l'Eglise, & moitié dehors : peut-être parce qu'on ne sçavoit pas s'il étoit Sorcier ou Prophète.

autre chose que chevaux pelerins qui abordoient à Naples de tous les coins du Royaume, & à qui on faisoit faire la procession autour du cheval de Virgile. Enfin je ne sçai quel Archevêque, s'étant ennuyé de cette extravagance, obtint la permission d'ôter ce cheval ; & l'on en fondit la grosse cloche qui est présentement à la Cathédrale.

La maison que Sannazare (*a*) avoit sur le bord de la Mer au pied du Pausilype, ayant été détruite pendant la guerre, il bâti au même lieu une Eglise, qu'il dédia *a'l santissimo parto della grand' Madre di Dio*, & son Tombeau se voit aujourd'hui dans une des Chapelles de cette Eglise : il est de marbre blanc & d'un parfaitement bel ouvrage (*b*) de la main de *Santa Croce*. On y voit le buste de Sannazare couronné de laurier. Les deux grandes statuës qui sont assises à chaque côté, sont d'Apollon & de Minerve ; mais on aime mieux dire que c'est David & Judith, afin que les scrupuleux ne se formalisent pas de trouver des représentations de fausses Divinités dans un Temple Chrétien. §. *On a même mis ces noms au-dessous de ces deux statuës. On admire les bas-reliefs qui sont entre les deux figures : ce sont les cinq genres de Poësie dans lesquels Sannazare a excellé.*

Sannazare se fit lui-même cette Epitaphe.

(*a*) Le Tombeau de Sannazare.
(*b*) Et en partie de celle de Fra. Gianangelo Poggibonzo de Monturfolo, Frere Servite.

Actius hîc situs est. Cineres gaudete sepulti;
Jam vaga post obitus umbra dolore vacat.

Ses amis disent qu'il parloit en Poete, & qu'il a témoigné de la piété en d'autres occasions. Le Bembe fit le distique que l'on a mis sur le Tombeau.

D. O. M.
Da sacro cinere flores : hic ille Maroni
Sincerus Musa proximus ut tumulo.
vixit Ann. LXII. A. D. M. D. XXX.

Jacques Sannazare prit le nom d'Actius Sincerus, à la sollicitation de son ami Jovianus Pontanus qui avoit aussi changé son nom.

Je ne sçai si vous avez lû quelque part l'épigramme que fit Sannazare pour la Ville de Venise. On dit que le Sénat de cette République, lui fit présent de mille Séquins [a] pour chaque vers. [b] L'Arioste se seroit bien contenté de moins pour tout son Roland. Voici l'Epigramme.

Viderat Adriacis Venetam Neptunus in undis
Stare urbem, & toti ponere jura mari.
Nunc mihi Tarpeias quantumvis Jupiter arces
Objice, & illa tui mœnia Martis, ait.

[a] Le Sequin vaut à peu près dix shillings.
[b] D'autres ont écrit qu'il n'eut que six cens écus d'or pour le tout.

Tom. 2. Pag. 155.

Tombeau de Sannazare.

Si Pelago Tiberim præses, Urbem aspice utramque,
Illam homines dices, hanc posuisse Deos.

Il faut enfin finir. Saluez s'il vous plaît de ma part tous nos bons amis, & croyez que je serai toujours,

Monsieur,

Vôtre, &c.

A Naples ce 17. *Mars* 1688.

LETTRE XXIV.

Monsieur,

Je profitai hier du jour de poste pour vous faire part des dernieres observations que j'ai faites à Naples & dans ses environs; Je ne croyois pas avoir occasion de vous donner davantage de mes nouvelles, avant mon retour à Rome, nos mesures étant prises pour partir demain dès le grand matin. Mais puisque Mr. *** qui est dans l'intention de passer encore quelque tems ici, m'assure qu'il écrira à ses amis de Londres l'ordinaire prochain, & qu'il m'offre obligeamment de joindre une de mes lettres dans son paquet, je ne veux pas négliger cette occasion de m'entretenir encore une heure avec vous. Les Eglises de Naples, étant à mon avis ce que cette ville a de plus magnifique, & la quantité d'Inscriptions qui s'y voyent, étant comme un répertoire historique de choses d'autant plus agréables, que d'ordinaire elles sont curieuses & singulieres, élegamment exprimées & certaines dans les circonstances des faits & des dattes: j'ai employé la journée presque entiere à parcourir de nouveau ces sacrés Palais & à visiter quelques-uns de ceux que je n'avois pas vûs encore. Après vous avoir donné les Epitahes de l'Aretin, du

Dante, de l'Arioste, de Sannazare & de Jov. Pontanus, j'ai été bien aise de trouver aussi le *Cavalier* Marin.(*a*) Il fut enterré aux SS. Apôtres des Théatins réguliers avec ces Epitaphes.

D. O. M.

Johannes Baptista Marinus Neapolitanus inclytus Musarum Genius, Elegantiarum Parens H. S. E. Naturâ factus ad Lyram, haustâ è Permessi undâ, volucri quodam igne Poeseos, grandiore ingenii venâ efferbuit. In una Italica dialecto, Græcam, Latiam que ad miraculum usque miscuit Musam. Egregias priscorum Poetarum animas expressit omnes : cecinit æquâ laude, Sacra, Prophana. Diviso in bicipiti Parnasse, ingenio utroque eo vertice sublimior. Extorris diu Patria rediit Parthenope Syren peregrina, ut propior esset Maroni Marinus. Nunc laureato cineri marmor hoc plaudit, ut accinit ad æternum citharam Famæ consensus.

D. O. M.

Equiti Johanni Baptistæ Marino, Poetæ sui sæculi maximo ; cujus Musa è Parthenopæis cineribus enata, inter lilia efflorescens, Reges habuit Mæcenates : Cujus ingenium fœcunditate felicissimum, Terrarum Orbem habuit admiratorem. Academici Humoristæ Principi quondam suo P. P.

(*a*) Jean-Baptiste Marini nâquit à Naples le 18 Octob. 1569. & y mourut le 26. Mars 1625. Charles Emanuel Duc de Savoye, l'avoit fait Chevalier des Ordres de S. Lazare & de S. Maurice.

Le Marquis de Villa lui a fait ériger un nouveau Monument dans l'Eglise de Saint Agnello avec cet Eloge.

D. O. M.

Et Memoriæ Equitis Johannis Baptistæ Marini, Poetæ incomparabilis, quem ob summam in condendo omnis generis carmine felicitatem, Reges & Viri principes cohonestarunt, omnesque Musarum Amici suspexére.

Johannes Baptista Mansus Villæ Marchio dum præclaris favet ingeniis, ut posteras ad celebrandam illius immortalem gloriam excitaret, Monumentum extruendum legavit, quod Montis Mansi rectores ad prescripti normam exegére. Ann. 1682.

Je ne sçai si vous trouverez comme moi un peu de galimatias dans la premiere de ces Inscriptions. J'aurois mieux aimé celle du [a] P. Guichardin, qu'aucun des trois.

Fundere ne renuas flores & thura, Viator,
  Ossibus & cineri, quem lapis iste tegit.
Hic etenim nedum tumulantur busta Marini,
  Sed, cineri illachrymans, ipsa Poesis adest.
Sollicitæ hunc forsan Musæ rapuére, timentes
  Ne tandem Terris alter Apollo foret.

Puisque je vous ai donné les Epitaphes du bon Roi Robert & de la malheureuse Reine Jeanne [b], j'ai envie d'ajoûter cet-

[a] Religieux Celestin. | [b] Jeanne I.

les du nom moins malheureux André [a] son premier Mari, & de la Reine [b] Sance seconde Femme du Roi Robert.

[c] *Andreæ Caroli Uberti Pannoniæ Regis F. Neapolitarum Regi, Joannæ uxoris dolo & laqueo [d] necato, Ursi Minutuli pietate hic recondito : Ne regis corpus insepultum, sepultumve facinus posteris remaneret: Franciscus Berardi F. Capycius Sepulchrum, titulum, Nomenque P. Mortuo. An.* 1345. 14. *Kal. Octob.*

[e] *Hic jacet summæ humilitatis exemplum, corpus venerab. mem. Sanctæ Sororis Claræ, olim Dominæ Sanciæ Reginæ Hierusalem & Siciliæ, relictæ co. clar. mem. Sereniss. Domini Roberti Hierusalem, & Siciliæ Regis; quæ post Obitum ejusdem Regis, Viri sui, agens viduitatis debitæ annum, deinde transitoria cum æternis commutans, ac inducens, Ejus corpori pro amore Christi voluntariam paupertatem; bonis suis omnibus in alimoniam pauperum distributis, hoc celebre Monasterium Sanctæ Crucis, opus manuum suarum, sub Ordinis obedientia est ingressa. A. D.* 1344. *die* 21. *Januarii.* 12. *Indict. in quo vitam beatam ducens secundum Regulam B. Francisci Patris pauperum, tandem vitæ suæ termi-*

[a] André de Hongrie.
[b] Fille de Jacques, Roi de Majorque.
[c] A la Cathédrale, joignant la porte de la Sacristie.
[d] A Aversa le 18 Septembre 1345.
[e] Dans l'Eglise qu'on appelle *della Croce di Palazzo.*

num religiosè confummavit. A. Domini 1345. die 28. Julii. 13. Ind. fequenti vero die, peractis exequiis, tumulatur.

J'ai trouvé au Mont Olivet une autre Tête couronnée, qui changea aussi son Manteau Royal en froc : Je parle d'Alfonse II. Roi de Naples, que l'histoire nous représente comme un homme inquiet, timide, cruel, & haï de ses Sujets, & qu'on a caractérisé tout autrement dans ce Monastere. Vous sçavez que ce Prince mourut à Messine, où il jugea à propos de se (*a*) retirer ; mais comme il avoit vécu ici quelque tems, depuis son Abdication, avec les Religieux de ce Couvent, ils lui érigerent un Tombeau honoraire dans leur Eglise ; & mirent aussi cette inscription dans leur Refectoire.

Alphonso Aragoneo II. Regi Justiss. Invictissimo, munificentissimo ; Olivetanus (b) Ordo ob singularem erga se beneficentiam, quocum sic conjunctissimus vixit, ut, Regia Majestate depositâ, cum eis una cibum caperet, ministris deinde ministraret, lectitaretque ; F. C.

Il est ridicule d'avoir donné à ce Prince (*c*) l'épithete d'*invictissimus* ; & il ne l'est pas moins, de l'appeler *fortunatissimus*, dans l'épitaphe qui est sur le Tombeau ;

(*a*) L'an 1495.
(*b*) Au Mont Olivet.
(*c*) Il s'enfuit aux approches de Charles VIII Roi de France, qui s'empara d'autant plus aisément de la Ville de Naples.

si ce n'est qu'on ne fasse consister sa fortune, ou sa prosperité, dans sa retraite.

D. O. M. Alphonso Aragoneo Ferdinandi II. Filio, Regi fortunatiss. Erga Deum pientiss. Domi, militiæque rebus gestis clariss. Qui Collegium hoc Patrimonio donato auxit, ditavit, coluit. Olivetanus Ordo, dum Ædes has restituit, Regis liberalissimi Memor. F. C.

§. *Dans la Chapelle qui est au bas de l'Eglise, à droite en entrant, on voit le Tombeau du Favori du Roi Alfonse, il est de marbre, & surmonté par un Ange ou par un Amour. On y lit ce distique.*

Qui fuit Alfonsi quondam pro Maxima Regis
Marinus, (*) hac modica nunc tumulatur humo.

De l'autre côté de la Chapelle on lit ce qui suit.

Marius Curialis Surrentinus Terre Nove Comes, vir bello & pace Ferdinando Regi fidus, Alfonso etiam Regi Maxime Carus, Capellam hanc sibi posteris que fecit anno 1490.

Dans la Chapelle paralelle à celle-ci, de

(*) *Je ne sçai pourquoi quelques uns prétendent qu'il faut lire* Gabriel, *il me semble qu'il vaudroit mieux lire* Marius.

l'autre côté de l'Eglise, on lit cette Epitaphe.

Qui legis hæc submissius legas ne dormientum excites. Rege Ferdinando orta Maria Aragona hic clausa est. Nupsit Ant. Picolomineo Amalfæ Duci Strenuo. Cui reliquit tres filias pignus amoris Mutui. Puellam quiescere credibile est, quæ mori digna non fuit. Vixit Ann. XX. A. D. 1460.

On trouvera peu d'exemples du terme de puella, appliqué à la Mere de trois Enfans. Cette Chapelle est pavée de Porphire & de Mosaïque.

Au haut de la même Eglise, à main droite, on voit un Christ dans le Tombeau, & sept autres figures, de pierre ou de terre peinte, & de grandeur un peu plus qu'humaine. Les deux premieres sont, dit-on, les portraits au naturel de Sannazare & de Pontanus. La troisiéme représente le Prince de Salerne, & les quatre Femmes sont, quatre Princesses de sa famille. Le tout est d'une grande beauté, & prouve l'estime qu'on faisoit alors des Gens de Lettres, puisqu'ils avoient l'honneur de paroître dans les monumens publics à côté de leurs Maîtres.

[a] Le Tombeau de [b] Ladislaus Roi de Naples, est fort magnifique, quoique d'u-

---

[a] Au-dessus du grand Autel, à Saint Jean Carbonare.
[b] Nos histoires l'appellent aussi Lancelot ; il étoit Fils & successeur de Charles III, Duc de Durras.

ne Architecture Gothique. La ſtatuë de ce Prince y eſt à cheval, l'épée à la main §. *Tout au haut elle touche preſque la Voute de l'Egliſe. Les quatre vers ſont tout en bas.* Et au-deſſous, on a écrit *Divus Ladiſlaus*, avec ces quatre vers,

> *Improba mors hominum heu ſemper obvia rebus !*
> *Dum Rex magnanimus totum ſpe concipit Orbem,*
> *En [a] moritur, ſaxo tegitur Rex inclytus iſto.*
> *Libera Sydereum mens ipſa petivit Olympum.*

Ladiſlaus avoit de belles qualités ; mais le nombre des mauvaiſes l'emportant de beaucoup, ce n'a pas été de bonne foi qu'on l'a traité ici de *Divus* : l'Epée à la main lui ſied mieux ; car ſans contredit il étoit vaillant, & il ſe rendit fort redoutable en Italie. Ayant été tout enſemble, Roi de [b] Naples & de Sicile, Roi de [c] Hongrie, & Seigneur de [d] Rome, ſans parler de ſes autres prétentions ; je ne m'étonne pas qu'on diſe de lui que *totum ſpe concipit orbem*. Mais pour aquerir le monde entier, il ne falloit pas ſe précipiter dans

---

[a] A Naples, l'an 1414, âgé de trente-huit ans,

[b] Il fut couronné à Gayette l'an 1390.

[c] Les Hongrois lui donnent la couronne à Javarin, l'an 1403.

[d] Il ſe rendit maître de Rome, & de la plus grande partie de l'Etat Eccleſiaſtique ; & les Romains conſentirent à ſa Domination l'an 1408.

les débauches qui ruinerent sa santé, & qui le [*a*] tuerent à la fleur de son âge.

Proche de ce Mausolée, §. *où plûtôt directement derriere*, il y a une très-belle Chapelle, que Jeanne [II.] sœur de Ladislaus fit bâtir, pour honorer le corps & le Tombeau de Syrian Carraciolo, grand Sénéchal du Royaume, que la Duchesse de Sessa [*b*] fit assassiner dans son lit. §. *La Chapelle des Carracioli est à côté.* Ce Seigneur avoit été favori de Ladislaus, & il l'étoit de sa sœur après lui, lorsque la jalousie & l'envie lui déclarerent cette mortelle guerre, & faucherent ses esperances.

Nil mihi, ni Titulus, summo de culmine deerat,
[*Reginâ morbis invalidâ, & senio.*]
Fœcunda populos Proceresque in pace tuebar:
  Pro Domina Imperio nullius arma timens.
Sed me idem livor, qui te, fortissime Cæsar,
  Sopitum extinxit, nocte juvante dolos.
Non me, sed totum laceras manus impia Regnum,
  Partenopeque suum perdidit Alma decus.

Syrianno Caracciolo,
Avellini Comiti Venusi Duci, ac Regni Ma-

[*a*] Quelques-uns ont dit qu'il fut empoisonné [à Pérouse] par la fille d'un Medecin, de laquelle il étoit amoureux. Le Medecin, gagné par les Florentins, fit accroire à sa fille, qu'il avoit un philtre qui augmenteroit l'amour du Roi pour Elle; & il la persuada de lui faire prendre adroitement ce philtre, qui étoit un poison. Il se fit transporter à Naples où il mourut.

[*b*] A Capouë le 25. Août 1432. Il avoit soixante ans.

quo Seneſcallo & Moderatori. Trajanus filius, Melphiæ Dux, Parenti, de ſe, deque Patriæ optime merito erigendum curavit. 1433.

La Reine fit la dépenſe, & le Duc de Melfi choiſit le lieu du monument, & en prit le ſoin. La Tombe de cette Princeſſe ſe voit dans la belle Egliſe de Ste. Marie de l'Annonciade, avec cette Inſcription [*a*].

Joannæ II. [*b*] *Hungariæ, Hieruſalem, Siciliæ, Dalmatiæ, Croatiæ, Romæ, Serviæ, Galitiæ, Lodomeriæ, Comaniæ, Bulgariæque, Regina, Provinciæ, Folqualquerii, ac Pedemontis Comitiſſæ. Anno Domini* [*c*] *M. CCCC. XXXV. die* 11. *Menſis Febr.*

Regiis oſſibus, & memoriæ, Sepulchrum quod ipſa moriens [*d*] *humi delegarat, inanes in funere pompas exoſa, Reginæ pietatem ſecuti, & meritorum non immemores œconomi reſtituendum, & exornandum curaverunt, magnificentius poſituri ſi licuiſſet. Anno Domini M. DC. VI. menſe Maij.*

Voici le langage d'un bon Mari pour une bonne Femme qu'il enterre à regret. C'eſt à S. Dominique *Majeur.*

Portia Capycia, viva gaudium, mortua

[*a*] Auprès du grand Autel.
[*b*] Ce ſont les titres que prenoit avant elle ſon Frere Ladiſlaus.
[*c*] Agée de ſoixante-cinq ans.
[*d*] Elle avoit été fiere & coquette pendant ſa vie.

mariti gemitus, hic sita est. Bernardinus Rotæ Thesaurum suum condidit. Fecit nolens : Fecit, nec mori potuit. Rapta est è sinu charitum M. D. LIX. Discessit, non decessit. Infelix ille, qui mortuâ Portiâ, vivus cum ea sepeliri debuit. En, simul hinc fingi pertulit, ut quando aliter nequit, saltem marmore conjuge frui liceat; Lugete musæ interim. Abiit non obiit.

Ce Bernardin étoit d'une noble Famille [a] excellent Poëte, sçavant, & homme de merite à tous égards. Il a publié plusieurs Ouvrages, §. *& sur tout des Poësies*.

J'ai trouvé dans l'Eglise de S. Augustin, l'épitaphe d'un autre homme Docte, qui sans doute ne vous sera pas inconnu. C'est le Beat [b] Augustin d'Ancone.

Anno Domini 1328. die 2. Aprilis, Indict. XI. Obiit B. Augustinus Triumphus de Ancona. Mag. in sacra pagina. Ord. Erem. S. August. Qui vixit annos 88. Edidit suo Angelico ingenio 36. volumina librorum. Sanctus in vita, & clarus in Scientia: unde omnes debent sequi talem virum, qui fuit Religionis speculum, & pro eo rogare Dominum.

Je n'avois pas oüi dire qu'on priât Dieu pour les Saints dans l'Eglise Rom. Et aussi à la verité, je doute un peu que ce

---

[a] Il mourut en 1574.
[b] Augustin Triomfi, d'Ancone, Grand Théologien, grand Prédicateur, & General de son Ordre. Il avoit été disciple de S. Thomas & de S. Bonaventure. *Beatus.*

bon Religieux ait jamais été ni canonisé, ni béatifié autrement que par cette Epitaphe.

Le Roi Robert, dont je vous ai déja parlé deux ou trois fois, avoit épousé en premieres nôces une [a] Princesse d'Aragon, dont il eut deux fils, Charles & Loüis. Le dernier enterré dans l'Eglise de S. [b] Laurent : J'ai trouvé assez agréable les termes bourgeois de son Epitaphe.

Hic requiescit spectabilis Juvenis Dominus Ludovicus, filius Serenissimi Principis Domini Roberti, &c. obiit an. 1310.

Celle de son Pere que je vous ai envoyée, est aussi sans ceremonie [c]. Il est vrai qu'on parloit quelquefois ainsi alors, mais non pas toujours ; & j'ai des exemples d'éloges fort exagerés, faits dans ce même tems-là. En voici un de 3. ou 4. paroles qui ne vous déplaira pas [d].

Ossibus & memoriæ Isabellæ Clarimontiæ Neap. Reginæ, [e] *Ferdinandi primi conjugis. Et Petri Aragonei Principis strenui. Regis Alphonsi senioris Fratris ; qui, ni Mors ei illustrem vitæ cursum interrupuisset, fraternam gloriam facilè adæquasset.* O FATUM!

[a] Plusieurs Historiens l'ont nommé Yoland, mais elle est appellée Jeanne dans cette Epitaphe.
[b] Des Peres Mineurs Conventuels de S. François.

[c] . . . . . *& Joanna consortis ejus . . . . . l'etra Reg. Arag. filiæ, &c.*
[d] A S. Pierre Martyr, au-dessus du Chœur.
[e] Cette Princesse mourut en 1465.

Tome II.

QUOT BONA PARVULO SAXO
CONDUNTUR!

[a] Contre le mur ou la façade de cette même Eglise, on a mis une figure de la mort, dont je ne m'arrêterai point à vous représenter l'équipage. Elle [b] dit plusieurs bonnes choses qui sont de son métier; & un homme lui offre un sac plein d'or pour racheter sa vie, mais,

[c] *Il a beau la prier :*
L'insensible qu'elle est se bouche les oreilles,
Et le laisse crier.

Il faut enfin mourir: & il n'est pas mal à propos de finir nôtre nouvel entretien de Tombeaux & d'Epitaphes par cette salutaire réflexion. La Famille des Cordez a une Chapelle dans l'Eglise de Ste. Marie la neuve, dans laquelle il y a un tombeau avec ce vers, qui est le fruit d'une même réflexion.

Hæc manet hæredes certior una domus.

§. *A N. D. des Anges.*

D. Octaviano Cantelino
Populensium Ducis filio,
Qui vixit Cœlebs & Solutus
Ut ad Supera Liberior evolaret, &c.

[a] A main gauche, en entrant.
[b] En mauvais Italien, que je suppose être l'ancien langage du Païs; cela ayant été fait en 1361.
[c] Malherbe *Calcanda semel via Lethi.* Horat.

L'Eglise de la Sanita est d'une construction particuliere. Le grand Autel est prodigieusement élevé. On y monte par deux escaliers de très-beau marbre. Entre ces deux escaliers, & au-dessous de l'Autel, on voit une grande Chapelle dans laquelle on lit une Epitaphe Greque d'une Dame nommée Pauline, fille de Paul. Elle mourut aux Kalendes de Juin. Kal. Ior. Expression qui paroît singuliere en cette Langue. Le caractere est très-lisible, & paroît être du sixiéme siécle. Au-dessus de cette Eglise est situé le Seminaire Chinois fondé en 1719. par M. l'Abbé Matteo Ripa, pour douze Chinois qu'on envoye ensuite dans les Missions de la Chine.

Nous avons quatre si mauvaises nuits à passer entre Naples & Rome, que je suis d'avis de profiter du reste de celle-ci. Je suis,

Monsieur,

Vôtre, &c.

A Naples ce 18. Mars 1688.

LETTRE XXV.

MONSIEUR,

Je ne sçaurois vous dire avec combien de plaisir j'ai lû vôtre grande Lettre, ni combien j'en ai reçû aussi, en apprenant que les miennes vous donnent quelque satisfaction.

Des réflexions sur les diverses choses que vous me mandez, touchant ce qui se passe présentement en vôtre Païs, m'engageroient dans des longueurs qui seroient assez inutiles. J'aime mieux répondre aux nouvelles questions que vous me faites sur l'article de Venise. J'y satisferai succinctement, en suivant le même ordre que vous avez pris; & je ferai mon possible pour vous contenter ensuite sur tout ce que vous desirez de moi touchant Rome.

(1) Que vôtre Gentilhomme Venitien dise tout ce qu'il lui plaira de ces prétendus deux cens cinquante mille habitans de Venise; il ne lui suffit pas d'être Venitien, pour en parler avec certitude. C'est une chose dont ni ses yeux ni les miens ne peuvent pas juger; il faut pour cela un examen fort particulier, & je persiste à m'en rapporter à ceux qui ont fait cet examen. Je vous ai dit que j'y comprenois les habitans de *la Giudeca*, parce que je regarde cette

Isle comme faisant partie de la ville de Venise : mais je ne parle point de l'Isle de Murano. Au reste, vous allez trop loin, quand vous prétendez qu'il est impossible de juger du nombre des habitans d'une grande Ville : Il y a des moyens raisonnables de faire à-peu-près ce calcul ; voyez comment s'y est pris le Chevalier W. Pety.

(2) Les deux grandes Colonnes de granite, qui sont près de la Mer à l'extrémité de la Place qu'on appelle le Broglio, ont été apportées d'Egypte [a] : d'autres disent de Constantinople. Le Lion de S. Marc est sur l'une de ces colonnes : ce sont les Armes de Venise. La statuë de S. Théodore est sur l'autre colonne. Je vous ai mandé, ce me semble, que la Seigneurie érige par tout de semblables colonnes dans les villes de son domaine.

Vôtre Ami [b] vous a mal informé, quand il vous a dit que les trois grandes bannieres qui se mettent aux jours de Fête sur les piédestaux de bronze qui sont vis-à-vis de l'Eglise de S. Marc, sont pour représenter l'Etat de Venise, & les Royaumes de Cypre & de Candie. Il est vrai que cela se dit communément, mais on se trompe : les Armes de la République sont sans differen-

[a] Elles peuvent avoir été apportées d'Egypte à Constantinople, & de Constantinople à Venise.
[b] Un nommé Nic. Baretier, fut celui qui entreprit de les placer dans le lieu où elles sont. Il demanda pour toute récompense la permission d'établir un berland privilegié entre ces deux Colonnes, ce qui lui fut accordé.

cé sur les trois bannieres, sans aucun dessein ni pour Cypre ni pour Candie, & sans qu'il en soit fait aucune mention. Je ne comprens pas ce qu'entendent ceux qui vous ont dit que la République n'a point d'Armoiries, & que le Lion dont je vous viens de parler, est trop respecté à Venise, pour être mis dans un écusson. Ce Lion est par tout où doivent être les armes de l'Etat, & dire qu'il en tient lieu, sans l'être en effet ; c'est dire que les Venitiens ne portent point de chemises, mais qu'ils se servent de certains morceaux de toile, justement taillés, cousus & ajustés comme nos chemises; & que cela leur en tient lieu. Le respect qu'ils ont pour leur Lion, ne les doit nullement empêcher d'en faire leurs Armes, puisque des Saints & des Crucifix sont des piéces reçuës dans le Blason. Et vous sçavez ce que l'on dit, qu'un Empereur ayant demandé à un Ambassadeur de Venise, en quel endroit du monde on trouvoit les Lions ailés qu'il voyoit dans les armes de sa République, l'Ambassadeur lui répondit que c'étoit dans le même païs où se trouvoient les [a] Aigles à deux têtes. En un mot, sans raisonner sur une question qui est purement de fait : Je puis la terminer en vous assurant que le Lion de Venise se voit en plusieurs endroits dans un Ecusson, à Venise même: [b] Au Palais du Doge : à la façade de l'Eglise [c] Cathédrale :

[a] Les Armes de l'Empire.
[b] Vis-à-vis de l'Esca-lier des Geans, entre l'Adam & l'Eve.
[c] *Pietro di Castello.*

sur le piedestal de la [*a*] statuë du General *Coglione* : Dans plusieurs Estampes gravées à Venise, comme par exemple dans celle du plan de cette Ville, publié par le P [*b*] Coronelli : Et apparemment en beaucoup d'autres endroits. J'ai remarqué la même chose sur les carosses des Ambassadeurs de cette République que j'ai vûs en diverses Cours : Ils couronnent l'Ecu de la couronne de Chypre. Il est vrai que je trouve de la varieté dans la disposition du Lion : quelquefois il est entier, quelquefois il ne paroît qu'à demi-corps, quelquefois il tient une épée, quelquefois il tient & présente le Livre de ses deux pattes ; quelquefois enfin on orne sa tête de la *Gloire* de S. Marc, & quelquefois du *Corno* du Doge. Mais cette diversité ne fait rien du tout à la question, & je pourrai vous en dire une autrefois la raison. J'ajoûte que plusieurs Nobles [*c*] Venitiens, par concession, sans doute, portent le Lion de Venise dans quelque quartier de leurs Armes. Au reste, ce Lion de S. Marc a pour origine la vision d'Ezechiel [*d*] dont je vous ai déja parlé ; & non le petit conte qu'on vous a fait de la métamorphose de S. Marc, en Lion,

[*a*] Proche l'Eglise de S. Jean & Paul.

[*b*] Historiographe de la République.

[*c*] Une branche de la Famille *Nani*, porte d'or, au Chef de gueules, chargé du Lion ailé, &c. d'or, qui est de Venise : Le Lion est entier. Quelques branches des Familles de *Venier, Moro, Mula, Foscari Magno Malatesta capello*, &c. ont aussi ce Lion dans l'Ecu de leurs Armes, mais à demi corps.

[*d*] Voyez Tome I. pag. 81.

pour éteindre l'amour inceſtueux de ſa ſœur.

(3) Quoique je vous aye dit que l'air de Veniſe ſoit aſſez bon, j'avouë que l'air des *Lagunes* en général, eſt fort mauvais. On m'a même aſſuré que les habitans des petites Iſles, ſont obligés de les abandonner pendant les grandes chaleurs.

(4) Si je ne vous ai pas mandé que le Doge étoit Doge à vie, au lieu que le Doge de Génes n'eſt Doge que pour deux ans, c'eſt que je n'ai pas douté que vous ne le ſçuſſiez déja.

Le revenu du Doge de Veniſe monte (*a*) à près de trois mille livres *ſterlings*, à ce que pluſieurs gens m'ont aſſuré.

Le (*b*) Sequin de Veniſe & les Ducats d'or qui ſe fabriquent dans preſque tous les Etats d'Allemagne, ſont de même poids & eſtimés de même valeur, quoique l'or n'en ſoit pas toujours préciſement au même karat; de ſorte qu'en tout païs hors de l'Etat de Veniſe, les Sequins & les (*c*) Ducats, ſe mettent indifféremment comme monnoyes équivalentes. Mais pour empêcher à Veniſe qu'on ne tranſporte les Sequins, & qu'on ne les négocie comme on fait les Ducats, Meſſ. de Veniſe les font valoir chez eux une de leurs (*d*) *Livres* plus que les Ducats d'or dans l'Etat de Veniſe,

---

(*a*) Près de quatre mille livres *Tournois*. Six mille *ſequins*.
(*b*) Zechino.
(*c*) Ducats d'or que les Italiens appellent *Ungari*.
(*d*) *Una Lira*. Environ ſept ſols & un farthing, monnoye d'Angleterre.

ce qui est sa juste valeur; & le Sequin, quoique de même valeur intrinseque, passe pour dix-sept ; tellement qu'il y auroit de la perte à transporter les Sequins, & qu'au contraire, si par hazard on en rencontre hors du païs, il y a du profit à les y rapporter. S'il étoit possible d'établir les choses sur ce pied-là en Angleterre, où la monnoye trop riche ne vaut pas plus que son propre poids, on ne la fonderoit pas & on ne la transporteroit pas comme on fait.

Le Doge (*a*) d'aujourd'hui n'est point marié.

Les Dogesses n'ont aucune part aux ombres d'honneurs qui accompagnent les Doges : ce réglement a été fait par raison d'épargne. D'ailleurs la République n'a pas besoin de deux phantômes.

(5) Je ne vous ai presque rien dit du libertinage des Cloîtres, parce que je ne suis pas assez particuliérement informé du détail de ces sortes de choses. Que les Religieuses reçoivent des Masques à la grille, qu'elles se déguisent elles-mêmes en toute maniere, qu'elles aillent *incognito* à la Comédie & ailleurs, qu'on festine avec elles sur des tables faites exprès, dont une moitié est en dedans & l'autre moitié en dehors de la grille ; qu'elles participent à mille intrigues, & qu'elles y soient souvent les premieres interessées : cela est de notorieté publique, & personne n'en fait de mistere. On peut juger du reste, mais je ne

---

(*a*) En 1688. Sylvestre Vatier, présentement Doge, est marié en 1697.

m'en mêle point. Pour les Freres Frappars ce font de terribles Comperes: pensez-en tout ce qu'il vous plaira, & n'apprehendez pas d'en penser trop.

(6) Vous ne me surprenez pas, quand vous me dites que votre Gentilhomme s'est fort recrié contre ce que je vous ai dit du Gouvernement de Venise, & particuliérement contre la Souveraineté des anciens Doges. Mais que le pauvre homme se gendarme tant qu'il voudra, il est inutile de nier & de prétendre cacher ce qui est notoire à toute la terre.

(7) Selon le calcul que des personnes bien instruites ont fait du revenu de la République, on a trouvé que bon-an malan, comme dit le vieux proverbe, tous les profits étant mis ensemble, ventes de Charges & de Noblesse, confiscations de biens, & autres pareils tours de bâton, ce revenu ne monte tout au plus qu'à six millions d'écus. C'est ce que je ne vous garantis pas; mais vous m'interrogez, & je vous réponds comme on m'a répondu.

(8) Il y a des Juifs à Venise qui font un fort bon négoce, les Portugais particuliérement sont riches, aussi-bien qu'à Amsterdam & ailleurs : le quartier qui leur est assigné dans la Ville, s'appelle *il Ghetto* (la) Juiverie. Ils portent à Venise des chapeaux couverts d'écarlate doublés & bordés de noir. Ceux qui sont pauvres, mettent une toille cirée au lieu de drap.

(9) Le nombre des Nobles qui sont capables, c'est-à-dire, qui sont en âge d'en-

trer au grand Conseil, monte bien, si ce que l'on m'assure est vrai, à treize cens ou environ. Mais il y en a près d'une moitié qui sont répandus pour vaquer à leurs Charges, ou dans les terres de l'Etat, ou à la guerre, ou en Ambassade ; de sorte que le Grand Conseil n'est pas composé de plus de six ou sept cens. C'est encore trop, & c'est aussi en partie ce qui a fait dire au proverbe, *troppo teste, troppo feste, troppo tempeste.* Il y a à Venise un bon tiers de Fêtes plus qu'en France. Pour les tempêtes on dit qu'en Eté elles sont fort fréquentes.

(10) Le livre d'or dont vous me parlez, n'est autre chose que le catalogue (*a*) dans lequel tous les fils des Nobles sont enregistrés aussitôt après leur naissance. Tous les Freres sont également nobles, & joüissent des mêmes priviléges.

Puisque je suis retombé sur l'article des Nobles, il faut que je réponde à l'objection que l'on vous a faite sur ce que je vous les ai représentés comme des gens fiers & peu sociables. On doit toujours entendre raisonnablement les choses, & ne se faire pas de chimeres pour les combattre. Il est certain que les Nobles Vénitiens sont extrêmement pleins de leur Noblesse, & que la politique de ce païs-là ne leur permet pas d'être beaucoup communicatifs. Il est difficile à un Etranger qui tient quelque rang de les voir chez eux : ils souhaitent toujours qu'on se rencontre au Bro-

---

(*a*) Le grand Conseil fut fixé l'an 1289, & tous les Nobles furent enregistrés dans ce Catalogue.

H vj

glio. D'ailleurs quoiqu'ils ne soient pas chiches de révérences, le Bourgeois n'apperçoit ordinairement en eux qu'un grand froid & une grande reserve. Il est très-vrai aussi que l'usage de les visiter, n'est point établi parmi eux. Vous voyez que toutes ces manieres ont quelque chose de dur ; mais je ne veux pas dire pour cela, que ces Messieurs dans le particulier, quand il le faut ou quand ils le peuvent, n'ayent pas toute sorte de douceur & de civilité. Je ne dis pas non plus qu'un Etranger ne puisse jamais converser familiérement avec aucun d'eux ; cela est faisable, sur-tout lorsque l'Etranger est homme sans conséquence & que le Noble est aussi de la basse catégorie. Au reste, je ne vous en ai point fait accroire, quand je vous ai dit que la grande manche tient quelquefois lieu de panier quand on va au marché : j'y ai vû mettre une fois ample salade, & une autrefois une belle queuë de moruë. Ne vous ai-je pas dit qu'ils sont deux ou trois cens pauvres [a] *Barnabotes*, qui gueusent dans les ruës & qui bien loin de faire porter leur petite provision aux dépens d'un sol, seroient tout prêts à gagner ce sol-là eux-mêmes en portant la provision des autres. Ces pauvres Gentilshommes servent de lustre à la riche Noblesse.

Il est vrai que les Nobles ôtent en Eté la fourrure de ce que vous appellez la *Veste*,

---

(a) On les appelle ainsi, parce qu'ils demeurent dans le quartier de S. Barnabé, lieu écarté, où les loüages des maisons ne sont pas chers.

& ce que j'appelle en François la Robe; mais les bords & les revers demeurent toujours fourés.

(11) Je n'ignorois pas votre inclination & votre amour même pour la Peinture; quoique j'aye un peu tranché court, comme vous me le reprochez, sur les belles pieces que l'on voit à Venise. J'ajoûterai ici quelque chose à ce que je vous ai mandé, puisque vous le souhaitez; mais je crains fort que ma mémoire n'aille guéres loin.

Il y avoit autrefois dans la Sale du Grand Conseil, des Peintures de Gentil Bellin & de Jean son frere, lesquelles surpassoient les plus excellens ouvrages de ce [a] siécle-là; mais elles périrent dans l'embrasement qui consuma presque tout le Palais l'an 1577. Les mêmes [b] histoires furent remises & comme copiées de mémoire, cinq ans après par Fred. Zucchero, telles qu'on les voit aujourd'hui.

On estime beaucoup les tableaux à fresque du Pordenone dans le Cloître de saint Estienne, son Sebastien & son S. Roch à S. Jean de Rialto. Le Pordenone étoit un Peintre sçavant : on trouve ses desseins d'un grand goût, & ses couleurs admirablement bien traitées. C'étoit un Emule du Titien.

Le S. Pierre Martyr du Titien est regardé comme un des plus excellens tableaux qui

(a) Gentil Bellin mourut âgé de quatre-vingt ans l'an 1501. & Jean, l'an 1512. âgé de quatre-vingt dix ans.

(b) Ce sont les guerres & les avantures d'Alexandre III. avec Fred. Barberousse.

ayent jamais été; mais il commence à s'effacer beaucoup. Les meilleurs Connoisseurs sont enchantés de cette piece, quelque peu d'éclat qu'elle ait présentement aux yeux de ceux qui ne s'y entendent pas. On ne peut se lasser d'admirer la singuliere beauté, ou comme disent les Peintres, le précieux de son coloris, l'entente & la belle observation des lumieres; l'arrondissement des figures; la passion & la vie des visages; la force de l'expression par tout. On peut voir plusieurs autres ouvrages du Titien dans les Eglises, au Palais de S. Marc, à la Bibliothéque, dans les Couvens & dans les Confrèries.

Il y a quelques tableaux du Schiavon dans la Bibliothéque, lesquels bien des gens ont pris pour être du Titien: Horace Vecelli son fils l'a aussi presque égalé en certains ouvrages. Le tableau où est représenté le combat des Romains contre les troupes de Frederic, dans la sale du Grand Conseil, est de la main d'Horace & passe communément pour être de son Pere.

Le tableau des Nôces de Cana de Paul Veronese au Réfectoire des Bénédictins de l'Isle de S. George, est regardé comme le chef-d'œuvre de ce Peintre, qui comme vous sçavez, excelloit dans les mêmes parties que le Titien. Il avoit un merveilleux choix de teintes, une belle disposition de figures, un grand génie, de grandes idées, la plus grande facilité du monde & la plus agréable variété. Le tableau dont je vous parle, occupe tout le fond du Réfectoire : il est large de trente-deux pieds, & contient cent vingt-cinq figures.

Dans l'Eglise de S. Sebastien, le festin de Simon le Lepreux est un des ouvrages les plus estimés de Paul Veronese. Il y a aussi trois tableaux de sa main dans la voûte de la Bibliothéque de S. Marc ; je me trompe fort si ce n'est la Géometrie, l'Arithmétique & la gloire acquise par les Sciences.

Le Paradis du Tintoret, dans la Sale du grand Conseil, est un tableau fameux. On disoit du Tintoret, qu'il assembloit le dessein de Michel Ange, avec le coloris du Titien ; c'étoit beaucoup dire. D'ailleurs il avoit le génie le plus fécond, & la main la plus expéditive qui fût de son tems. Un Peintre avec qui j'étois dans la Confrèrie, ou dans l'Ecole de S. Roch, comme on parle à Venise, m'y faisoit admirer ce rare Tableau du Tintoret, qu'il y fit comme en un moment, tandis que Paul Véronese, le Salviati, & Fred. Zucchero ses concurrens pour le même ouvrage, travailloient à l'ébauche de leurs desseins, pour les faire voir à ceux qui les vouloient employer. J'ai vû plusieurs autres piéces du Tintoret dans la même Ecole, à *S. Maria dell'orto*, à l'Ecole de S. Marc, & ailleurs.

Il y a quelques ouvrages du Bassan à sainte Marie Maj. des Tableaux d'André Schiavon, §. *qui sont* dans la Bibliothéque, sont, ce me semble, des emblêmes de la Valeur, de la Souveraineté & de la Sainteté.

(12) Je vous ai dit que les Gondoles sont couvertes de noir, & je croyois vous

avoir dit aussi qu'il n'est pas permis de faire porter la livrée aux valets: c'est un privilège que je pouvois compter entre ceux du Doge. Les Femmes des Nobles pendant la premiere, & comme je crois, pendant la seconde année de leur mariage, peuvent pourtant bigarer comme bon leur semble les Hoquetons de leurs Gondoliers. On leur accorde cette petite grace, en même tems que la liberté de se parer de leurs pierreries: mais aussi-tôt que le tems préfix est expiré, cette distinction cesse, & elles ne peuvent reprendre leurs joyaux qu'au Carnaval, & dans les grandes fêtes. §. *La même chose se pratique à Genes.* Les riches Courtisanes aiment mieux payer l'amende, que de s'assujetir toujours à une loi si fâcheuse pour elles.

J'avoüe qu'il faut aimer la contradiction, pour dire que les Dames de Venise jouissent de plus de liberté, que celles de France ou d'Angleterre. Sur quel fondement se peut-on mettre une pareille imagination dans l'esprit? Est-ce parce que les Dames de Venise prennent quelquefois le masque, qu'elles assistent aux fêtes du Carnaval, aux Comédies, aux Opera, aux foires, aux *ridotti*? En verité tout cela ne signifie presque rien. Le Masque leur est plus préjudiciable qu'avantageux, puisqu'il cache ce qu'elles voudroient bien montrer, & qu'il les confond avec une foule de gens de néant. D'ailleurs, ce tems de divertissement est de courte durée: & après tout, quel peut être leur plaisir, quand elles pensent, (& elles le doivent pen-

Tom. 2. Pag. 185.

Noble Venitien.

fer toujours,) qu'il leur eſt impoſſible de faire trois pas ſans être ſuivies de maudits Eſpions qui leur péſent plus que des chaînes, ſans compter leurs propres Maris. Le maſque, & tout le déguiſement enſemble, joint aux Gardes qui les environnent, ne doit-il pas être regardé comme une vraye continuation de la priſon qui les enferme pendant dix ou onze mois de l'année? Et ne vaudroit-il pas autant pour elles qu'elles ſe promenaſſent entre quatre murailles? Je n'oppoſerai point à cela la vraye liberté de nos Dames d'Angleterre & de France; les promenades, les viſites, les aſſemblées, les parties de plaiſir, tout cela ſans nulle contrainte, & ſans exception de tems. Il n'eſt pas néceſſaire d'inſiſter ſur ce parallele.

(13) Les jeunes Nobles ſe mettent en tel équipage qu'ils veulent : d'ordinaire ils n'épargnent ni les étoffes d'or & d'argent, ni les dentelles, ni les bouquets de plume, ni les brocards de toutes couleurs. A quinze ans, la coutume eſt qu'ils prennent la robe, quoiqu'il en faille avoir vingt-cinq accomplis, pour entrer au Conſeil. En terre ferme on s'habille à ſa fantaiſie, & on eſt à tous égards en pleine liberté : le tribunal des Pompes n'étend pas ſa juriſdiction plus loin que les *Lagunes*.

(14) Quand nous avons viſité le Tréſor, on ne nous a rien dit du pouce de Saint Marc, & on ne nous a pas raconté non

plus que ce Saint se fût ainsi mutilé, pour empêcher qu'on ne le fît Prêtre : mais la (a) Legende fait foi de cette noble circonstance. Je sçai bien qu'on dit que son anneau fut malheureusement perdu peu de tems après qu'il l'eut donné, mais je sçai aussi qu'on l'a recouvré : en voici la prétenduë histoire en deux mots.

L'an 1339. la Mer étant extraordinairement irritée, trois hommes se présenterent à un Gondolier qui se tenoit auprès de sa Gondole, pour tâcher de la garantir de la violence des flots qui étoit grande en cet endroit. Ils le contraignirent de les mener à deux milles de-là, proche du lieu qu'on appelle le *Sido*. Aussi-tôt qu'ils y furent, ils trouverent un navire chargé de Diables qui faisoient force diableries, & qui excitoient la tempête. Ces trois hommes ayant chassé les Démons, l'orage cessa. Le premier des trois se fit conduire à l'Eglise de S. Nicolas, le second à celle de S. George, & le troisiéme à celle de S. Marc. Ce dernier, au lieu de payer le Gondolier, lui

(a) Par humilité le Benoît Marc s'étoit coupé le poulce, à ce qu'il fût reprouvé à être Prêtre ; & ne Venift à ordre de Prêtrise, mais Saint Pierre l'ordonna Evêque à Alexandrie, & il y demeura pour y exercer cette sainte Charge, à raison de ce que son soulier se dépeça au moment qu'il y arriva, ce qui lui fut signe de ne passer outre. La Legende ajoute que Marc avoit long nez, sourcils traictifs, beaux yeux, & barbe moult longue : Que son nom, Marc, vaut autant à dire que haut & commandant ; parce qu'il garda les commandemens Celestieux, ou que graigneur Maillet, d'autant qu'en un seul coup li aplatit le fer, écrasa les Hereses, & conçeut Melodie.

donna une bague avec ordre de la porter au Senat, & avec assurance qu'on ne manqueroit pas de l'y satisfaire. Il déclara en même tems à ce Gondolier, (quelques-uns ont dit que c'étoit un pêcheur) que celui qui étoit descendu à S. Nicolas, étoit Monsieur S. Nicolas lui-même ; que le second étoit S. George, & que lui troisiéme étoit S. Marc en propre personne. Le Gondolier ravi de tant de merveilles, raconta toute l'affaire au Sénat, on le crût, on prit la bague, & on le paya amplement.

(15) Les Protestans peuvent être enterrés dans les Eglises, si les parens du decedé le desirent. La raison de cela est, qu'on ignore qu'il y ait des Protestans à Venise : Tous ceux qui ne sont ni Juifs, ni Grecs, ni Armeniens, sont censés Catholiques Romains.

(16) Votre admirateur des Palais de Venise n'a pas bien entendu la question. Je ne disconviens pas qu'il n'y ait à Venise de très-beaux bâtimens qui méritent assez le nom de Palais, & j'en ai indiqué quelques-uns ; mais ce que je vous ai dit en général sur les Palais d'Italie, subsiste dans toute son étenduë : ce n'est qu'une question de mot. Au reste, vous ne devez pas faire grand fond sur le sentiment de vôtre petit ami, puisque vous dites qu'il n'a aucune connoissance de l'Architecture ; & vous ne devez pas non plus vous arrêter beaucoup au cas qu'il fait des machines de l'Opera de Venise, puisqu'il n'en a jamais vû d'autres. Quand il fait comparaison de la propreté

de Venise avec celle de Hollande, il erre encore terriblement.

(17) Vous faites bien de ne prendre pas à toute la rigueur de la lettre, ce que je vous ai dit qu'on aborde par eau à toutes les maisons de Venise. Il y en a peut-être cinq ou six entre mille, où l'on n'arrive qu'à pied : ce que je ne voudrois pas néanmoins affirmer. Mais votre jeune voyageur n'y pense pas, quand il vous affirme si positivement que la maison où il a logé, est éloignée des canaux de cinq cens pas à la ronde, en ajoûtant même qu'il y a vingt semblables quartiers ; cela, ne lui en déplaise, est d'une absurdité outrée : voyez combien Venise auroit d'espace d'un mille de diametre. Vous jugerez aisément par le plan exact de la Ville que je vous envois, de la vérité de ce que j'ai avancé & en quoi je persiste avec certitude du fait.

Rome, dite la Sainte. La Ville de Rome a souvent été décrite par des gens qui ont eu tous les moyens & toute la capacité nécessaire pour un si grand ouvrage. Je ne m'arrêterai donc pas à vous faire un détail des choses que nous y voïons ; je vous donnerai seulement une idée générale de cette fameuse Ville, & ensuite je me contenterai de vous faire part de quelques remarques particulieres : je ne vous entretiendrai que de choses nouvelles ou peu connues, si ce n'est pour éclaircir vos doutes & pour me rendre positivement aux questions que vous me faites. Nous visitons chaque jour une infinité de choses qui n'ont aucun enchaînement ensemble, ni aucune autre liaison, que celle du voisinage des lieux où elles se rencontrent ; ainsi vous voyez bien qu'il ne faut attendre aucune connexion ni aucun rapport de matieres dans les observations que je vous promets.

Vous sçavez que Rome a été connuë sous le nom de *Septicollis* ; la Ville a sept montagnes. Jusqu'au regne de Servius Tullius elle n'en a pas eu davantage ; mais depuis elle a été aggrandie en divers temps, & présentement elle en renferme (*a*) douze. Ne vous figurez pas ces Montagnes comme des hauteurs fort considérables : ce ne sont que des collines que l'on monte par quelques endroits presque insensiblement.

Vopiscus qui vivoit sous l'Empire de Dioclétien, a écrit en termes positifs, que les murailles qu'Aurelien bâtit autour de Rome avoient un circuit de cinquante milles. Mais soit que Vopiscus ait écrit trop legérement une chose sur laquelle il n'avoit pas fait de réflexions ; soit que par la faute des Copistes, ce passage qu'on allégue de lui ne nous ait pas été fidélement transmis, le fait est absolument faux. Il semble que les Auteurs qui ont parlé de l'étenduë de la Ville de Rome, se soient fait un plaisir d'en dire des choses extravagantes ; & Isaac Vossius, entre autres, esprit

---

(*a*) Monte Capitolino, Palatino, Aventino. Celio, Esquilino, Viminale, Quirinale, ou *monte Ca-* vallo, Janiculo, Princio, Vaticano, Citorio, Giordano.

sujet à de malheureuses idées, a exageré d'une maniere énorme. Mais malgré tous ces gens-là, Anciens & Modernes, j'ose dire qu'il seroit aisé de prouver d'une maniere démonstrative, que jamais l'enceinte des murs de Rome n'a été plus grande que celle des [a] murs qui subsistent aujourd'hui, dont le tour, en suivant même tous les Angles, ou toutes les sinuosités qu'il forme, n'est que de treize des plus petits milles : Que par conséquent, cette Ville immense & infinie, comme on la nomme, n'a jamais été à beaucoup près si vaste entre ses murs, que l'est aujourd'hui ce qu'on appelle Londres dans son total, y compris Westminster ; & que cette même Ville de Londres contient réellement un plus grand nombre d'habitans que jamais Rome n'en a contenu [b]. Cela vous paroîtra peutêtre un paradoxe hardi, mais c'est une verité sans paradoxe, & incontestable à quiconque a bien examiné la chose.

Il n'y a guéres qu'un tiers de l'étenduë comprise dans les murs de Rome qui soit habité. Les deux autres tiers du côté de l'Est & du côté du Midi, ne sont que des jardinages & des ruines. De sorte que si dans la splendeur de l'ancienne Rome, Properce a eu raison d'en parler ainsi :

[a] Les Murs d'Aurelien.

[b] Selon la voix commune il y a présentement environ deux cent mille habitans dans Rome. Mais selon la vérité, si le dénombrement qui en fut fait il y a quelques années est juste, il y en a environ six vingt mille.

Hoc quodcumque vides, Hospes, quàm maxima Roma est,
Ante Phrygem Enæam collis & herba fuit.
Atque ubi navali stant sacra Palatia Phæbo,
Evandri profugæ procubuere boves.

On peut en parler aujourd'hui comme a fait un autre Poëte.

Hæc, dum viva sibi septem circumdedit arces,
Mortua nunc, septem contegitur tumulis.

La plûpart des maisons sont bâties de brique plâtrée, & blanchie par dehors. Les couvertures sont en faîte, mais l'angle du chevron est fort obtus : il y auſſi beaucoup de ces combles coupés que nous appellons en France, à la Mansarde. Ces Maisons sont fort inégalement belles, auſſi-bien que les ruës. Le pavé est petit, & aſſez mal propre ; j'aurai lieu de vous parler dans la suite, de quelques-uns des principaux bâtimens.

De quelque côté qu'on arrive à Rome, on apperçoit toûjours le Dome de S. Pierre, qui surmonte les clochers, & tout ce qu'il y a de plus exhauſſé dans la Ville.

Le Tibre y fait une petite (a) iſle ; & le cours de cette riviere dans Rome est du Nord au Sud. La partie que sa riviere droite arrose, & qu'on appelle *Trastevere*, est

(a) *Insula Tiberina olim excrevisse dicitur ex segetibus Tarquini superbi, in alveum fluvii conjectis.* J. J. Boiſſ. V. Tite Live.

cinq ou six fois moins grande que l'autre.

Du premier abord, à regarder Rome en général, on n'y trouve point de beauté surprenante, sur tout quand on a vû plusieurs autres Villes fameuses. Mais plus on y séjourne, (a) & plus on y découvre de choses qui meritent d'être considerées. Tout est plein dans Rome, & aux environs, des restes de son (b) ancienne grandeur. Vous sçavez que cette fiere Maîtresse de l'Univers, s'enrichissoit des meilleures dépouilles des Provinces qu'elle subjuguoit. Les porphyres, les granites, & les plus fins marbres de l'Orient, y étoient plus communs que la brique, ou que la pierre des carrieres voisines. On a dit que les Statuës y faisoient un grand (c) peuple; & l'on peut bien ajoûter que les Colosses en étoient les géans. Cette superbe Ville étoit embellie de Temples, de Basiliques, de Théâtres, de Naumachies, d'Arcs triomphaux, de Thermes, de Cirques, de Colonnes, de Fontaines, d'Aqueducs, d'Obélisques, de Mausolées, & de quantité d'autres bâtimens magnifiques. Tout cela, véritablement, est presque enseveli dans ses propres ruïnes;

(a) *Grata Roma tam sapientibus, quam insipientibus. Sine amore esse, nullo modo potest.* Bern. Sacco.

(b) Ces restes ne se rencontrent pas toûjours frequemment dans les ruës, ou dans les places publiques, parce qu'on les a enlevés, & que les Particuliers s'en font des trésors dans leurs maisons.

(c) *Statuas primùm Thusci invenisse referuntur, quas amplexa posteritas pene parem populum Urbi dedit quàm Natura procreavit.* Cassiod.

mais

mais on peut dire que ces débris, tout tristes qu'ils sont, y brillent encore de toutes parts.

La Campagne de Rome est peu habitée, très-mal saine, & même tout-à-fait stérile en quelques endroits, dans l'espace de dix à douze milles aux environs. C'est un païs plat en général, quoique mal uni.

Deux jours après nôtre retour de Naples, nous vîmes une assez agréable cérémonie, que j'ai envie de vous représenter. Une Congrégation de soixante Gentilhommes, assemblent volontairement un fond pour marier, ou pour encloîtrer tous les ans trois cens cinquante filles : C'est ce qu'il faut premièrement sçavoir. Voici ensuite comment la cérémonie se fait. La fête de l'Annonciation, le Pape & le Sacré Collége se trouvent à la Minerve : le Pape célébre une grande Messe, ou bien quelque Cardinal officie en son absence, & toutes les filles se confessent & communient. Cela étant fini, ces filles qui sont habillées de serge blanche, & enveloppées comme des phantômes dans un grand drap qui leur couvre la tête, & qui ne leur laisse qu'une petite visiere, ou souvent même un petit trou, pour un œil seulement : ces filles, dis-je, entrent deux à deux dans le Chœur, où tous les Cardinaux sont assemblés, & se viennent prosterner à genoux aux pieds du Pape, ou du Cardinal qui fait la fonction, Un certain Officier désigné pour cela, se tient à côté, ayant dans un bassin de petits sacs de tabis blancs, chacun desquels renferme ou un billet de cinquante écus pour celles qui choisissent le mariage, ou un autre billet de cent écus pour celles qui lui préferent le Couvent. (*a*) Chaque fille ayant bien humblement déclaré son choix, on lui donne son sac par un petit pendant: Elle le baise en le recevant, elle fait une profonde révérence, & défile aussi-tôt pour faire place aux autres. Les Nonnes futures sont distinguées par une guirlande de fleurs qui couronne leur Virginité; elles tiennent aussi le rang honorable à la Procession. Des trois cens cinquante, il n'y en a eu que trente-deux qui ayent voulu faire le mieux de S. Paul. Les trois cens dix-huit autres, se sont contentées de faire le bien; elles ont mieux aimé *maritarsi* que *monacarsi*.

Trouvez bon que je saute de la Minerve (*b*) au Palais Borghese, sans vous en alléguer d'autre raison, sinon que mon journal me conduit ainsi. Ce Palais a de grandes beautés, & renferme bien des choses rares. Les portiques sont soûtenus des quatre-vingt-seize colonnes antiques, de granite d'Egypte. Entre les tableaux qui sont dans les bas appartemens, il y a, dit-on, dix-sept cens originaux des plus fameux Peintres. La Venus qui bande les yeux de

(*a*) Le Pape Clement IV. donna cent écus en mariage à sa fille aînée, & dix écus seulement à celle qui aima mieux le Couvent. *Plat.*

(*b*) Il faut voir à la Minerve, la fameuse statuë de Jesus-Christ embrassant sa Croix, par Michel. Ange. *Ro. Sta.*

l'Amour, pendant que les Graces lui apportent ſes armes, eſt du Titien, & paſſe pour le tableau le plus exquis. Paul V. qui étoit de la Maiſon Borgheſe, eſt peint en moſaïque ſi fine, que ſon portrait contient, dit-on, plus d'un million de piéces: j'ai calculé que cela ne peut pas être; mais ſans épiloguer ſur une bagatelle, il faut demeurer d'accord que c'eſt un ouvrage fort délicat. On nous a fait voir un Crucifix de la même grandeur que celui des Chartreux de Naples, & qu'on aſſure être auſſi ce fameux Original de Michel-Ange, dont je vous ai parlé. Pour accorder les uns & les autres, nous pourrions je crois bien dire ſans beaucoup riſquer, que tout ce qu'on en rapporte, n'eſt que pure fable.

Le Panthéon n'a été appellé la Rotonde que par le peuple, à cauſe de ſa figure ronde. Lorſque Boniface quatriéme dédia cet ancien Temple à la Vierge & à tous les Martyrs, il lui donna le nom de *Sancta Maria ad Martyres*: Et depuis, quelque autre Pape voulut que les Saints, en général, fuſſent compris avec les Martyrs. Je ne puis vous répondre avec certitude ſur la raiſon que vous me demandez, qui fit autrefois nommer ce Temple Panthéon. Les uns diſent qu'il fut ainſi appellé *quod forma ejus convexa faſtigiatam Cæli ſimilitudinem oſtenderet*. Les autres croyent qu'il fut conſacré par Agrippa, à Jupiter & à tous les Dieux, ou peut-être à Jupiter ſeulement, & à Cibéle Mere des Dieux; je ne penſe pas que cette queſtion ſoit bien décidée.

Il est vrai qu'il y a des niches tout autour, en dedans du Temple; & l'on peut bien conjecturer, ce me semble, qu'elles peuvent avoir été remplies d'Idoles: mais supposé que cela soit, ces niches ne prouveront rien davantage. §. *Le Temple de la Paix avoit aussi de ces niches.* Varron nous parle de trente mille Dieux adorés dans Rome; & le Philosophe Bruxillus dit en mourant dans sa harangue au Sénat, qu'il en laissoit deux cens quatre-vingt mille: il auroit fallu bien des niches pour loger tout cela. Les niches ne font donc rien à mon avis, pour prouver que le Panthéon ait été consacré à toute la multitude des Dieux qu'on invoquoit à Rome.

Ce Temple, quoique bien dépoüillé, est encore un des plus beaux & des plus entiers édifices antiques qui soient en Italie.

On fait voir au Château Saint Ange, dont je vous parlerai tantôt, un canon de fonte de soixante & dix livres de balle, qui a été fait, aussi-bien que les quatre colonnes du grand Autel, à S. Pierre, des seuls clous de bronze dont étoit attachée la couverture du Portique.

Les Colonnes de ce Portique sont de granite, d'ordre Corinthien, & d'une seule piéce. (*a*) Je les ai mesurées avec toute l'exactitude que vous me demandez sur cela: elles ne sont pas de grosseur parfaitement égale; mais à quelques pouces près de plus

---

(*a*) Les deux lions de porphyre qui sont sous le portique du Panthéon, ont servi d'ornement à la façade du Temple d'Isis, *F. Nardin.*

ou de moins, j'ai trouvé qu'elles avoient quinze pieds de tour; je parle de pieds d'Angleterre, jugez du reste par la proportion. Le morceau de granite, dans lequel est taillé l'ouverture de la grande porte, est aussi d'une grandeur fort considérable : Il a quarante pieds de haut sur vingt de large, ou à peu-près.

L'Illustre Raphaël est enterré dans cette Eglise. Le Bembe fit ce beau distique pour lui servir d'Epitaphe.

Ille hic est Raphaël timuit quo sospite vinci
Rerum magna Parens, & moriente mori.

§. Ce distique se lit sous son buste. C'est Carlo Maratti qui a fait faire ce monument. A. Carrache est inhumé à côté de Raphaël.

La Guilletiere dit que le Panthéon d'Athénes lui parut beaucoup plus superbe que celui de Rome. Mais Spon a critiqué cet Auteur, sur ce qu'il a pris le Temple de Minerve pour un Panthéon. Meursius étoit tombé dans la même faute, & leur erreur commune est fondée sur la mauvaise description que Théodose Zygomala, dont ils ne sont que les copistes, a faite de ce fameux Temple, dans sa lettre à Martin Crusius, ou peut-être sur ce que Pausanias l'appelle Parthénion.

Je ne vous fatiguerai pas par les descriptions des Eglises, & je me contenterai de vous en marquer seulement quelques particularités, quand l'occasion s'en présentera.

Celle de S. Pierre (a), passe pour le plus vaste & le plus superbe Temple du Monde. Pour en bien juger, il y faut aller souvent; il faut monter sur les voutes, & se promener par tout jusques dans la boule qui est sur le dôme; il faut voir aussi l'Eglise souterraine : D'abord on ne trouve rien qui paroisse fort étonnant : la symmétrie, & les proportions bien observées de l'architecture, ont si bien mis chaque chose en son lieu, que cet arrangement laisse l'esprit dans sa tranquillité : mais plus on considere ce vaste bâtiment, plus on se trouve engagé dans la necessité de l'admirer. Puisque vous aimez mieux vous en rapporter à moi, qu'aux soins de ceux qui vous ont donné quelques dimensions de cet édifice, je vous en envoyerai les principales, comme je les ai prises plus d'une fois moi-même, avec le secours de gens expetrs. Vous m'obligerez fort, de me mander le rapport ou la différence que vous aurez trouvée de ces mesures, avec celle de vôtre (b) S. Paul.

(a) Le Cavalier Charles Fontana, célébre Architecte, a fait imprimer en 1694. une ample histoire & description de l'Eglise de Saint Pierre ; c'est un gros in folio, avec beaucoup de figures. Il se vend dix écus [Romains] à Rome. Le titre est : *Il Templo Vaticano ; & sua origine, congli Edifitii piu cospicui, Antichi & moderni, fatti dentro & fuori di esso*. Ce Livre est estimé : cependant on m'assure que le Pere Bonani publiera quelques remarques critiques contre cet Ouvrage.

(b) L'Eglise de S. Paul de Londres est un trèsbeau, & très-noble Edifice ; mais il n'a guéres que les deux tiers de la longueur de celui de Saint Pierre de Rome.

(1.) Longueur de l'Eglise de dehors en dehors, y compris la largeur du portique & l'épaisseur des murs, *pieds d'Angleterre.*
722.

(2.) Longueur du dedans de l'Eglise, sans comprendre le portique, ni l'épaisseur des murs. 594.

(3.) Longueur de la Croix de l'Eglise, de dehors en dehors. 490.

(4.) Longueur de la Croix en dedans.
438.

(5.) Largeur de la Nef. 86. 8. pouces.
(6.) Hauteur perpendiculaire de la même Nef. 144.

(7.) Grosseur, ou circonference du Dome en dehors. 620.

(8.) Diametre du Dome, en dedans.
143.

(9.) Largeur de la façade de l'Eglise.
400.

(10.) Entiere hauteur de l'Eglise, du pavé au haut de la Croix qui surmonte la boule. 432.

(11.) Diametre de la boule. 8. 4. pouces.
(12.) Hauteur des statuës qui sont sur la corniche du second ordre de la façade. 18.

Le Bramante sous Jules II. & Michel-Ange sous Paul III. ont été les principaux Architectes de ce bâtiment : aussi n'y trouve-t'on rien qui ne ressente la grandeur & la Majesté.

La (*a*) Chaire de S. Pierre soutenuë par

(*a*) Sur le dessein du Cavalier Bernin.

les (a) quatre Docteurs de l'Eglise Latine, dont les statuës plus grandes que Nature sont de bronze doré, est une piéce d'une beauté & d'une magnificence achevée. Le Secretaire Charles Fontana m'a fait voir, par un extrait des regîtres, que tout cet Ouvrage coûte cent sept mille cinq cens cinquante & un écus Romains. (L'Ecu Romain vaut à-peu-près 3. livres 12. sols *Tournois*, ou cinq *Shillins* & demi d'Angleterre.) § *Ce qui revient environ à cinq cens quatre-vingt mille livres, Monnoye de France.*

Les Tombeaux d'Urbain VIII. (b) & de Paul III; d'Alexandre VII. §. *à genoux, avec quatre belles statuës* ; (c) *celui d'Innocent XI. érigé en* 1700. *auquel le peuple a grande devotion ; ceux d'Innocent VIII. mort en* 1621. *de Gregoire XIII. érigé en* 1723. *de Clement VIII. d'Urbain VIII. de la Reine Christine, avec son portrait en grand Medaillon,* & de la Comtesse Mathilde, (d) bonne Amie, comme vous sçavez, de Gregoire VII. sont les plus dignes d'être remarqués entre les autres superbes Monumens qui se voyent dans cette Eglise.

Au Tombeau de Paul III. il y a deux statuës de marbre, qui représentent la Prudence & la Religion. Elles sont revêtuës d'une draperie de bronze : & le Peuple dit que

―――――

(a) S. Ambroise, S. Jerôme, S. Augustin, S. Gregoire.

(b) Par le Cavalier Bernin.

(c) Par Etienne Speran-.72, sur le dessein du Cavalier Bernin.

(d) *Pene Comes individua.* Lamb. Abbé de Hirtzavv.

cela a été fait depuis quelques années par l'ordre du Pape, enſuite d'un ſcandale commis par deux Eſpagnols qui en étoient devenus amoureux. §. *Il n'y a que celle de la Religion qui en ſoit revêtuë. On prétend que ces deux ſtatuës repréſentent Julie Farneſe, Niéce de ce Pape, & ſa Mere, Sœur de Paul III. On lit au bas de l'une des deux:*

Gulielm. Della Porta Mediolàn. F.

On ne voit dans cet admirable vaiſſeau, que dorures, que rares peintures, que bas-reliefs, que ſtatues de bronze & de marbre; & tout cela diſpenſé d'une maniere ſi ſage & ſi heureuſe, que l'abondance n'y cauſe point de confuſion. Le dedans de la coupe eſt de moſaïque; la voute de la Nef eſt de ſtuc, à compartimens en reliefs, & dorés; le pavé eſt de marbre rapporté en diverſes figures; & l'on achevera d'en revêtir les pilaſtres, auſſi-bien que tout le reſte du dedans de l'Egliſe. §. *Cela eſt preſque fini.*

(*a*) Le grand Autel eſt juſtement au-deſſous du Dome, au milieu de la Croix: c'eſt une maniere de pavillon, ſoûtenu par quatre colonnes de bronze (*b*) torſes, ornées de feüillages, & parſemées d'abeilles, qui étoient les armes du Pape Urbain VIII. Au

(*a*) Par le C. Bernin.
(*b*) Ces ſortes de colonnes ont quelque choſe de biſarre aux yeux des Architectes, qui ne vont que leur grand chemin. Mais les habiles gens peuvent quelquefois prendre des libertés: celle-ci a bien réüſſi.

dessus de chaque colonne il y a un Ange de bronze doré, haut de dix-sept pieds; & des enfans joüent & se promenent sur la corniche. On estime infiniment cette piéce: la hauteur du tout est de quatre-vingt-dix pieds.

On descend par un escalier sous cet Autel pour aller à la Chapelle où repose, dit-on, le corps de S. Pierre, & pour visiter les autres saints lieux qui sont en divers endroits dans les caves de cette Eglise. J'ai remarqué à l'entrée de ces *grottes* [a] une bulle gravée en marbre, par laquelle il est défendu aux femmes d'y entrer qu'une seule fois l'an, sçavoir le Lundi de la Pentecôte; & aux hommes de s'y présenter ce jour-là sur peine d'excommunication contre les uns & contre les autres. Ces lieux sont obscurs: le Sacristain nous a dit qu'une avanture galante avoit donné lieu à ce réglement. Ceux qui descendent dévotement [b] l'escalier qui conduit à la Chapelle de S. Pierre, obtiennent sept ans d'indulgence à chaque degré. §. *Il y en a dix-sept.*

Au bas du Tombeau d'Innocent VIII. dont la Statue est de bronze: on lit ce qui suit.

D. O. M.
Innocentio VIII. Pont. Max. Italicæ pacis perpetuo custodi, novi Orbis suo ævo in-

[a] *Hac mulieribus ingredi, non licet nisi unico die Lunæ post Pentecostem, quo vicissim viri ingredi prohibentur. Qui secus faxint, anathema sunto* 286. Colonnes.

[b] Il y a là cent lampes d'argent, qui brûlent toujours.

venti gloriâ Regi, Hispaniarum Catholici nomine imposito, Crucis SS. reperto titulo, lancea quæ Christi hausit latus à Bajete Turcarum Tyranno [*] dono missa.....insigni Monumento è veteri Basilica hùc translat.........Malaspina Princeps Massæ.....Pronepos........ ......Augustius Ornatiusque posuit anno Domini M. DC. I.

La Chapelle des Fonds est la premiere au bas de l'Eglise en entrant ; & du côté de l'Evangile cette Chapelle est ornée de trois grands tableaux de Mosaïque qui ont rapport à la destination du lieu. Aux deux côtés sont deux magnifiques tables de porphire : les Fonds Baptismaux sont au milieu. Tout est doré, marbre, jaspe & porphire. Au bas on lit cette Inscription.

Benedictus XIII. Pont. Max. Ord. Prædicatorum humanæ regenerationis fontem veteri ritu instauravit. An. sal. M. DCC. XXV. Pontificatus sui anno II.

Ce même Pape a fait faire les deux beaux Bénitiers qui sont au bas de la Nef.

C'est dans la Chapelle Grégorienne ou plûtôt de Grégoire XV. construite en 1622. que les Chanoines de S. Pierre célébrent l'Office tous les jours ; & c'est proprement le Chœur de l'Eglise. Au milieu de cette Chapelle sur une Tombe très simple pour un grand Pape,

[*] *On a effacé les lettres Imper. pour y placer celles de Tyran.*

on lit l'Epitaphe de Clement XI. que voici.

D. O. M.

Clemens XI. Pont. Max. hujus SS. Basilicæ olim Vicarius & posteà Canonicus, sibi vivens poni jussit. Obiit die XIX. Martii anno salutis M. DCC. XXI. ætatis verò suæ 71. mens. VII. D. XXV. Sedit in Pontificatu annos XX. menses III. dies XXIV. Orate pro eo.

§ *On doit ériger bientôt un magnifique monument à ce Souverain Pontife.*

La double colonnade qui fait la clôture de la grande Place qui est devant l'Eglise, & qui conduit à cette même Eglise par un double portique de chaque côté, est un embelissement dont la maniere est rare & cause quelque surprise. Il y a dans la Place deux magnifiques fontaines qui jettent de fort grosses gerbes. L'Obelisque qui s'élève au milieu, est d'une seule piece de granite, & sa hauteur est de [a] soixante & dix-huit pieds, sans compter ni le piedestal, ni la Croix que Sixte cinquiéme fit mettre au-dessus de la pointe de l'Obelisque lorsqu'il releva cet ancien Monument. On dit communément que la boule d'airain qui y étoit autrefois, renfermoit les cendres d'Auguste, mais c'est une erreur. Domin. Fontana, l'Architecte qu'employa Sixte V. ayant examiné ce globe, trouva

---

[a] *Saxum miræ magnitudinis* Petrar. 1.6, Ep. 2. Il fut relevé l'an 1586. Il pese, sans la base, neuf cent cinquante-six mille cent quarante-huit livres. *V. J. J. Boissard.*

D'ITALIE. 105

il n'avoit pû servir à cet usage : ce n'é-
t qu'un simple ornement. Il est vrai que
Obelisque étoit consacré à Auguste & à
ibere ; cette Inscription s'y lit distincte-
ent encore.

Divo Cæsari, Divi Julii F. Augusto.
berio Cæsari. D. Aug. F. Augusto Sacrum.

Le Palais [a] Vatican est joignant l'Eglise
S. Pierre. Il est vrai que c'est une com-
dité pour le Pape ; mais d'ailleurs, le
p grand voisinage de ce Palais cause
confusion desagréable. Si l'Eglise étoit
e & qu'on la pût voir de tous côtés en
mp libre, cela produiroit un bien plus
ffet. Le Vatican n'est pas un bâtiment
r, ce sont de beaux morceaux mal
ensemble. On y compte douze mil-
ns chambres, sales ou cabinets ;
peut facilement examiner dans le
bois que l'on en fait voir. Le
est une partie du Vatican: vous ju-
u'il a été ainsi nommé à cause de la
e l'on découvre de cet endroit.
entes peintures de Raphaël, de
, de Jules Romain, du Pin-
u Polydore, de Jean de Udi-
el Volterre & de plusieurs au-
Maîtres, nous ont plus occu-
e l autres beautés de ce Palais.
L'histoire d'Attilla, de l'incomparable [b]

[a] On croyoit que le
Dieu *Vaticanus* rendoit
es Oracles [*Vaticinia*]
ans ce lieu-là.

[b] Raphaël nâquit le
Vendredi-Saint, l'an 1483.
& mourut en un pareil
jour, trente-sept ans après

Raphaël, n'est jamais sans admirateurs. J'ai pris plaisir deux ou trois fois à voir l'empressement & l'attention avec laquelle les gens du métier particuliérement en examinent toutes les beautés. Voyez-vous, disent-ils, dans cette figure combien de grace, combien de force & combien de douceur sont unies ensemble ? Ne diroit-on pas que cette autre est vivante ? ne croiroit-on pas qu'elle respire ? Se peut-il voir plus de passion, une attitude plus belle, une expression plus vive ? Admirez, dit un autre, la varieté de tous ces airs de tête, ces agrémens, cette conduite d'ombres & de lumieres. Jamais Michel-Ange a-t'il mieux dessiné ? Y a-t'il rien de plus charmant dans le coloris du Titien ; des couleurs plus tendrement noyées ; quelque chose en général de plus noble & plus exquis ? Je ne vous dirai pas tout, car je ne finirois pas d'aujourd'hui. Le mérite de Raphaël, & le préjugé qu'on a pour lui, font tous les jours inventer des termes quand on parle ici de ses ouvrages. Au reste, les plus parfaits ne laissent pas de tomber dans quelques [a] défauts. Vous trouverez, je m'assure, que c'en est un assez considerable à Raphaël, d'avoir donné au Pape Leon I. dans ce même tableau & aux deux Cardinaux qui l'accompagnent, les mêmes [b] habil-

[a] Voyez ci-dessous pag. 152.
[b] Platine écrit que le Pape Constantin, & les Papes de ce tems-là [250. ans depuis Leon I.] ne portoient qu'un simple habit de camelot. Touchant les Cardinaux, V. Tome III. page 44.

semens que ces Prélats portent aujourd'hui : l'anachronisme est un peu fort. Cela me fait souvenir du Titien ; qui s'est oublié jusqu'à pendre des Chapelets à la ceinture des deux Disciples à qui J. Christ apparut comme ils alloient à Emmaus. §. *Ce ne sont point des Chapelets, ce sont leurs ceintures qui s'attachoient avec une chaine de boutons, afin de les lâcher ou resserrer quand on vouloit ;* & du Rosso Peintre assez fameux, qui a fait trouver des Moines enfroqués aux Nôces de la Vierge. Mais sans sortir du Vatican, se peut-il voir plus de bizarrerie & une ordonnance plus fantasque, que celle du Jugement de Michel-Ange dans la Chapelle Sixte. On y voit des Anges sans aîles ; on y voit le Batelier Caron qui passe des ames dans sa barque ; on y voit des Ressuscités de tout âge & tout musclés comme des Hercules, des nudités en confusion & des corps exposés avec indécence. [a] Michel-Ange imaginoit des choses hardies, & les peignoit impétueusement.

Puisque nous sommes sur l'article de la Peinture, il faut que je vous dise quelque chose du massacre de l'Amiral [b] Coligni,

---

[a] On a remarqué que Albert Durer donnoit des moustaches à tout le monde. A Soost, dans le Comté de Mark, en Westphalie, sur les vitres, dans une Eglise Lutherienne, il y a une Cene, où un jambon tient lieu d'Agneau Paschal. Puisque les Images sont les livres des ignorans, il seroit à souhaiter qu'elles fussent conformes à la verité.

[b] Le Parlement de Paris avoit promis cinquante mille écus d'or à qui le représenteroit mort ou vif. *Mezeray.*

dont l'histoire se voit en trois grands tableaux dans la Sale où le Pape donne audience aux Ambassadeurs. Dans le premier tableau, l'Assassin Morevel ayant blessé Coligni d'un coup d'arquebuse, on le porte dans sa maison ; & au bas du tableau est écrit : *Gaspar Colignius Amiralius accepto vulnere domum refertur. Greg. XIII. Pont. Max.* 1572. Dans le second, l'Amiral est massacré dans sa même maison, avec Teligni son gendre & quelques autres. Ces paroles sont sur le tableau : *Cædes Colignii & sociorum ejus.* Dans le troisiéme, la nouvelle de cette exécution est rapportée au Roi, lequel témoigne en être satisfait : *Rex Colignii necem probat.* [a]

Le Pape ne se contenta pas de faire peindre l'histoire de ce massacre comme un trophée dans son Palais ; pour mieux éterniser un fait si mémorable, il fit encore frapper des médailles où l'on voit son Image : *Gregorius XIII. Pont. Max. an. I.* Et sur le revers, un Ange exterminateur, qui d'une main tient une Croix, & de l'autre une épée dont il perce à bras racourci avec ces paroles : *Ugonottorum strages.* 1572. Ces médailles sont devenuës fort rares ; cependant mes amis m'en ont fait avoir quelques-unes.

[a] Le Cardinal de Lorraine, qui étoit à Rome, fit présent de mille écus à celui qui apporta la bonne nouvelle du Massacre. Il y eut feux de joie, Jubilé, Actions de graces, Processions solennelles, &c. V. l'Oraison de Muret, où cet homme, connu d'ailleurs pour un Athée, éxalte cette noire & barbare action.

Tom. 2. Pag. 208.

Je ne vous dirai rien des jardins du Belvedere, ni des statuës qui s'y voyent. Vous sçavez l'estime toute singuliere que l'on fait du (a) Laocoon : on admire particuliérement aussi le (b) Tronc, (c) l'Antinous, l'Apollon & la Cléopatre.

(d) La Bibliothéque du Vatican a non-seulement été grossie de celle de Heidelberg, mais encore de la Bibliothéque du Duc d'Urbin. Les peintures dont elle est remplie, représentent les Sciences, les Conciles, les plus fameuses Bibliothéques, les Inventeurs des Lettres & quelques endroits de la vie de Sixte V. (e) L'ancien Virgile manuscrit est in-quarto, plus large que long, en lettres majuscules, sans distinction de mots & sans ponctuation. Le caractere tient un peu du Gotique, ce qui ne s'ac-

(a) Voyez l'histoire de Laocoon, dans le second livre de l'Eneïde.

Le Groupe est d'un seul bloc de marbre; & la piece est de la main d'*Agesander*, de *Polydore*, & d'*Athenodore*, Sculpteurs Grecs.

(b) C'est un corps tronqué, sans tête, sans bras, & sans jambes. Le nom du Sculpteur est gravé sur le piedestal. ΑΠΟΛΛΩΝΙΟΣ ΝΗΣΥΟΡΣ ΑΘΗΝΑΙΟΣ.

(c) Le Latin.

(d) On parle fort diversement du nombre des Livres de cette Bibliothéque. La chose m'est si in-certaine, que je n'en puis rien dire du tout. Depuis la premiere Edition de ce Livre, le Pape Alexandre VIII. a enrichi cette Bibliothéque de dix-neuf cens Manuscrits tirés de celle de la Reine Christine.

(e) Le Virgile & le Terence du Vatican sont de mille ans. *Spon*. On nous a fait voir un Volume de lettres de Henri VIII. à Anne de Boulen. C'est un in-quarto épais d'un doigt. §. *Il n'y en a que seize ou dix-sept. Elles sont en François assez mauvais, même pour le tems.*

commode pas avec la premiere antiquité que quelques-uns lui donnent. Les mignatures sont d'un siécle ignorant.

Je me souviens d'avoir remarqué entre les MSS. des derniers siécles, quelques lettres que des Cardinaux s'écrivoient il y a deux cens ans, & dans lesquelles ils se traitoient de *Messer Pietro*, *Messer Julio*, sans autre cérémonie.

On m'a fait voir la Bible Allemande dont vous me parlez. Ils disent qu'elle est de la traduction de Luther & écrite de sa propre main ; mais cela est hors d'apparence, vû l'extravagante priere qui est à la fin & qui paroît être de la même main que le reste. Voici la priere en propres termes.

O Gott, durch deine gute,
Bescher uns kleider und hüte ;
Auch mentel und rocke,
Felle kalber und bocke,
Ochsen, schafe, und rinder,
Viele Weiber, Wenig kinder.
*

Schlechte speis und trank,
Machen einen tag lang.

C'est-à-dire, *O Dieu, donne-nous par ta grace des habits & des chapeaux, des manteaux & des robes, des veaux gras & des boucs, des bœufs, des brebis & des taureaux, beaucoup de femmes & peu d'enfans. . . . . . . La mauvaise viande & le mauvais breuvage, rendent la vie ennuyeuse.*

§. *La version est celle de Luther, mais l'écri-*

ture est très-differente, comme on le remarque en la comparant avec un manuscrit de la propre main de Luther, qui se trouve au Vatican.

Vous m'avoüerez que c'est pousser bien loin l'envie que l'on a de faire passer Luther pour un débauché.

De la Bibliothéque nous avons passé à l'Arsenal, où l'on assure qu'il y a des armes pour vingt mille hommes de Cavalerie, & pour quarante mille d'Infanterie. Il s'en faut plus de la moitié que ce qu'on dit ne soit vrai; & d'ailleurs toutes ces armes sont en mauvais état. Aussi ne sont-ce pas les principaux foudres du Vatican.

Si d'un côté le Pape peut descendre de ce Palais au Temple de S. Pierre, de l'autre il peut aussi se sauver dans le Château Saint Ange sans être vû. Alexandre VI. fit une galerie de communication pour ce dessein-là. Un aussi méchant homme qu'étoit ce Pape, avoit quelque raison de pourvoir à sa sureté. Urbain VII. fortifia le Château de quatre bastions, & leur donna les noms des quatre Evangelistes. On voit dans la Chapelle du Château un tableau où Grégoire I. se prosterne avec sa triple Couronne, devant un Ange qui lui apparoît sur le haut du Mausolée d'Adrien, & qui remet l'épée dans le fourreau. C'étoit, dit l'histoire, pour avertir ce Pape que Rome alloit être délivrée de la peste qui la ravageoit depuis si long-tems. Et c'est de-là que ce Mausolée a pris le nom de Château S. Ange.

On nous a fait voir dans le petit Arsenal

de ce Château (a), une armoire toute remplie d'armes défenduës, dont ceux qu'on a trouvés saisis, ont presque tous été exécutés à mort. Entre ces armes on nous a fait remarquer les pistolets de Ranuce Farnese, dont je vous ferai briévement l'histoire, comme plusieurs nous l'ont ici racontée.

Peu à près que Sixte V. eut très-expressément renouvellé les défenses de porter des armes cachées, il fut averti que le jeune Prince Ranuce fils & héritier d'Alexandre Farnese, Duc de Parme & Gouverneur des Païs-bas, étoit ordinairement muni de pistolets. (b) Ce Pape qui étoit l'homme du monde le plus dur & le plus severe, embrassoit toujours avec joye les occasions de faire éclater son pouvoir aux dépens de qui que ce pût être. Dailleurs le Duché de Parme étoit un fief de son Domaine, il en regardoit le Prince comme son Vassal. Il fit donc arrêter Ranuce, & affecta pour le rendre plus criminel, de lui faire ôter ses pistolets dans une des chambres du Palais Pontifical, comme ce Prince alloit avoir une audience de sa *Sainteté*. Ranuce fut incontinent conduit au Château Saint Ange. Le Cardinal Farnese son oncle mit tout en œuvre pour le délivrer sur le champ, mais ce fut en vain. Si le Pape avoit envie de perdre ce pauvre Prince, ou s'il ne vouloit que lui donner la peur, c'est ce que je

(a) La triple Couronne du Pape, est gardée dans ce même Château.

(b) *Asperius nihil est homini qui surgit in altum.*

ne puis pas aifément démêler. Quoiqu'il en foit, on affure le contraire, & voici, dit-on, comment l'affaire fe paffa. Sur les dix heures du foir, dans le tems même que le Cardinal étant revenu à la charge, redoubloit fes follicitations, Sixte envoya ordre au Gouverneur du Château de faire couper la tête à Ranuce, & ne doutant pas que fon commandement ne fût à l'inftant même executé, il fe débaraffa du Cardinal en lui donnant un nouvel ordre pour le Gouverneur, par lequel Ranuce qu'il croyoit déja mort, devoit être rendu fur les onze heures. Le Cardinal qui ne fçavoit rien du premier ordre, courut au Château fans perdre un moment, & fut tout étonné de trouver fon Neveu qui fe lamentoit entre les bras d'un Confeffeur, & dont la mort n'avoit été retardée, que parce qu'il avoit demandé un peu de tems pour s'y préparer. Le Gouverneur voyant le nouvel ordre, ne douta point que le Pape ne fe fût laiffé fléchir, il rendit le Prifonnier. Le Cardinal lui fit prendre la pofte, & le fauva ainfi de la main de tous fes bourreaux.

Le *Cavalier* Borri Gentilhomme Milanois, grand Chimifte & bon Medecin ; *fi tant eft* qu'un bon Médecin ne foit pas un *Eftre de raifon*, eft préfentement prifonnier dans le Château S. Ange, accufé de quelque héréfie, mais en même tems de foibleffe d'efprit. Cette derniere raifon fait qu'il n'eft pas étroitement refferré, & que même on lui permet quelquefois de venir dans la Ville, quand il y a des malades de qualité, qui defirent d'en être vifités. Il a, dit-on, quelques fantaifies de ces Collyridiens du quatriéme fiécle, qui rendoient à la Vierge une maniere d'adoration: on dit même qu'il en fait une quatriéme perfonne de la Divinité.

Cet homme me fait fouvenir du Docteur Molinos, dont vous voudriez bien que je vous dife quelques nouvelles certaines, ce que je ne puis faire. J'ai bien vû les propofitions ou hérétiques ou prétenduës hérétiques, dont on le fait Auteur; il n'eft pas même fort difficile d'avoir copie de fon procès, mais tout cela ne fignifie rien. Pour bien connoître Molinos, il le faudroit entendre: il y a du plus & du moins dans tout ce qu'on en dit. De ces propofitions dont je vous parle, il y en a de mauvaifes, il y en a quantité d'équivoques, plufieurs font indifferentes, & quelques autres fort raifonnables & fort orthodoxes. Ce qui eft certain, c'eft que Molinos eft ici généralement décrié: il paffe pour un fcélérat, pour un débauché & pour un féducteur, qui a fi bien enfeigné l'indolence & l'extafe dans les Couvens de Religieufes, qu'un grand nombre de ces pauvres filles ont été (*a*) *gâtées* en conféquence de fa doctrine. On en fait cent'hiftoires; mais encore un coup ces faits-là me font incertains, & rien de tout cela n'eft affez évident. Il faut bien qu'on noirciffe ce malheureux, & qu'on le charge d'opprobre, puifqu'on l'a con-

(*a*) Vitiatæ.

damné d'une maniere si ignominieuse à passer ses jours entre quatre murailles. Au reste, ceux qui parlent contre lui avec le plus de chaleur, font une grande distinction de ses sentimens, avec ceux de ses sectateurs. Ils disent que Molinos est un homme sans Religion & sans vertu; un homme qui n'a aucuns principes & qui n'est persuadé de rien; mais qu'il y a des Molinosistes qui ne connoissent pas le cœur de leur maître, & qui sont effectivement dans ce quietisme, & dans ces autres opinions dont vous avez tant entendu parler. Je suis,

Monsieur,

      Vôtre, &c.

A Rome ce 30. *Mars* 1688.

LETTRE XXVI.

MONSIEUR,

Pour me prescrire quelque sorte d'ordre dans le mélange des choses qui composent mes Lettres, je suis tantôt mon Journal & tantôt le vôtre. Il y a déja quelques jours que Mylord a fait sa cour à (*a*) l'Héroïne dont vous me parlez; il en a été reçû, comme vous me pouvez croire, avec beaucoup d'accueil & beaucoup d'honneur. On a parlé d'abord de l'Angleterre, de la Cour, de la bonté du païs, de ses diverses Coûtumes, & particuliérement de la liberté dont y joüissent les femmes. L'opposition de leur douce vie à la prison perpétuelle des pauvres Italiennes, a fait qu'on a trouvé la condition de celles-ci doublement malheureuse. Sur ce qu'on ajoûtoit que c'étoit pourtant une nécessité d'en user ainsi, par la raison que les trois quarts des hommes vivant en Italie dans la

---

(*a*) Christine Alexandre Reine de Suede, &c. étoit née le 18. Décembre 1626. & mourut à Rome le 19. Avril 1689. Elle avoit desiré par son testament d'être enterrée à la Rotonde; [*Panthéon*] mais Innocent XI. a trouvé plus à propos de la mettre à Saint Pierre.

Elle reçût le second nom d'Alexandre, du Pape Alexandre VII. qui fut son Parrain, lorsqu'il la confirma à Rome, après qu'elle y eut abjuré sa Religion.

gêne

gêne du Célibat, tous ces gens-là feroient des ravages terribles, si l'on n'y prenoit garde : quelqu'un a répondu, que pour lever cette difficulté, il n'y avoit qu'à faire ce que disoit S. Paul, que chaque homme eût sa propre femme, & chaque femme son propre mari ; mais comme c'étoit un peu entamer la contreverse, on a fait changer le discours. La Reine ayant appris qu'un Gentilhomme de la compagnie étoit François, elle lui a demandé des nouvelles des Dragons ; & après avoir entendu sa réponse avec assez d'attention, (*a*) je sçais bien tout cela, lui a-t'elle dit, & j'en sçais bien davantage encore ; car des témoins oculaires & des *Jesuites* même, m'ont raconté des choses (*b*) infames. *On a mêlé la raillerie & l'insulte à la déloyauté & à l'inhumanité.* Ensuite de quelques histoires particulieres qui ont été faites sur ce sujet, on a parlé du Pape, de sa santé, de son démêlé avec la France, sur l'affaire des Franchises ; & la Reine s'est retirée.

Vous connoissez le sçavoir & le mérite de cette Princesse ; mais puisque vous souhaitez que je vous donne aussi quelque idée de

---

(*a*) On peut voir la lettre que cette Princesse a écrite à ce sujet, au Chevalier de Terlon. Elle se trouvera dans les Nouvelles de la République des Lettres, au mois de May 1686.

(*b*) Des Jesuites Allemands me raconterent il y a quelques mois, dit la Reine, qu'ils avoient vû des Dragons, *Priapos suos immanes in os feminarum intromittentes, ibique urinam fundentes.* Je les grondai bien, ajoûta-t-Elle, de ce qu'ils avoient souffert une telle insolence, mais ils ne firent qu'en rire.

sa personne, je vous en ferai le portrait en peu de paroles. Elle est âgée de plus de soixante ans, fort petite, fort grasse & fort grosse. Elle a le teint, la voix & le visage mâle; le nez grand, les yeux grands & bleux; le sourcil blond, un double menton parsemé de quelques longs poils de barbe; la lévre de dessous un peu avancée; les cheveux châtain clair, longs comme le travers de la main, poudrés & hérissés sans coëffure en tête naissante; un air riant; des manieres toutes obligeantes. Figurez-vous pour habillement, un juste-au-corps d'homme de satin noir, tombant sur le genou, & boutonné jusqu'au bas; une jupe noire fort courte, qui découvre un soulier d'homme; un fort gros nœud de ruban noir au lieu de cravate; une ceinture par dessus le juste-au-corps, laquelle bride le bas du ventre, & en fait amplement paroître la rondeur.

Au sortir de là, nous avons été visiter les principaux appartemens du (a) Palais. Il y a là quantié de Tableaux & d'Antiques d'une exquise beauté; je vous en nommerai seulement quelque partie. L'Auguste d'albâtre oriental transparent comme de

---

(a) Cette Princesse est logée au Palais Riari.
Depuis la premiere Edition de ce Livre, la Bibliothéque de la Reine Christine a été venduë huit mille écus au Pape Alexandre VIII. qui a mis 1900. des principaux Mss. dans la Bibliothéque Vaticane, & qui a donné le reste à son Neveu le Cardinal Ottoboni. D. Livio Odescalchi a eu les peintures & les raretés du Cabinet pour cent cinquante-trois mille écus; c'est-à-dire pour très-peu de chose.

l'ambre ; la tête & les pieds de bronze doré, sont des pieces ajoûtées ; mais le reste est fort bien conservé. Les seize colonnes antiques de Giallo avec les deux colonnes d'albâtre oriental, hautes de sept pieds : la plus fine agathe ne peut être plus belle. La Venus qui disputeroit la pomme d'or à la Venus de Medicis, si le tems qui ronge tout, n'eût pas mangé les jambes à cette premiere : Il est vrai qu'elle en a de postiches si adroitement ajustées, qu'on ne peut presque pas douter qu'elles ne soient naturelles. Castor & Pollux aux deux côtés de leur Mere Leda d'un seul morceau de marbre : les enfans sont plus grands que la Mere ; celle-ci ne tient qu'un de ces œufs. L'Autel de Bacchus d'un fin marbre blanc, & orné de bas-reliefs admirables : J'y ai remarqué le vieux Silene, qui s'est si bien enyvré à la Fête de son Nourrisson, qu'il le faut soûtenir pour lui aider à marcher. On voit aussi sur cet Autel des Bacchantes, qui font les folles & dont quelques-unes joüent de deux flutes ensemble comme le Faune du Vase de Gaïette. Dans un autre coin, un Bouc (*a*) est écorché tout vif pour sa peine d'avoir brouté les vignes du Pere Liber ; & tout au près, on lave un sanglier avant que de le sacrifier.

Entre les tableaux, je remarquerai feu-

(*a*) ... *Baccho Caper omnibus aris cæditur.* Virg.
On lui sacrifioit autrefois des hommes tous vifs, mais depuis son Voyage des Indes, on ne lui offrit que des Anes & des Boucs. P. Gautr.

K ij

lement le commerce de Leda avec Jupiter transformé en Cygne, l'une des plus belles pieces du Correge. La Vierge avec l'Enfant Jesus & le petit S. Jean de Raphaël; & la Venus du Carache. Il y a plusieuts autres tableaux de ces mêmes Peintres; il y en a du Titien, de Paul Veronese, du Guide, du Dominicain & de quelques autres grands Maîtres. La plûpart des tapisseries de cet appartement étoient autrefois dans le Palais du Duc de Mantouë. Lorsque Colalto (a) pilla cette Ville, il les transporta à Prague avec une infinité d'autres richesses. Gustave Adolphe les (b) enleva de Prague & Christine sa Fille les a apportées à Rome.

Je ne finirois pas, si je voulois vous entretenir des rares médailles; mais puisque je vous ai promis de tout un peu, je vous nommerai l'Othon de bronze, médaille Egyptienne; revers, l'image de Serapis. Le Pertinax, médaillon latin; revers, Pertinax lui-même sacrifiant; l'Antonin Pie: revers, Hercule assis & Diane debout; l'Antonin Pie médaillon latin : revers, le même Antonin couronné par la Victoire, l'Abondance lui apportant des fruits. Ce médaillon est extraordinairement bien conservé, & c'est ce qui fait son plus grand prix. Le même Antonin, médaillon latin, que M. Bellori appelle l'*Anno nuovo*, à cause du sens qu'il a donné à ces quat. lettres qui sont sur le revers, A. N. F. F. *Annum Novum, faustum, felicem.* Le Ne-

(a) En 1630. (b) En 1648.

ron, médaille latine : revers, le Hercule Farnese.

Le Ciceron camayeu d'Onyce, *testa blanca, fondo bruno*, est une des plus précieuses piéces du Cabinet.

De ces raretés nous passerons si vous voulez à d'autres. Dans l'Eglise de Ste. Sabine du Mont Aventin, on fait voir une grosse pierre que le Diable de Cologne jetta du haut de la voute, en intention d'écraser S. Dominique, & par dépit, comme on le soupçonne, de ce qu'il avoit manqué d'abattre la Chapelle des trois Rois.

Regum Reliquias quas sancta Colonia servat,
 Cum torvus Satanas lædere non valuit :
Orantem voluit Sanctum *trucidare; sed ecce,*
 Declinat rupes, & Patriarcha *valet.*

(C'est-à-dire, *Après que cette vilaine Bête de Satan eut* [a] *manqué son coup à Cologne, contre les Reliques des trois Rois, il s'en vint, comme un fou enragé, à l'Eglise de Ste. Sabine pour y écraser le Patriarche S. Dominique, qui y étoit alors en priere. Il voulut jetter sur lui une grosse piéce de rocher, semblable à celle qu'il avoit jettée sur la Cathédrale de Cologne : Mais Dieu voulut que la pierre fût détournée, & le Saint miraculeusement garanti.*)

Vous avez oüi parler du [b] Crucifix qui se voit à S. Paul, & qui parla à Ste. Brigi-

[a] Voyez dans le Tome I. sur Cologne, pag. 54. [b] Il fut fait l'an 1369.

te ; j'ajoûterai ici qu'il est de la main de P. Cavallini, & que ce n'est pas la seule Image de Rome qui sçache parler. Un autre Crucifix de Ste. Marie *Transpontine*, s'est entretenu bien des fois avec S. Pierre & S. Paul. La Nôtre-Dame de [a] S. Côme & S. Damien, gronda terriblement S. Gregoire, quand il lui arriva de passer devant elle, sans la saluer. J'en connois encore deux autres à Ste. Marie l'Imperatrice, & à S. Gregoire *in monte Celio*, qui ont dit quantité de choses : Et combien y en a-t'il que je ne connois pas ? On en fait voir qui ont pleuré & saigné, à Ste. Marie de la Paix, à Ste. Marie *in Vallicella*, à Ste. Marie *del pianto*, à l'Eglise du S. Esprit, &c. Cette derniere versa des torrens de larmes, un peu avant le dernier sac de Rome : tous les Moines du Couvent suffisoient à peine pour lui essuyer les yeux.

Si vous voulez sçavoir plus particulierement l'avanture de S. Gregoire, avec l'Image qui le querella, vous trouverez cette histoire dans les vers que voici. Quelques-uns les attribuent à l'Abbé Joachim ; & d'autres, au vénérable Beda. Quoiqu'il en soit, l'Auteur connoissoit mal Gregoire : mais les vers ne laisseront pas de vous divertir.

Heus tu ! quò properas, temerarie Claviger ? heus tu !
Siste gradum. *Quæ reddita vox mihi percutit aures ?*

___
[a] C'étoit autrefois le Temple Remus ; ou de Remus & de Romulus.

Quis Cæli Regis me Sceptra vicesque gerentem,
Impius haud dubitat petulanti lædere linguâ?
Siste gradum; converte oculos, venerare Vocantem.
O mirum! ô portentum! effundit Imago loquelas!
(At fortè illudunt sopitos somnia sensus)
Mene vocas? ô Effigies! Hanc labra moventem,
Flectentemque caput video. Quid quæris, Imago?
Nomen, Imago, tuum liceat cognoscere. Mater
Sancta tui DOMINI, tibine est ignota, Gregori?
Virgo parens, ignara tori, tactusque virilis;
Regia Progenies; Rosa mystica; Fœderis Arca;
Excelsi Regina Poli; Domus aurea; Sponsa Tonantis;
Justitiæ Speculum & clypeus; Davidica Turris;
Janua Cœlorum, tibine est ignota, Gregori?
Ignaro veniam concede, insignis Imago.
Virgo Maria priùs numquam mihi visa: loquentem,
Nunquam te priùs audivi; quis talia vidit?
Parco lubens : posthac sed reddere verba Salutis
Debita, mente tene. Quò te nunc semita ducit?
Supra Altare tuum, Missam celebravit odoram
Presbyter Andreas : Animam liberavit, & ecce.
Impatiens semicocta jacet prope limina clausa
Gurgitis : Illa viam petit à me. Perge, Gregori.

K iiij

C'est-à-dire,

Parle, hey! l'homme aux Clefs! où vas-tu, étourdi? Veux-tu donc t'arrêter quand on t'appelle? Qu'est-ce que j'entends? quelle impudente voix me frappe les oreilles? Quel impie scélérat ose parler ainsi à un Vice-Dieu? *Arrête-toi téméraire, & rends le respect à qui tu le dois.* O Ciel! est-il possible! ô quel prodige! ô miracle! je pense que c'est une Image qui crie après moi! Mais non, je rêve sans doute; c'est une illusion, c'est un songe. M'appelles-tu, Madame l'Image? En verité, je vois ses lévres qui remuent, & sa tête qui branle. Que demandez-vous merveilleuse Image? Qui êtes-vous, par vôtre permission? *Quoi, Gregoire! insensé Gregoire! Quoi! tu ne connois pas la Mere de ton Seigneur? Tu ne connois pas celle qui est tout ensemble Mere & Pucelle? Tu ne connois pas la Fille & la Tour de David: La Rose Mystique: l'Arche de l'Alliance: La Reine du Ciel: Le Palais d'or: L'Epouse de Dieu: Le Miroir & le Bouclier de Justice: La Porte du Paradis?* &c. &c. &c. Je vous demande pardon, ô benîte Image! Je n'avois jamais vû la Vierge Marie; je ne vous avois pas non-plus jamais entendu parler; & qui est-ce qui a vû des choses semblables! *Passe pour le premier coup; va, je te le pardonne. Mais une autrefois, ne sois pas si fou, je te prie, que de manquer à ton devoir. Où en allois-tu donc si vîte?* Messire Jean vient de dire une Messe sur un de vos Autels privilegiés, & il a délivré une Ame du Purgatoire. La pauvre Créature est demi-cuite à la porte, où elle m'attend avec impatience : je m'en allois lui ouvrir. *Et bien va, fais promptement ton affaire ?*

Le plus rare Tableau de Rome se voit à S. Sylvestre du Champ de Mars; c'est [a] l'Image de Jesus-Christ, faite, dit-on, par Jesus-Christ même.

Si vous voulez des Reliques, je vous en fournirai quelques-unes des plus curieuses. L'Arche de l'Alliance se trouvera à S. Jean de Latran, avec la *Verge* de Moïse, la *Verge* d'Aaron, & le prépuce de Jesus-Christ. Une des pieces d'argent que reçut Judas ; La lanterne du même personnage (n'en déplaise à la lanterne de S. Denis en France) & la croix de *Saint Bon-Laron*, sont à l'Eglise de S. Croix de Jerusalem, avec la queuë de l'Asne de Balaam, & l'Echarde de Saint Paul. A S. Marceau, nous aurons la tasse de S. Roch : Autrefois, nous a-t'on dit, ils gardoient quelques rayons de l'étoile des trois Rois, avec les cornes de Moïse : mais les rayons se sont éclipsés ou évaporés, aussi-bien que le son des cloches de Jerusalem ; & les cornes de Moïse ont été transportées à Gênes, où l'on assure qu'elles se voyent présentement.

Le nombril de J. C. est à *S. Maria del Popolo* : si vous voulez sçavoir pourquoi cette

---

[a] On dit que c'est l'Image dont parle J. Damascene, laquelle Jesus-Christ envoya au Roi Abgarus.

Eusebe rapporte les lettres d'Abgarus à J. C. & de J. C. à Abgarus ; mais il ne dit rien de l'Image. Vid. *J. Reiskii Exercitationes, de Imaginibus Christi.*

Eglise a été ainsi nommée, je vous en ferai l'histoire en deux mots. A l'endroit même où elle se voit aujourd'hui, il y avoit autrefois un grand noyer : quantité de Diables étoient toujours perchés sur les branches de cet arbre, pour garder les cendres de Néron, qui étoient proche de-là dans une Urne. Le peuple souffroit beaucoup de toutes les méchancetés que ces Démons faisoient aux passans. Le Pape Paschal II. s'étoit donc mis en jeûne & en oraison, pour tâcher de bannir cette engeance d'Enfer, il lui fut revelé qu'il falloit déraciner l'arbre, & bâtir une Eglise au nom de Marie, dans le même endroit. La chose fut solemnellement executée, tout le peuple y contribua; & voilà Ste. Marie du peuple.

Il faut bien que je vous dise aussi quelque chose de S. Jacques [a] *secouë-chevaux*. On y voit la [b] pierre sur laquelle J. C. fut circoncis, avec l'impression qu'un de ses talons fit sur ce marbre : & l'on y montre encore une autre [c] table de marbre, qui avoit été destinée pour faire le Sacrifice d'Isaac. L'Impératrice Hélene envoyoit, dit-on, ces grosses Reliques, pour être mises à S. Pierre; mais quand la charette se rencontra vis-à-vis de S. Jacques, les chevaux ne voulurent jamais aller plus loin, & on s'apperçut même, que les pierres s'appesantissoient ; ce qui fit juger qu'elles avoient quelque secrette inclination pour S. Jacques,

[a] S. Giacomò Scossa-cavalli.
[b] Sur l'Autel de la Présentation.
[c] Sur l'Autel de Ste. Anne.

plûtôt que pour S. Pierre. D'abord cela ne parût pas trop raisonnable ; mais le hazard ayant fait rencontrer-là quelqu'un, qui se souvint que S. Jacques étoit appellé par S. Paul, Colonne de l'Eglise, aussi-bien que S. Pierre : on se confirma dans la pensée qu'il y avoit du mystere. De plus, quand on auroit eu tous les bufles d'Italie, les Reliques auroient plûtôt reculé qu'avancé ; il fallut donc les mettre-là. En mémoire du fait, on donna à S. Jacques le sobriquet de *Scossa cavalli*.

Vous avez raison de croire que j'ai eu la curiosité d'entendre ici quelques Prédicateurs : mais vous ne devinez pas moins bien, quand vous soupçonnez que j'estime peu leur maniere de prêcher ; & vous en auriez pû dire autant de leurs Prédications. A parler généralement, les Prédicateurs de ce païs, sont des grimaciers. Ils ont bien quelques talens naturels, qui tendent à quelque partie de l'Eloquence ; mais ils ignorent absolument l'Eloquence sublime [a]. Leurs gestes sont des gesticulations outrées : leur variation de voix les jette du fosset à la basse, vingt fois en un quart-d'heure : & leurs

[a] Les plus beaux Sermons, sont ceux qui font rire le plus. Il est vrai que chaque Ordre de Moines a sa maniere particuliere. Les Jesuites passent pour être assez bons déclamateurs : ils parlent bien, & leur geste est des moins extravagans ; mais leur style est des plus guindés. Les Capucins fulminent toûjours, & ne prêchent que des choses terribles, quand ce n'est pas le jour de bouffonnerie : le Purgatoire, l'Enfer, le Jugement dernier, &c. ils s'empoignent la barbe, ils frapent des mains, ils crient

discours n'ont ni force ni gravité. Ils crient, ils se tourmentent : la plûpart de leurs chaires sont comme des balcons, où ils se proménent avec chaleur & avec bruit ; mais tout cela ne prouve rien, ni ne signifie rien. Ils n'ont pas le secret de cette énonciation tantôt douce, & tantôt véhémente, qui charme, qui émeut, & qui enleve l'Auditeur ; & d'ailleurs ils ne débitent que des contes & des sornettes. J'entendis l'autre jour un Carme qui prêchoit sur la Magdeleine, aux Repenties de Ste. Croix, & qui donnoit carriere à son imagination. Pour exalter davantage le Sacrifice que sa Pénitente fit des plaisirs du monde, il insista pendant un quart-d'heure à la dépeindre comme la plus charmante créature qui fût sous le Ciel. Il n'y a point de trait de beauté sur le corps le plus accompli, qu'il ne représentât ; il parloit en Peintre sçavant, plûtôt qu'en Prédicateur ; & je ne sçai s'il ne ressembloit point à Perrin del Vague, qui faisoit presque toujours le portrait de sa Maîtresse, quand il y avoit quelque belle femme à peindre dans une histoire.

Vous ne vous adressez pas trop bien, quand vous me demandez lequel l'emporte de Venise ou de Rome, sur l'article des Courtisannes [a]. Il ne m'en paroît pas tant

d'une maniere à faire peur. Je lisois l'autre jour une assez plaisante remarque, d'un homme qui a écrit sur cela. Il dit qu'à coup sûr, quand un Capucin prêche, il n'y a point de chiens dans l'Eglise ; ils s'enfuyent tous.

[a] *Urbs est jam tota lupanar.* Bapt. Mant. Il n'est pas permis aux Courtisannes d'aller au Cours, ni même ailleurs en carosse

ici qu'à Venise ; mais il ne faut rien conclure de-là, car d'ailleurs on m'assure que le nombre en est presque infini. Quelque entreprenant que fût Sixte V. & quelque envie qu'il eût d'en nettoyer Rome, vous sçavez qu'il n'en pût jamais venir à bout ; & non-seulement cela ; mais après avoir éloigné les plus impudiques, il fut obligé de les rappeller & de les rétablir aussi solemnellement qu'elles l'avoient été par Sixte quatriéme. Ce fut, dit-on, pour éviter de * plus grands péchés. S. Paul dit qu'il vaut mieux se marier que brûler ; & à Rome on ne veut pas brûler, mais on trouve que les femmes d'emprunt sont un meilleur remede.

Cela me fait souvenir de la peinture antique du Palais Aldobrandin, où l'on voit la représentation d'une Nôce, c'est un morceau de toile qu'on a rapporté là, avec la partie du mur sur lequel elle est peinte. Cette piece est fameuse & fort estimée, tant pour son antiquité, que pour la beauté de l'ouvrage. Vous sçavez que les cérémonies du mariage ont été fort differentes, & ont souvent changé parmi les Romains. Ici, la Mariée est assise sur le bord du lit, au lieu

---

* *Roma quid est? Quod te docuit præposterus ordo.*
Quid docuit? Jungas versa elementa, scies :
Roma amor est. Amor est, qualis ? Præposterus. Unde hoc ?
Roma mates — — Noli dicere, plura scio.

se, sur peine de cent écus d'amende pour la premiere fois, & de la corde pour la seconde. Cette Ordonnance fut faite par Sixte V. | & elle subsiste encore. Lorsque ce Pape chassa les Courtisannes, Pasquin chanta le Pseaume *Laudate pueri Dominum.*

que quelquefois elle s'asseyoit sur une toison de brebis ou sur un Dieu Priape. Elle panche la tête & fait la dolente & la difficile, pendant qu'une * Matrone la console d'un air riant, l'instruit, la persuade & lui fait entendre raison. L'Epoux couronné de lierre & tout deshabillé, est assis près du lit avec un air hardi & dans l'impatience sans doute, que son Epouse ait achevé toutes ses simagrées. Quatre ou cinq servantes préparent en divers endroits des bains & des onguents Aromatiques : & une Musicienne joüe de la Lyre, pendant qu'une autre chante apparemment quelque *Hymen io, ô Hymenée !* Quelque Epithalame, ou quelque chanson grasse selon l'usage ordinaire pour rompre les charmes.

* Pronubâ.

Les peintures de la Pyramide de Cestius & celles de cette frise, sont les seules antiques que j'aye vûes jusqu'ici à Rome. Je ne doute pas que ce Mausolée de Cafus Cestius n'ait été détruit ; néanmoins comme c'est un Monument très-beau & très-rare, je vous en dirai quelque chose. La Pyramide est quarrée & finissant en pointe tout-à-fait aiguë. Sa hauteur est de six-vingt pieds, & sa largeur dans sa base, de quatre-vingt-quatorze. La Masse de ce Monument est de brique ; mais tout est revêtu de carreaux de marbre blanc : Alexandre VII. la répara l'an 1673. de sorte qu'elle paroît à-peu-près dans sa premiere beauté. On peut voir par les Inscriptions bien conservées qui s'y lisent, qu'elle a été érigée (a) pour C. Ce-

(a) *C. Cestius. L. F. Pob. Epulo Pr. Tr. Pl. VII. Vir Epulonum.*

tius l'un des sept Officiers qui avoient la charge de préparer les Festins des Dieux.(a) Nous sommes entrés dans ce Mausolée par un passage bas & étroit, qui en traverse l'épaisseur jusqu'au milieu ; & nous y avons trouvé une petite chambre voûtée, longue de dix-neuf pieds, large de treize & haute de quatorze. Cette chambre est toute enduite d'un stuc blanc & poli, sur lequel il reste plusieurs figures de femmes, plusieurs vases & quelques autres ornemens. Je n'entreprendrai pas de vous décrire tout cela par le menu, & encore moins de faire aucune dissertation sur une chose si difficile : je vous dirai seulement, qu'ayant eu divers entretiens sur ces peintures avec de sçavans Antiquaires, j'ai trouvé leurs opinions fort differentes. Les uns prétendent que par rapport à la nature du Monument, c'est un préparatif pour des funerailles. D'autres veulent que ce soit pour un banquet & comme un mémorial faisant allusion à la Charge de Cestius. Une des figures tient un vase, dans lequel les uns mettent de l'eau Lustrale, & les autres du vin. Une autre figure a de grandes flutes : ceux-ci veulent que ce soit pour rire, & les premiers soûtiennent que c'est pour pleurer, chacun se fondant avec quelque droit sur ce distique des Fastes d'Ovide.

Cantabat Fanis, cantabat Tibia Ludis,
Can.abat mœstis Tibia Funeribus.

(a) Blondus prétend que cette Sépulture étoit destinée à tout le College | des Epulons Septemvirs. C'est un sentiment qui est particulier à cet Auteur.

Une chose principalement fait beaucoup en faveur du Festin, s'il m'est permis de dire aussi ce que j'en pense: c'est que les Figures sont habillées de diverses couleurs, ce qui ne s'accommode pas avec les cérémonies des funérailles. Il paroît par l'Inscription d'un piédestal qu'on a déterré proche de la Pyramide, & sur lequel on a lieu de croire qu'étoit la Statuë de Cestius, que ce Romain mourut au commencement de l'Empire d'Auguste; & ceux qui ont recherché les coûtumes d'alors, conviennent que les femmes assistoient en habits blancs aux Convois funébres, le deüil en noir ayant été aboli dès le commencement de la Dictature de Cesar. Au reste, je ne pense pas qu'il y eût grand danger à dire, que ces Peintures en général n'étoient que pour le simple ornement du Tombeau, sans rapport, ni aux Festins, ni aux Funérailles. Le Sépulchre des Nasons si exactement décrit depuis quelques années par M. Bellori, est ainsi tout rempli d'histoires & d'ornemens dont il ne faut point chercher d'autre raison, que le choix du Peintre. La même chose se peut remarquer sur divers autres Tombeaux, & particuliérement sur les Urnes, dont les bas-reliefs représentent une infinité de choses indifferentes.

La maniere dont ces Peintures se sont conservées avec la beauté de leur coloris, me paroît une chose considerable. Vous sçavez que (a) la peinture en huile est une

---

(a) Jean de Bruges, du | venta l'an 1450.
païs de Gueldres, l'in- | [D'autres disent que ce

Invention nouvelle ; celle de ce Tombeau n'est qu'une simple détrempe qui ne pénétre pas l'enduit ; cependant il y a quelques endroits, dont la vivacité ne paroît point du tout alterée.

§. *Voici ce qui se lit sur le Tombeau de Cestius.*

Opus absolutum ex Testamento
Diebus 320.
Arbitratu
Pont. P. F. Clamelæ
Heredis & Ponthi L.

La Pyramide de Cestius n'est qu'à deux cens pas de la petite montagne qu'on appelle communement *il Doliolo* ou le *Monte testaccio*, la montagne des pots cassés. (a) Cette petite montagne a environ un demi mille de circuit, & cent cinquante pieds de hauteur perpendiculaire. La recherche de ce qui pouvoit avoir causé ce grand amas de vaisseaux de terre rompus, a fait dire cent choses differentes ; mais voici l'opinion la plus générale. La montagne étant proche du Tibre, on suppose que les Potiers de terre travailloient tous en cet endroit, tant

Jean étoit appellé de Bruges, parce qu'il étoit de la Ville de Bruges.]

(a) D'autres croyent que cette petite montagne est composée des débris des Vases dans lesquels les Provinces apportoient leurs Tributs à Rome. Cette opinion est à mon avis sans fondement. On trouve assez frequemment des Scorpions au *Doliolo*, mais leur poison est foible & lent.

Si on écrase l'animal sur l'endroit qui a été piqué, on est presque aussi-tôt guéri.

pour la commodité de l'eau dont ils avoient besoin dans leur ouvrage, que pour la facilité du transport de ce même ouvrage. On juge qu'ils jettoient en un seul endroit toutes les pieces des vaisseaux qui se cassoient, & on appuye cette pensée d'une autre conjecture, en disant encore qu'ils pouvoient avoir un ordre exprès d'en user ainsi, pour empêcher l'inondation du Tibre de ce côté-là. On ajoûte, que si l'on considere la quantité d'Idoles, d'ornemens, de Temples, de Bains, de Statuës, de cuves, de tuiles, de toutes sortes de vaisseaux, qui se faisoient dans la grande Ville de Rome, on ne s'étonnera pas que le débris qui s'en faisoit aussi chez chaque Potier, ait élevé la petite montagne dont il est question. Ce raisonnement paroit assez juste; néanmoins je le crois mal fondé, parce qu'on n'a pas bien examiné le fait.

§. *Il y a quelques vignes plantées sur cette montagne.*

Des Marchands de vin se sont avisés de creuser des grottes sous cette montagne, pour tenir leurs vins frais : je m'y suis rencontré plusieurs fois & en plusieurs endroits, lorsqu'on travailloit à creuser de semblables caves; de sorte que j'ai eu le tems & le moyen de considerer attentivement tout ce qu'on en tiroit, & je n'ai reconnu, ni fragmens de simulachres, ni morceaux de tuiles, ni débris d'ornemens, ni en un mot aucuns restes ni aucune apparence de toutes les choses que j'ai nommées. En plus de vingt charretées de ces pieces rompues que j'ai fort examinées, je n'ai remarqué que des morceaux d'Urnes, ou du moins, de Vases qui vrai-semblablement ont été des Urnes : ce qui étant posé, on n'a qu'à chercher d'autres conjectures.

Chacun sçait qu'il n'y avoit autrefois que le très-pauvre peuple, qui fût enterré hors de Rome, dans les cavernes que l'on nommoit *Puticuli*. L'usage de brûler les corps ayant duré assez long-tems, il se faisoit une quantité prodigieuse d'Urnes de terre pour les gens de médiocre condition ; & l'on ne doit pas douter que ces Urnes ne cassassent souvent, quelque soin qu'on en pût avoir. Ne pourroit-on donc pas supposer, que par une certaine raison de respect pour des vaisseaux qui avoient servi à un usage sacré, & parce même que quelques parties des cendres des Morts y étoient encore attachées, on se faisoit un devoir d'en entasser tous les débris dans un même lieu ? C'est du moins à-peu-près ce qui se pratique aujourd'hui parmi les Chrétiens ; au lieu de laisser çà & là répandus les os des corps qu'on est obligé de déterrer quand on fait de nouvelles fosses, on les met quelque part en monceaux, pour les conserver tant qu'il est possible, avec quelque sorte d'honneur.

Puisque la réputation du fameux (*a*) Pas-

(*a*) Pasquin étoit le nom d'un Tailleur qui demeuroit proche de-là ; & dont la boutique étoit un rendez-vous ordinaire de Diseurs de nouvelles. Ce Tailleur étoit assez homme d'esprit, de gaye humeur, satyrique, & grand amateur de bons mots ; ses

quin vous fait désirer de le connoître un peu plus particuliérement, aussi-bien que son camarade Marforio, je vous en dirai volontiers des nouvelles. Le premier une Statuë toute tronquée & toute défigurée, que quelques-uns disent avoir été faite pour Alexandre le Grand, d'autres pour Hercule, & d'autres pour un soldat Romain, & qui se rencontre (a) au coin d'un des plus grands Carrefours de la Ville appuyée contre une maison. On dit une assez plaisante réponse que fit (*) Alexandre VI. à ceux qui lui conseilloient de jetter Pasquin dans le Tibre, à cause des Satyres perpétuelles que cette critique Statuë faisoit contre lui : (b) *Je craindrois*, dit ce Pape, *qu'il ne se métamorphosât en grenouille*,

(*) *Vendit Alexander Claves, Altaria, Christum, Emerat Ille priùs vendere iure potest.*

Sextus Tarquinius, sextus Nero, sextus & ipse, Semper sub sextis, perdita Roma fuit.

Conditur hoc tumulo Lucretia nomine, sed re Thais, Pontificis filia, sponsa, nurus.

coups de langue prirent le nom de Pasquinades; & on lui attribuoit tout ce qui se faisoit, ou se disoit de *lardons* dans la Ville. Pour mieux persuader que ces mots piquans venoient de lui, on les affichoit sur la Statuë dont il est question, qui étoit à sa porte; & peu à peu cette Statuë prit le nom de Pasquin. Elle fut trouvée proche d'une maison qui est aux Ursins, vis-à-vis du Palazzo Torres.

(a) *Ad angulum Ariana ædis.* Boiss.

(b) Cette pensée s'attribuë aussi au Pape Adrien IV.

Le mot de *Marforio* vient de *Martis forum*; le lieu où étoit cette Statuë s'appellant autrefois ainsi, aussi bien que *Forum Augusti*.

& *qu'il ne m'importunât jour & nuit.* Marfore eſt auſſi une Figure eſtropiée, qui fut autrefois, diſent quelques-uns, Statuë de Jupiter Panarius, d'autres diſent du Rhin ou de la Nera, qui paſſe à Terni : tout cela eſt incertain, auſſi-bien que l'étimologie des noms de ces deux *Cenſeurs.* Il y a bien de l'apparence qu'on affichoit autrefois les Paſquinades ſur le tronc de Paſquin, mais cela ne ſe pratique plus : tous les libelles ſatyriques ſont ſenſés être de Paſquin, ſans qu'ils en ayent approché. L'ordinaire eſt que Paſquin répond aux queſtions que lui fait Marfore : ce dernier eſt dans une des cours du Capitole, §. *dans le corps de logis à main gauche.*

Les *propos ſententieux* du ſincere Paſquin me font ſouvenir de tous ceux que j'ai lûs à la Villa Benedetti. De quelque côté que l'on ſe tourne dans cette jolie maiſon, on ne voit que proverbes, & que ſentences contre les murailles ſur toutes ſortes de ſujets. Si vous voulez, j'en mettrai ici quelques-unes.

Chi non s'avventura non ha ventura.
Invia Virtuti nulla eſt via.

*

Inter cuncta leges, & per cuncta bere Doctos,
Quâ ratione potes traducere leniter ævum.

* * *

Après la pluye vient le beau tems.

*

Cum Fata ſinunt,
Vivite læti.
Stygias ultro quæritis undas.

***

Poco in pace, molto mi piace!

Pax optima rerum.
Pax materia gaudii.
Dulce pacis nomen.
Candida Pax homines, trux decet Ira feras.

***

Chi paga debito fa capitale.
(*Promeſſa fa debito!*)

Verum oxyperum ſalubris diæta.
Per mangiar aſſai, convien mangiar poco.
Cibi modicus, ſibi medicus.

***

Γλυκαίνει λίμος κυαμȣ́ς.

Chi guarda ad ogni penna non fa mai letto.

***

Splendida magnificis paupertas regnat in Aulis.

Tout ce qui reluit n'eſt pas or.

***

Quis dives? *qui nil cupiat.* Quis pauper? *Avarus.*

Gran pazzìa il viver povero per morir ricco!

***

Bona Mulier donum Dei magnum!
Jucunditas à Domino!

Donne di feneſtre, uve di ſtrada.

***

Si qua voles aptè nubere, nube pari.
Elige cui dicas, Tu mihi ſola places.

Γυν'α, περὶ δ ἄτη.
* * *
Donna virtuosa non sa star otiosa.
*

Si Fortuna juvat, caveto tolli.
Si fortuna tonat, caveto mergi.
Fortiter ille facit, qui miser esse potest.
* * *
Bonne renommée vaut mieux que ceinture dorée.
*

Decet timeri Cæsarem, at plus diligi.
Quo terret plus ille timet; sors ista Tyrannis.
Sequitur superbos à tergo Deus.
* * *
Buon Rè degli altri è Re di se stesso.
*

SALUS POPULI SUPREMA LEX.
* * *
A bon chat, bon rat.
Qui se fait brebis, le loup le mange.
*

Μελίτη τὸ πᾶν.
* * *
§. Il grasso sempre Vuol esser di sopra.
* * *

Vive tibi, & longe nomina magna fuge.
Dives aut iniquus est, aut iniqui hæres.
Nobilitas sola est atque UNICA virtus.
* * *
Il n'est si bon chartier qui ne verse.
*

Qui nihil potest sperare, desperet nihil.
Ipsa dies quandoque parens, quandoque Noverca.

Guardati da aceto di vin dolce.

Qui procul à curis, ille lætus.
Si vis esse talis,
Esto ruralis.

Nécessité n'a point de Loi.

Ne sæpius homo ab homine.

Selon le bras, la seignée,
Qui trop embrasse, mal étreint.

Quæ supra nos, nihil ad nos.
-- tractent fabrilia fabri.

Chi non sa niente, non dubita di niente.

Patria est ubicunque bene.

Un nemico e tropo, & cento amici non bastano.

Mus non uni fidit antro.

Mieux vaut tard que jamais.

Omnes una manet nox,
Et calcanda semel via lethi.
Flos levis, Umbra fugax, Bulla caduca sumus.

Je suis fâché de n'avoir pas tant de merveilles à vous raconter de Frescati & de Tivoli, que vous vous en êtes imaginé. Ce sont de fort agréables lieux, & je dirai
même

même de beaux lieux si l'on veut. Mais si nous établissons ce principe, que les choses qui passent pour belles, doivent être plus ou moins estimées, selon le rapport que l'on en doit faire des unes aux autres, & qu'ainsi la beauté des roses & des œillets, par exemple, efface tellement le petit éclat des fleurs champêtres, qu'on ne fait presque point d'attention sur celles-ci ; je crois, pour parler sincerement, que si je compare Frescati à Versailles, ou seulement à quelques autres Maisons de plaisance, qui se voyent en divers lieux de France, & qui ne sont point des Maisons Royales ; je suis persuadé, dis-je, & je puis affirmer positivement, que les Merveilles de Frescati ne pourront être appellées que de jolies choses, non plus que celles de Tivoli, ni de tout ce qu'il y a de plus rare, en fait d'Eaux & de Jardins, aux environs de Rome.

Frescati [a] est une fort petite Ville sur le penchant de la montagne, à douze milles de Rome. On y voit plusieurs maisons de plaisance, dont les trois principales sont, Monte-Dracone, au Prince Borghese : Belvedere, au Prince Pamphile ; & Villa Ludovisia, à la Duchesse de Guadagnole, sœur du Connétable Colonne. Tout cela ressemble à Versailles, comme la Ville de Frescati ressemble à celle de Rome ; ou comme deux ou trois arbres ressemblent à un beau païsage. FRESCATI, autrefois Tusculum.

Monte-Dracone est une assez grande Maison, sur une hauteur d'où l'on découvre

---

[a] Kirker prétend que cette Ville a été bâtie trois cens ans avant la guerre de Troyes.

Tome II.

Rome, & toute l'étenduë de la plaine qui est entre deux. Mais Rome est un peu trop loin, pour être vûë de ce lieu-là avec plaisir; & le tapis verd de la plaine est trop uniforme, il n'est pas orné de toutes ces varietés dont un païsage veut être embelli: La vûë de S. Clou sur Paris, est infiniment plus belle. Il est vrai qu'on trouve plus de diversité, quand on regarde du côté de Monte Portio, mais aussi la vûë est-elle beaucoup plus bornée. Les avenuës de Monte-Dracone sont fort difficiles ; & à dire les choses naïvement, il n'y a pour le present, ni Jardins, ni fontaines, qui meritent beaucoup qu'on les décrive.

Belvedere est à peu-près dans la même situation que Monte-Dracone. Il y a une jolie cascade, & une grotte où l'on voit Apollon sur le Parnasse avec les neuf Muses. On dit que toutes ces statues joüoient de la flute, quand les machines étoient en bon état.

La cascade de la Villa Ludovisia, fait aussi le principal ornement du Jardin. Les ameublemens ne sont que fort médiocres, dans ces trois maisons ; & tout en général y est négligé.

TIVOLI. autrefois Tibur. Tivoli [a] est aussi une petite Ville sur un côteau, à dix-huit milles de Rome. Le Duc de Modéne y a une Maison de plaisance, qu'on appelle ordinairement le Palais du Cardinal d'Est, parce qu'elle est destinée aux Cardinaux de cette Maison, quand il y

[a] Ce que le peuple ignorant appelle *Tivoli Vecchio*, n'est autre chose que la *Villa Hadriani*, Spon.

en a. Ce Palais est grand, & d'assez belle apparence, mais les appartemens n'en sont pas fort beaux, non plus que les ameublemens. Les trois chambres peintes à fresque par Raphaël, sont ce qu'il y a de plus rare, avec quelques statuës antiques. Le jardin n'est pas fort grand, mais il est agréablement disposé en terrasses, & les machines hydrauliques y surpassent de beaucoup celles de Frescati; elles l'emportent même, dit-on, sur tout ce qui s'en voit en Italie. Malheureusement la plûpart des canaux sont bouchés, & les machines en mauvais ordre. Tout est [a] présentement si fort négligé dans cette maison, qu'on ne peut voir son reste de beauté, sans un plaisir mêlé de regret. Au reste, ce seroit une chose injuste, de ne loüer pas un lieu, qui étant consideré simplement en lui-même, a quantité d'agrémens & de choses curieuses : aussi ne prétens-je rien diminuer de son prix. Je combats seulement le préjugé trop avantageux, que quantité de gens en ont, afin qu'on ne s'éloigne pas de la juste idée qu'il en faut avoir, & qu'on n'en fasse accroire à personne. Peut-être que les Jardins, & les Eaux d'Italie, ont autrefois mérité d'être préferées à celles de France & d'ailleurs; je n'entre pas dans cet examen; mais quoi-qu'il en soit, les choses ont changé de face; on doit donc aussi changer le langage. Il faut que je vous avouë que ma surprise a été des plus grandes, quand j'ai vû toutes les petites choses qui sont ici, après avoir entendu

[a] 2. Avril 1688.

mille fois exalter les eaux d'Italie, comme s'il ne s'en trouvoit point dans l'Univers, qui leur puſſent être comparées. Le Palais & les Jardins d'Eſt, ont coûté, dit-on, trois millions à bâtir, à la bonne heure; mais il faut qu'on ſçache que Verſailles a des magnificences incomparables; que les eaux de Verſailles, ſurpaſſent & engloutiſſent un million de fois celles de Tivoli; que le ſeul plomb des canaux de Verſailles a dix fois plus coûté que tout Tivoli.

La Caſcade du (a) Tévérone eſt la choſe la plus remarquable de cette petite Ville. Cette Riviere fait une nappe fort belle & fort large, mais la chûte n'en eſt pas fort haute. On fait voir près de-là les ruines d'un ancien bâtiment, que l'on dit avoir autrefois été (b) la maiſon de la Sibylle; mais ce ſont des diſcours fabuleux, qu'on pourroit refuter par bien de bonnes raiſons. Il y a dans la Place deux Statuës antiques d'un granite rougeâtre tacheté de noir, qui ſelon M. Spon, repréſentent toutes deux la Déeſſe Iſis. Ce même Auteur ſuppoſe qu'Adrien les avoit fait venir d'Egypte, pour ſervir d'ornement à ſa maiſon de plaiſance de Tivoli.

La montagne de Tivoli fournit de tems immémorial, la plus grande partie de la pierre dont on ſe ſert à Rome : c'eſt ce qu'on appelle le *Travertin* par corruption

---

(a) On trouve dans cette riviere de petits cailloux blancs qu'on appelle *Dragées de Tivoli*. Du *Val*.

(b) D'autres diſent que c'étoit un Temple d'Hercule.

du nom de *Tyburtin*. Tout le Collifée en étoit revétu, & la façade de l'Eglife de S. Pierre en eft bâtie. Cette pierre, comme vous voyez, eft d'un très-bon ufage, mais elle eft jaunâtre & poreufe : votre carreau de Portland, auffi-bien que celui de Paris & celui de Caën, font un plus bel effet.

Alexandre Taffoni dans fes penfées diverfes, rapporte un fait mémorable que vous ne ferez pas fâché que je vous dife ici, à l'occafion des carrieres de Tivoli. Il n'y a que (a) peu de jours, dit cet Auteur, que les manœuvres qui tiroient de la pierre à Tivoli, en ayant fendu un gros quartier, y trouverent un vuide. Dans ce noyau il y avoit une écreviffe vivante qui pefoit quatre livres; les manœuvres la cuifirent & la mangerent. J'ai lû dans un autre Alexandre, c'eft Alexandre d'Alexandrie, qu'il avoit trouvé un diamant taillé dans le cœur d'un grand morceau de marbre, & dans un autre quartier de femblable marbre, une affez raifonnable quantité d'huile douce & odoriferante. (b) Le Taffoni raconte que la même année, il arriva à Tivoli qu'une chate alaita un rat. Si ces faits étoient bien certains, je ne penfe pasqu'ils vous pluffent moins que les Cafcades des Jardins d'Eft.

A trois mille de Tivoli, nous avons paffé en revenant au petit Lac appellé *Lago de* Lacus Albuncus.

(a) Il écrivoit il y a cinquante ans. §. C'eft-à-dire, il y a plus de cent ans en 1742.

(b) Ba-t. Fulgofe parle d'un ver vivant, qui fut trouvé dans le cœur d'un caillou.

bagni ou *folfatara* ; le peuple lui donne auſſi le nom des *ſeize barquettes*, à cauſe des ſeize Iſles flotantes qui ſont ſur ce Lac. Ce n'eſt que comme un petit étang à-peu-près rond & large de deux cens pas. L'eau en eſt extrêmement tranſparente & d'une couleur qui paroît fort bleuë. Il en ſort un aſſez gros ruiſſeau, qui coule rapidement & qui ſe jette près de-là dans l'Anieno. (*a*) Le lac & le ruiſſeau exhalent une odeur de ſoufre, qui frappe vivement & qu'on ſent de fort loin. Le dernier Cardinal d'Eſt ayant eſſayé en vain de ſonder la profondeur de ce Lac, y fit entrer deux plongeurs, l'un deſquels n'a jamais été vû depuis : l'autre rapporta qu'il avoit trouvé l'eau ſi chaude, quoiqu'elle ſoit froide ſur la ſuperficie, qu'il ne lui avoit pas été poſſible de deſcendre fort bas. La terre eſt ſéche & creuſe par deſſous, tout au tour des bords du Lac : on peut juger de la concavité par le bruit ſourd que font les chevaux en marchant. Vrai-ſemblablement ce qui paroît de ce Lac, n'eſt que la petite ouverture d'un vaſte abîme, qui s'élargit & qui s'étend fort loin par deſſous à droite & à gauche ; & l'on peut conjecturer, ce me ſemble, touchant le premier plongeur, ou que s'étant précipité trop avant, il fut ſurpris par la chaleur de l'eau ; ou que s'étant écarté dans quelque golfe ſouterain, il vint donner la tête contre la voûte, au lieu de rencontrer à point nommé l'ouverture qui fait

(*a*) On prétend que l'eau de l'Anieno a une vertu ſinguliere, pour blanchir les dents & l'yvoire. *Schn.*

ce Lac. Quoiqu'il en soit à l'égard de la premiere conjecture, il faut nécessairement croire que le corps fut porté dans quelque écart, puisqu'il ne revint jamais sur l'eau.

On voit sur le bord de ce Lac d'anciennes masures, que les Antiquaires appellent les Thermes d'Agrippa. La plus grande des Isles flottantes est d'un oval parfait, & la longueur est de quinze pieds ou environ. Elles sont toujours toutes ensemble du côté que le vent les pousse : pour peu qu'on y touche, on les fait reculer comme on veut. Deux personnes de notre compagnie, se sont mis sur l'une des plus petites, l'ont fait éloigner du bord en poussant la terre de la pointe de l'épée seulement.

J'ai encore diverses choses à remarquer des principales maisons de plaisance qui sont autour de Rome, quoique mon dessein ne soit pas d'en entreprendre la description, comme je vous l'ai déja dit.

La Vigne Borghese, m'a paru la mieux entretenue de celles que nous avons vûes. C'est assurément un lieu très-agréable & digne d'un grand Prince. La maison est presque toute revétue en dehors de bas-reliefs antiques, qui sont disposés avec tant de symétrie, qu'on les croiroit avoir été faits exprès pour être placés comme ils le sont. Entre le grand nombre de Statues dont les appartemens de ce petit Palais sont remplis, je distinguerai seulement le Gladiateur dont vous voyez la copie, en bronze (a) au bout du Canal du Parc de *S. Ja-*

(a) Sur la base est écrit. Αγασιας Δωσιθεου Εφεσιος ποιει.

mes. La Junon de porphyre, la Louve de Romulus d'un fin marbre rouge d'Egypte; les Buſtes d'Annibal, de Seneque, & de Pertinax; l'Hermaphrodite & le vieux Silene, qui tient Bacchus entre ſes bras.

Le David frondant Goliath, l'Enée qui emporte Anchiſe & la métamorphoſe de Daphné (*a*), ſont trois pieces modernes du Cavalier Bernin, qui méritent d'être miſes au rang des premieres. Je ne finirois pas, ſi je vous parlois auſſi des rares peintures: le S. Antoine du Carache & le Chriſt mort de Raphaël, ſont eſtimés les deux principales.

La Vigne Borgheſe, je le répeterai encore, eſt un endroit délicieux. Si toutes les magnificences royales que l'on peut voir ailleurs, n'y ſont pas ſi ſplendidement étalées, on y trouve des beautés plus douces & plus touchantes; des beautés tendres & naturelles, qui font plus naître d'amour, ſi elles n'inſpirent pas tant de reſpect. J'ajoûterai encore, que Rome étant la ſource des Statuës & des Sculptures antiques, quelques-unes deſquelles ſont dit-on inimitables: il faut que le reſte du monde céde en cela à la maiſon d'un Gentilhomme Romain. §. *Les Jardins & le Parc, quoique charmans, ſont ce qu'il y a de moins conſiderable. Les quatre faces du bâtiment ſont*

___
(*a*) Cette ſtatuë eſt une des plus parfaites d'Italie. L'homme eſt dans l'âge de la plus grande vigueur. Beau naturel, belle attitude. Ni foible & feminin, comme le *Lantin* & l'*Apollon*, ni muſclé à outrance comme l'*Hercule*.

ornée depuis le haut jusqu'en bas de Reliefs antiques & d'une grande beauté. Le dedans renferme des trésors, dont les copies font l'ornement des Jardins les plus beaux de l'Europe.

Comme nous nous promenions dans le petit Parterre, le Jardinier nous a fait remarquer une Hyacinthe blanche double, dont il dit que l'oignon fut payé l'année derniere cinq cens écus. Je sçai qu'on a vendu des Tulipes en Flandres jusqu'à quatre & cinq cens pistoles, tant étoit grand l'entêtement qu'ils avoient pour ces fleurs. Il n'y a plus de quoi s'étonner du prix des pierreries, puisqu'on en donne un si haut à la beauté du monde, qui a le moins de durée.

La *Villa Ludovisia* est beaucoup négligée, ce qui est causé par l'absence du Prince de Piombino qui en est le possesseur. On y voit un monde de Statuës antiques. Le (a) Gladiateur qui expire & qui est par tout connu sous le fameux nom du Mirmille mourant, est celle dont les Connoisseurs font le plus de cas : on l'estime une somme infinie ; & effectivement ces sortes de choses n'ont point de prix. Cependant, j'apprends que le pauvre Prince à qui elle est, balance à la vendre ou à l'engager pour quinze mille écus que D. Livio Odescalchi lui en offre. Le Fulvius, le Groupe qu'ils appellent de la Concorde, l'Esculape, l'Anto-

_____

(a) Il y avoit trois principales sortes de Gladiateurs ; *Andabates, Retia-rii, & Myrmillones.* P. Gautr.

nin Pie, les deux Apollons, les deux Gladiateurs qui se reposent, le Faune avec la Venus, &c. sont autant de très-belles pieces : les meilleurs tableaux ont été transportés avec les principaux meubles. On nous a fait voir un bois de lit sur lequel sont enchassées plusieurs sortes de pierres précieuses, & qui a coûté, dit-on vingt mille pistoles : présentement il est tout délabré. Dans la même chambre on montre un petit monceau d'os, qu'on dit être un squelette d'homme pétrifié : c'est une méprise, les os ne sont nullement pétrifiés ; mais il s'est amassé tout autour une croûte candie, une certaine incrustation pierreuse qui les a fait nommer ainsi ; je ne veux pas dire pour cela que les os ne se pétrifient comme autre chose. Il n'y a rien, à ce que l'on dit, qui ne puisse se pétrifier. Dans les divers Cabinets que nous avons visités jusqu'ici, j'ai remarqué cent sortes de choses ou plûtôt cent figures de choses pétrifiées ; des fruits, des fleurs, des arbres, du bois, des plantes, des os, des poissons, du pain, des morceaux de chair, des animaux de toutes sortes : à la vérité je ne voudrois pas être garant de toutes ces Métamorphoses. Paré dit avoir vû un enfant qui s'étoit pétrifié dans le ventre de sa mere ; & l'histoire de notre siécle nous parle (a) d'une

---

(a) La Ville de *Biedoblo*. Vide Mund. subt. Kirkeri. Aventin, dans ses Annales de Baviere, parle de plusieurs hommes de ce Païs-là, qui pendant qu'ils trayoient leurs Vaches, furent subitement changés en statuës de sel. Cela étant arrivé par la force de cer-

Ville d'Affrique pétrifiée en une seule nuit, avec hommes, bêtes, arbres, uftensiles de ménage & tout ce qui étoit dans la Ville fans aucune exception; le croira qui voudra.

La Vigne Chigi abonde en petits jets d'eau qui ne manquent guéres de moüiller les curieux, si l'on n'a le soin d'y pourvoir en entrant par quelque gratification au Jardinier. On y voit un Cabinet de curiosités, dont le petit Adrien de Diaspre Oriental est la piece la plus estimée.

Les grandes allées de la Vigne Montalte ou Savelli, ses Statuës & ses Tableaux, la mettent au rang des plus considerables. On y voit encore la petite chambre grise de Sixte V. lorsqu'il étoit Cardinal Montalte, & comme vous sçavez, Franciscain. Le Germanicus, le Pescenius Niger, le Scipion, l'Adonis, la Déesse Nænia, & le Gladiateur de pierre de touche, sont comptés entre les principales Antiques; & entre les Tableaux, le Christ mort de Raphaël, le S. François du Carache, la Vierge & le Bacchus du Guide, avec le S. Jean de Pomarancio.

Les Jardins de la Vigne Pamphile seroient a mon gré les plus beaux de tous, s'ils étoient mieux entretenus. On y remarque plus de dessein, plus de symétrie, une distribution mieux ordonnée en toutes choses. La maison est ornée par dehors de très-beaux bas-reliefs antiques, comme

tains esprits qui s'éxhalent tous au tour d'eux, | pendant un grand tremblement de Terre, l'an 1348.

l'eſt celle de la Vigne Borgheſe, & le dedans n'en eſt pas moins rempli ; mais il eſt arrivé bien du déſordre aux plus belles Statuës par l'accident que je vais vous dire. Le Prince Pamphile étant encore fort jeune, fut inſtamment ſollicité par les *Jeſuites* d'entrer dans leur Societé ; il ſe trouva effectivement dans quelque penchant à le faire, & les intereſſés n'oublierent rien, pour tâcher de ſe l'acquerir par l'endroit de la dévotion, auquel ils ſçavoient bien qu'il étoit fort ſenſible. Entre autres choſes, ils s'aviſerent de déclamer contre l'indécence des nudités de marbre que le Prince avoit dans ce Palais ; & les délicates conſciences de ces Caſuiſtes ſeveres, l'obligerent enfin à faire (a) couvrir diverſes parties de ces nudités. Ce pauvre Prince fit donc mettre des chemiſes de plâtre à tout ſon peuple de marbre, hommes, femmes & petits enfans. Cette reforme fut bien douloureuſe à quelques perſonnes, ſur-tout aux Peintres, aux Sculpteurs & aux Antiquaires ; mais nulle conſideration humaine ne fut capable de détourner le pieux deſſein de cacher tant d'objets prétendus tentatifs & ſéditieux. Tout fut martelé & plâtré ſans miſericorde, à la reſerve d'un petit Bacchus qui échappa, je ne ſçai comment, comme le jeune (b) Seigneur de la Force, au maſſacre de la S. Barthelemi. Une pauvre Venus, l'un des Chefs-d'œuvres du fa-

(a) Le Duc Mazarin, & la feuë Ducheſſe de Guiſe même folie. (b) Il fut fait Duc en ont fait ces jours paſſés la ſuite.

meux Carache, fut barboüillée depuis les pieds jufqu'à la tête, & métamorphofée en je ne fçai combien de chofes, qui rempliffent préfentement le coin du Tableau, dont elle occupoit la plus belle partie.

Il arriva pourtant enfin, que le Prince ayant changé d'efprit & s'étant réfolu de préferer la focieté de fa Princeffe à la focieté de la *Societé*, l'envie le reprit de remettre le monde comme il étoit au commencement. Il fit donc ôter tout ce vilain mortier dont on l'avoit couvert ; mais malheureufement les maçons avoient fouvent ruftiqué le marbre, afin de mieux attacher le ciment ; de forte que la plûpart de ces belles pieces font fort endommagées.

Je ne veux pas oublier de vous dire que j'ai remarqué à la Vigne Savelli, un Sacrifice d'Abrahâm de l'Efpagnolet, dont la maniere n'eft pas ordinaire. Au lieu qu'on a coûtume de peindre Ifaac à genoux & les yeux bandés, fous l'efpadron à la Suiffe ou fous le fabre à la Turque de fon Pere Abraham, qui lui va trancher la tête à la Françoife, l'Efpagnolet ne lui a mis en main qu'un fimple coûteau de Sacrifice, comme s'il étoit prêt à l'égorger ; ce qui eft plus conforme à la vérité de l'hiftoire.

Je ne fçai pas non plus pourquoi ils ont accoûtumé de repréfenter Ifaac comme un fort jeune garçon. Il eft dit expreffement, comme l'a remarqué le Ch. Th. Brown, que tout le bois qui devoit confumer l'holocaufte fut mis fur fon dos pour être porté fur la montagne; (*Genefe.* 22. 6.) ce qui étoit un fardeau fort pésant. Joseph dit qu'Isaac avoit alors vingt-cinq ans. *Ant. Jud. L. 1. ch. 13.*

Jules Romain fut l'Architecte de la maison de plaisance du Duc de Parme, qui est communément appellée *Vigne Madame*. Cette maison n'est, ni grande, ni magnifique, mais d'une beauté réguliere & sans fard, & la situation en est extrêmement agréable. D'un côté, l'on découvre distinctement Rome, avec des jardins & quantité de jolies maisons. D'un autre côté, ce sont des collines bien cultivées : vis-à-vis le Tibre serpente entre les prairies & les campagnes ; & dans le lointain, les cornes de l'Apennin tout couvert de neige, se confondent imperceptiblement avec les nuës. Par derriere le Palais est accompagné de bois de haute-futaye, dont les allées fraiches & solitaires, ont des charmes incomparables. Les jardins sont en terrasse ; & les Statuës, ni les Fontaines n'y manquent pas.

Je pourrois vous dire bien des choses encore touchant les Vignes Médicis, Matthei, Lanti, Cesarini, Justiniani, & quelques autres ; mais vous vous lasseriez peut-être enfin de n'entendre parler que de Statuës & de Peintures. J'en demeurerai donc là, & je finirai aussi cette longue légende. Je suis,

Monsieur, Vôtre, &c.

A Rome ce 11. Avril 1688.

LETTRE XXVII.

MONSIEUR,

Je commencerai cette Lettre par répondre aux questions que vous me faites touchant le Tibre. (*a*) Il est certain que cette Riviere n'est pas d'elle-même assez considérable, pour s'être renduë aussi fameuse qu'elle l'a été. Elle est sans doute redevable de l'honneur qu'elle a d'être si connuë, à la réputation de la célébre Ville qu'elle arrose, si ce n'est que peut-être elle n'eût fait du bruit par ses débordemens. Néanmoins il est vrai aussi, qu'on en a souvent parlé avec trop de mépris. Les grands Fleuves ont été jaloux de sa gloire, & l'ont traitée de ruisseau bourbeux, comme je vois qu'on vous l'a représentée. Vous pouvez compter, qu'à parler généralement, le Tibre est large dans Rome d'environ trois cens pieds ; qu'il est assez rapide, & qu'il a beaucoup de profondeur (*b*). Suetone rapporte qu'Auguste le fit nettoyer, & que même il l'élargit un peu, afin de faciliter son cours. D'autres Princes ont fait aussi

---

(*a*) Le Tibre a autrefois été nommé *Rumon, Terentus*, & *Albula*. Il reçoit quarante rivieres avant que d'arriver à Rome.

(*b*) Le Pont Saint-Ange est long de trois cens trente pieds, & le Pont Sixte de trois cens.

tous leurs efforts, pour empêcher les désordres de ses inondations ; mais leurs soins ont presque été tout-à-fait inutiles. (*a*) *Le Sirrocco-levante* qui est le Sud-Est de la Mediterranée, & qu'ils appellent ici le vent marin, soufle quelquefois avec une si terrible impetuosité, qu'il repousse, ou du moins qu'il arrête les eaux du Tibre à l'endroit de son embouchure (*b*). Et quand il arrive alors, que les neiges de l'Apennin viennent à grossir les torrens qui tombent dans le Tibre, ou qu'une pluye de quelques jours produit le même effet ; la rencontre de ces divers accidens, fait nécessairement enfler cette riviere, & cause des inondations qui sont le fleau de Rome, comme les embrasemens du Vésuve sont le fleau de Naples. On voit des inscriptions attachées en divers endroits contre les maisons, pour marquer l'année, & la hauteur du débordement.

L'eau du Tibre est toujours trouble & jaunâtre ; mais quand on la laisse reposer du soir au lendemain, elle devient tout-à-fait claire & belle, & l'on assure qu'elle est aussi parfaitement bonne. Cependant je vois qu'on a toujours fait des dépenses prodigieuses, pour faire venir d'autres eaux à Rome : on a détourné d'autres rivieres, on a

---

(*a*) Quelques Antiquaires ont écrit qu'il n'étoit pas permis de bâtir sur les bords du Tibre, par respect pour ce Fleuve sacré. Mais c'est une erreur : Il est aisé de prouver le contraire. Claudien & plusieurs anciens Auteurs sont précis sur la quantité de beaux Edifices, qui étoient sur les rives du Tibre.

(*b*) La plus grande inondation arriva sous Clement VIII. l'an 1598. au mois de Décembre.

percé des montagnes, on a élevé de grands aqueducs : & ce que l'on faifoit autrefois, on le fait encore aujourd'hui. *L'Aqua-felice* vient de vingt milles de Rome, & coûta près de quatre cens mille écus au Pape Sixte V. Et vrai-femblablement il a fallu de bien plus grands frais pour (*a*) la fontaine du Montorio, puifqu'elle vient de beaucoup plus loin.

Je vous dirai quelque autre chofe du Montorio, puifque je m'y rencontre. On y voit, fur le grand Autel de l'Eglife des Francifcains, le merveilleux tableau de la Transfiguration, qui eft le dernier ouvrage & le chef-d'œuvre de Raphaël. Et proche de cette Eglife, on va vifiter avec grande dévotion, la Chapelle qui eft bâtie dans le même endroit où l'on dit que S. Pierre fut crucifié. Ils ont fait au milieu de cette Chapelle, un trou affez profond, où ils affurent que la Croix étoit plantée. Vous fçavez ce que Platine après quelques autres difent, que S. Pierre voulut être crucifié la tête en bas, ne s'eftimant pas digne d'être traité de la même maniere que J. C. Le tableau de cette crucifixion fe voit à l'Eglife de Saint Paul aux trois fontaines, de la main du Guide ; & dans la même Eglife, on montre une colonne, fur laquelle on raconte que S. Paul fut décapité. C'eft un beau fu-

---

(*a*) *Paulus V. Pontif. Max. aquam in agro Braccianenfi faluberrimis è fontibus collectam, veteribus aquæ Alfeatinæ ductibus reftitutis, novifque additis xxxv. ab urbe milliario duxi. An. Dom.* 1612. *Pontificatus fui feptimo.*

jet de critique, entre les curieux sur ces sortes de choses, de sçavoir comment cette exécution pût être faite sur une colonne.

Cette colonne me fait souvenir de celle que nous vîmes il y a quelques jours dans le Cloître de S. Jean de Latran : c'est la colonne sur laquelle le coq de S. Pierre chanta. Dans le même lieu, on en fait voir un autre, qui se fendit tout du long, & qui se sépara le jour de la Passion. On y montre une (*a*) mesure de la hauteur de J. C. à laquelle, dit-on, personne ne s'est jamais trouvé tout-à-fait égal. On y garde la (*b*) pierre, sur laquelle les Soldats de Pilate tirerent au sort, à qui auroit la robe de J. C. Les dez, nous a-t'on dit, sont à Umbriatico, ville de la Calabre. §. *citerieure.* Je ne vous parlerai ni de l'Autel percé par une *Hostie* qui s'échappa des mains d'un incrédule, ni des autres curiosités que l'on a ramassées sous les portiques de ce Cloître. Mais je vous dirai encore que j'y ai vû la chaise percée dont vous me demandez des nouvelles, & qui servoit autrefois à la cérémonie, dans laquelle (*c*) on s'assuroit du genre des Papes :

(*a*) Justement six pieds d'Angleterre, & l'épaisseur d'un écu.

(*b*) Elle est de porphyre, longue de quatre pieds, & large de trois.

(*c*) Après avoir examiné les Témoins, on crioit à haute voix : Ἄῤῥην ἐςιν ἡμῖν ὁ δεσπότης. Mas nobis Dominus est. Nous avons un Seigneur ou un Pape mâle. Leon Calchon. - - - *altâ voce exclamabant,* Testiculos habet, dignus est Papali Coronâ. - - - [*at nemo jam ad Pontificatum promovetur, qui suæ virilitatis, non dederit antea satis efficax testimonium.*] J. J. Boissard.

Tom. 2. Pag. 259.

la Chaise percée de S.t Jean de Latran

c'est une maniere de fauteüil, d'une seule piece de porphyre. (§.)

Que la raison de cet examen ait donné lieu à l'ancien usage de cette chaise, ou qu'elle ait été faite, comme d'autres ont dit, pour faire ressouvenir les Papes qu'ils ne sont pas Dieux, mais véritables hommes, & sujets à toutes les infirmités humaines, ou qu'on s'en soit servi pour ces deux choses en même tems; comme il semble que ce soit le sentiment de Platine, dont le langage est un peu obscur en cet endroit, j'en laisse volontiers avec vous la question indécise. Mais pour l'affaire de la Papesse, j'en parlerai d'une autre maniere; & *puisque vous me donnez lieu d'ajoûter ici quelques réflexions à ce que quantité de* gens ont dit sur cette matiere, je vous dirai franchement que je ne trouve point de solidité ni dans vos objections, ni dans aucune de celles qui se sont faites contre cette histoire.

Il est vrai que quelques Docteurs Protestans l'ont traitée de fable, aussi-bien que les Docteurs Catholiques Romains de ces derniers siécles, soit qu'en effet ces premiers l'ayent estimée telle; soit par je ne sçai quel esprit de distinction, ou par une certaine sorte de complaisance qu'ils se seroient bien passés d'avoir. Mais chacun a ses sentimens. Nous ne jurons sur la foi de personne. Pas-

(§.) *Les Antiquaires conviennent assez communément que c'est une espece de chaise assez commune chez les Romains. Elle étoit percée peut-être pour la commodité, & pour empêcher que sa dureté ne blessât, & peut-être pour certains usages. Il y en a plusieurs semblables en différens endroits de Rome.*

sons donc au fait, *puisque vous le voulez*, & voyons le pour & le contre, le plus briévement qu'il nous sera possible.

Pour moi, je ne vois rien du tout qui empêche que cette avanture ne puisse être mise au nombre d'une infinité d'autres faits extraordinaires que l'histoire rapporte ; & ausquels il est injuste de refuser sa créance. Nous trouvons soixante-dix ou quatre-vingt Auteurs, (*a*) qui en differens tems racontent la même chose. Ces Auteurs-là sont des gens bien sensés : ce sont des gens qu'aucun profit, ni aucun honneur ne devoit faire parler ainsi. Tout au contraire, l'interêt de leur Religion, & la crainte de quelque châtiment, vouloit plûtôt qu'ils tinssent cette avanture cachée. Quelle folie donc, quelle extravagante pensée auroit-ce été à tous ces gens-là, d'aller inventer une fable de cette nature, avec toutes les circonstances qui l'accompagnent ? & de quelle évidence voulons-nous aussi que soient des témoignages, pour les trouver capables de nous persuader ce que nous ne voyons pas ?

Je vous avoue que le bel esprit d'incrédulité fait ici, ce me semble, une fort mauvaise figure. Mais, me direz-vous, on ne s'en tient pas à la simple négative : on s'appuye sur diverses raisons, qui méritent d'ê-

---

(*a*) Blondel en avouë soixante & onze Grecs, Latins, gens canonisés, & autres.
Et le fameux Estienne

Pasquier dit que aucun de ces Auteurs ne se trouve avoir été mal entalenté contre la dignité du Saint siége.

tre bien examinées ; & tout bien compté, on trouve que l'histoire de la Papesse n'est pas une avanture croyable.

Dans un moment, j'entendrai vos raisons, & j'y répondrai : mais permettez-moi de vous dire par avance, que quand il s'agit d'un fait, que de suffisantes autorités établissent positivement, sans qu'il y ait rien qui implique contradiction, des critiques fondées sur quelques endroits difficiles & extraordinaires, ne sont point d'assez solides raisonnemens pour détruire l'histoire. Voici des témoins très-dignes de foi, qui racontent que telle & telle chose est arrivée ; rien n'est plus positif, & des demi-difficultés ne signifient rien contre ces témoignages. De nécessité absolue, le plus fort le doit emporter : il faut ou produire une plus grande évidence, ou ceder malgré qu'on en ait.

Il n'est pas question d'examiner s'il seroit aisé d'introduire une fille déguisée au Pontificat : (*a*) sans contredit l'entreprise en seroit ridicule, & la non-impossibilité du succès seroit une mauvaise raison pour celui qui se mettroit cette affaire en tête : mais il faut raisonner autrement du passé, que de l'avenir. Nous voyons tous les jours des tissus d'avantures extraordinaires & inopinées, de la verité desquelles nous ne doutons pas, quoiqu'il fallut avoir perdu la

(*a*) Il faut considerer aussi la différence des tems. C'étoit alors un siecle d'ignorance, de stupidité & de confusion. Si l'on n'est pas meilleur aujourd'hui, on est plus rusé, & plus circonspect.

raison, pour se proposer d'entreprendre un pareil ouvrage.

Il y a donc du sophisme & de l'équivoque dans le terme de difficulté : Telle chose est véritablement difficile à faire, qui néanmoins se fait aisément, & n'a rien de difficile à croire quand elle est arrivée. Le Suisse Guillaume Telle avoit raison de dire que ce lui étoit une chose fort difficile, d'abattre d'un coup de fléche, la pomme qui étoit sur la tête de son enfant. Cependant, à considérer la chose en elle-même, il n'y avoit aucune raison qui dût déterminer sa fléche vers un autre endroit, plûtôt qu'à la pomme. Aller chercher quelque simple bergere au milieu des champs, la solliciter de prendre le casque & l'épée, d'aller demander au Roi le commandement d'une armée, & de chasser l'ennemi du païs : traitez cela tant qu'il vous plaira de chimere & de rêverie. Mais quand on vous viendra dire que la (a) Pucelle d'Orleans a été cette même bergere, & en même tems ce grand Général ; changez s'il vous plaît de langage, & que la possibilité du fait vous suffise pour n'en pas contredire la verité.

J'applique cela à nôtre Papesse, & sans insister plus long-tems sur la comparaison, je vous somme de renoncer aux foibles ar-

(a) Jeanne d'Arc, pauvre Bergere, du village de Damremy, sur la Meuse. Etant âgée de dix-huit à vingt ans, Charles VII. lui donna des troupes : elle secourut Orleans, défit les Anglois, reconquit la Champagne, & fit sacrer le Roi. *Voyez Mezeray dans la vie de Charles VII. l'an* 1429.

gumens que vous tirez de quelques prétendues difficultés, si ces difficultés peuvent être expliquées par des raisons qui rendent pourtant la chose propable & possible.

Défaites-vous d'abord, je vous prie, de ce préjugé que vous avez contre la capacité des Femmes. Mille exemples de Femmes illustres, nous feroient assez voir qu'il ne leur manque que l'éducation que l'on donne aux hommes pour en faire de bonnes têtes, quand la raison d'ailleurs ne nous conduiroit pas à le croire.

Que le menton sans barbe de la Papesse Jeanne, ne vous fasse non plus aucun embarras. On n'a pas toujours cherché des barbons pour faire des Papes; & même on en a choisi quelquefois de si (*a*) jeunes, qu'on auroit bien pû les prendre pour des filles, à n'en juger que par le menton. D'ailleurs, pourquoi voudriez-vous qu'une (*b*) Semiramis eût fait le métier de Roi, en habit & en qualité d'homme; & que nôtre Allemande n'eût pû faire le métier de Pape,

(*a*) Agapet. Il fut élû Pape avant l'âge de dix-huit ans; Benoît IX. à dix; & Jean IX. [*alias* VIII.] à dix-sept. Voyez Rodolphe Galber, & les Annales de Baronius.

Flodoard [*l. 4. ch. 19.*] rapporte qu'après la mort de Sculphus Archevêque de Reims, on mit en sa place un enfant qui n'avoit pas encore cinq ans. Et D. Pierre de Saint Pomuald a écrit dans son Thrésor Chronologique, que Jean de Lorraine fut créé Evêque de Metz à quatre ans; Qu'Alfonse, Infant de Portugal, fut fait Cardinal à huit ans, & Odet de Castillon, à onze.

(*b*) On pourroit faire un catalogue de Femmes déguisées, qui ont eu toutes sortes d'emplois, & qui ont passé pour Hommes.

avec le secours d'un semblable déguisement ? Que sçavons nous-même, si l'une & l'autre n'étoient pas de ces *Virago*, dont la prestance est plus (*a*) mâle que femelle, & à qui la barbe ne manque pas. Tant que vous aurez l'idée d'une Fille, *jeune, douce, jolie, simple, timide, sans science, sans experience, & vêtuë comme les autres filles*, vôtre préjugé vous embarassera toujours sans doute. Mais au lieu de cette *jeune Idiote*, si vous vous représentez quelque *Homasse hardie*, quelque CHRISTINE *à la voix mâle, & au menton barbu ;* quelque *Créature entreprenante, sçavante, & déguisée en homme :* Alors vôtre imagination ne travaillera plus, & rien ne vous empêchera d'acquiescer aux témoignages de nôtre Histoire. Et quand vous aurez fait ces suppositions, qui certainement sont très-raisonnables, vous ne trouverez pas plus de difficulté à conduire ce Personnage au Pontificat, qu'à y faire parvenir un Gueux gueusant comme Adrien IV. un gardeur de cochons, comme Sixte V. ou plusieurs autres Papes, qui se sont élevés du néant.

Mais quelle apparence, ajoûtez-vous, que cette femme ait pû si long-tems cacher sa grossesse, & qu'enfin elle ait eu l'imprudence de s'exposer au danger d'être obligée de mettre bas son fruit, au milieu d'une procession solemnelle ?

(*a*) Aristote dit que les Prophêtesses de Carie dans l'Asie mineure, étoient des Femmes barbuës, Voy. ci-dessous Lettre XXXII. Dans la Lettre dattée au 18. May.

Je vous répons, premierement, que la possibilité me suffit. Je dis secondement sur la premiere partie de votre Objection, qu'une femme peut avoir beaucoup de moyens, pour empêcher qu'on ne s'apperçoive de sa grossesse, sur-tout quand on est persuadé qu'elle est homme : Ne verrions-nous pas enfler tous nos Amis, sans les soupçonner d'être gros ? En troisiéme lieu, je remarque deux choses pour répondre à ce que vous dites touchant l'imprudence. La premiere est, que souvent on se trouve engagé dans de certains pas inévitables, quelque danger qu'il y ait à les faire. La seconde est, que rien ne nous oblige à croire que la Papesse fût à la fin de son neuviéme mois. Il est assez vrai-semblable qu'elle accoucha avant terme, ou du moins la chose est probable : ce qui étant posé, on ne pourra ni la taxer d'imprudence, ni s'étonner de ce qu'elle cacha sa grossesse.

Mais, dites-vous, les Chronologies (*a*) ne s'accordent pas. J'en demeure d'accord, & la raison en est évidente. Il falloit bien que ceux qui ont rayé ce Jean du catalogue des Papes, allongeassent adroitement la vie de ses Prédecesseurs, afin de remplir le vuide. J'ai des chronologies qui quadrent à ma thése, comme vous en avez qui s'accommodent à la vôtre : Et ainsi

---

(*a*) Si les difficultés de la Chronologie étoient un argument contre l'éxistence de la Papesse ; il fau droit conclure par la même raison, que beaucoup d'autres Papes n'auroient jamais été.

la chose demeure en question.

La difficulté qu'on fait naître sur le voyage d'Athénes, parce, dit-on, que les études qui s'y faisoient alors, ne convenoient pas à un jeune Ecolier, est une objection de néant. Premierement, vous supposez sans preuve, qu'on dit que la Papesse fut alors un jeune Ecolier, pourquoi ne voulez-vous pas qu'elle fût dans un âge assez avancé pour être capable d'assister aux auditoires des Philosophes, ou des autres Académiciens d'Athénes ? Je remarque, secondement, que quelques-uns des Auteurs, qui nous ont rapporté cette histoire, ne disent rien d'Athénes, & conduisent nôtre Ecoliere tout droit à Rome.

Vous m'allez faire sur cela un grand procès, comme si ces Auteurs tomboient dans une contradiction : mais je me débarrasserai aisément de cette attaque. Remarquez, je vous prie, qu'un même fait, quant au principal, n'est pas toujours raconté avec les mêmes circonstances : l'histoire sainte me pourroit fournir plusieurs exemples de ces variations. Quand une même personne se coupe dans son discours, elle se rend indigne de toute créance : Mais quand deux Auteurs, dont l'un, si vous voulez, est en Angleterre, & l'autre en Italie, rapportent une même histoire avec quelque diversité dans les circonstances, cela fait voir seulement ou qu'il y a quelque oubli, ou quelque ambiguité dans les termes, ou peut-être quelque manque de toute l'instruction qui eût été requise à ceux qui l'ont écrite ;

& cette différence ne doit pas être traitée de contradiction. Au reste, s'il se fût fait un complot, & une déliberation de faux témoins, pour inventer la fable de la Papesse, il y a toute sorte d'apparence qu'ils auroient pris de bonnes mesures, & qu'ils seroient convenus du même langage. Ces petites choses ne font donc rien pour détruire, ni même pour affoiblir l'histoire. Un grand événement éclate, on en parle diversement, on en écrit aussi diversement.

Votre dernier & votre plus grand retranchement, est le silence des Auteurs qui vivoient du tems de la Papesse : cela fait une forte impression sur votre esprit ; cependant trouvez bon que je vous le dise, cet argument n'est pas moins foible que les autres. (*a*) Marinus Scot, (*b*) Sigebert & les autres (*c*) Anciens qui ont écrit cette histoire il y a cinq ou six cens ans, l'ont vrai-semblablement recüeillie de quelques autres qui l'avoient écrit avant eux ; ou toujours est-il difficile d'en douter, n'étant pas croyable qu'ils l'ayent inventée, par les raisons que j'ai alléguées. Mais d'ailleurs, il faut vous dire que vous vous trompez dans le fait ; les (*d*) Anastases qui n'ont

(*a*) Moine Ecossois, il mourut dans l'Abbaye de Fuldes en Allemagne âgé de cinquante-huit ans, l'an 2086. Bellarmin dit de lui que *diligenter scripsit*.
(*b*) Moine très-docte, de l'Abbaye de Gemblours. Il mourut au commencement du douziéme siécle.
(*c*) Divers Auteurs ont écrit cette histoire, avant Marianus Scotus.
(*d*) Anastase, dit le Bibliotécaire, Abbé Romain, homme docte & de

point été tronqués, racontent exactement toute cette histoire. J'ajoûterai, que quand nous ne découvririons aucuns témoignages des Auteurs du neuviéme siécle, il ne s'ensuivroit pas qu'ils fussent tous demeurés dans le silence sur l'article de la Papesse. Avant que l'Imprimerie fût en usage, les Moines ont supprimé tant qu'ils ont pû, ce qu'ils ont estimé leur être contraire, & divers autres accidens ont fait perdre beaucoup de bons livres.

Au reste, il n'y auroit aucun lieu de s'étonner, qu'une histoire de cette nature eût été tenuë extrêmement secrette. La crainte & la honte devoient être deux motifs assez puissans, pour empêcher alors qu'on n'en fît de l'éclat. Il y a de certaines choses qui ne se publient jamais ouvertement qu'après un certain tems. Tel Prince odieux à toute la terre, a eu des flatteurs pendant le siécle de sa vie, que l'on a * dépeint de toutes ces couleurs, quand on est venu dans le siécle de liberté.

Après tout, il n'est pas, ce me semble, aisé d'entendre pourquoi l'Eglise Romaine se fait un si grand embarras de son Pape

---

* LOUIS *renversa tout pour suivre son caprice:*
Mauvais Fils, mauvais Pere, infidelle Mari ;
Frere injuste, ingrat Maître, & dangereux Ami ;
Il régna sans conseil, sans pitié, sans justice,
La fraude fut son jeu, sa vertu l'artifice, &c.
Mezeray pour Louis XI.

---

grand merite, Contemporain de la Papesse. Il y a quelques sçavans qui doutent qu'Anastase soit l'Auteur de ce Livre.

femelle (a), comme si des Papes monstres étoient des choses rares. Toujours sçai-je bien que le Cardinal Baronius ne fait aucune difficulté de donner ce titre à quantité d'entre eux. Pour l'interrégne, on en a vû de plus longs que le tems du Pontificat de la Papesse ; le Siége vaqua près de neuf ans entre Nicolas I. & Adrien II. On ne manque pas non plus de remede pour la nullité d'administration : les Ministres de Rome ont des secrets pour tout.

Mais dites-moi, je vous prie, tout bien consideré, que trouvez-vous de si fort étonnant dans le général de cette avanture ? y a-t'il là-dedans, ou contradiction, ou prodige, ou même quelque chose qui soit fort (b) rare ? pour moi, je n'y vois rien que de très-naturel & de très-facile. Dès le moment qu'au lieu d'une innocente Agnès, comme je vous le disois toute-à-l'heure, vous supposez une Créature, dont les manieres, l'extérieur, la capacité, l'humeur représentent un homme, il ne reste pas, ce me semble, de quoi faire la moindre difficulté.

Si j'avois à prendre le tour qu'a pris Henri Estienne dans son Préparatif à l'apologie d'Herodote, dans quelle déduction ne me seroit-il pas facile d'entrer ? & combien ne pourrois-je pas rapporter de plus étran-

(a) Voyez le commencement de la Lettre suivante.

(b) Baronius tombe dans un excès qui fait tort à sa cause, quand il dit que cette histoire est si extravagante, qu'elle n'a pas même le moindre caractere de vrai-semblance.

ges événemens, sans m'éloigner beaucoup du sujet, & sans quitter l'exemple des Papes? Dites-moi, je vous prie, est-il concevable, que ces Messieurs demeurant toujours dans l'état des Prêtres, soient parvenus à l'Empire du monde Chrétien (a), à l'autorité, & même à la pratique de distribuer les Royaumes; de fouler aux pieds les Têtes couronnées; de leur faire faire amende honorable comme à des vasseaux criminels, ou de les contraindre à quitter leurs Etats par la frayeur de leurs Anathêmes? Est-il concevable que quelques-uns ayent osé donner à ces mêmes Prêtres, la puissance de rendre la vertu vice, & le vice vertu; d'excommunier les Anges, de dispenser des Loix des Apôtres & de l'Evangile? Je voudrois aussi que vous voulussiez donner quelques heures à la lecture des anciennes (b) Légendes (car les nouvelles sont moins curieuses) vous y trouveriez un nombre & une variété d'histoires débitées pour des vérités saintes, qui non-seulement vous paroîtroient incroyables, mais d'histoires telles, qu'un jour il ne sera jamais croyable qu'il y ait eu des gens dans le monde capables de les imaginer & de les écrire.

Je n'ajoûterai qu'un mot: Quand on verra dans les siécles à venir l'histoire de

---

(a) Ce sont autant de faits historiques, que personne ne conteste.

(b) On peut joindre à cela les monstrueuses impiétés des livres intitulés: L'Evangile éternel, les Conformités de S. François avec J. C. le Pseautier de la Vierge, &c.

ce qui vient d'arriver aux Protestans de France écrite par la main d'un Mainbourg, d'un Varillas, d'un Evêque de Meaux & quantité d'autres, qui ne se peuvent lasser d'exalter la douceur & la modération extrême dont on a usé envers ces malheureux dans cette *Exécution*. Pourra-t'on croire ou pourra-t'il tomber dans l'esprit qu'il n'y ait pas eu de maux, qu'ils n'ayent soufferts.

Il me vient encore en l'esprit un prodige incroyable, que je ne puis omettre: je veux dire ce Livre qui a pour titre, (a) *Taxe de la Chancellerie Apostolique*. Pourra-t'on croire qu'un Vicaire de Jesus-Christ, ait fait une liste de crimes énormes & d'impuretés inoüies avec une taxe d'argent, (b) pour obtenir l'absolution de chaque péché? J'ai

(a) *Prostat liber palam ac publi e hîc [scilicet Parisiis,] impressus, & hodie ut olim venalis: Taxa Cameræ; seu Cancellariæ, Apostolicæ, quibus plus scelerum discas licet, quam in omnibus vitiorum summistis & summariis.* Claud. Esp. Ep. ad Tit. c. 1.

(b) *Gaude Mater nostra Roma, quoniam aperiuntur cataractæ thesaurorum in terra, ut ad te confluant rivi & aggeres nummorum, in magna copia. Lætare super iniquitate filiorum hominum, quoniam in recompensationem tantorum malorum, datur tibi pretium. Jocundare super adjutrice tua discordia, quia erupit de puteo infernalis abyssi, ut accumulentur tibi multa pecuniarum præmia. Habes quod semper sitisti, decanta canticum, quia per malitiam hominum, non per tuam Religionem orbem vicisti. Ad te trahit homines, non ipsorum devotio aut pura conscientia, sed scelerum multiplicium perpetratio, & litium decisio pretio comparata.* Conr. Abbas Usperg.
—— *Venalia nobis Templa, Sacerdotes, Altaria, Sacra, Coronæ,*

acheté cette Taxe dans Rome il n'y a que trois jours. On a eu honte de ce Livre, je ne l'ignore pas ; on l'a supprimé tant qu'il a été possible ; on l'a inseré dans l'Indice expurgatoire du Concile de Trente. Mais la tache ne s'en effacera jamais ; & après tout, les dispenses s'achetent toujours.

Je ne veux pas oublier de vous faire remarquer avant que de quitter l'article de la Papesse ce qu'en écrit (*a*) Mezeray : *Que ce sentiment a été reçû cinq cens ans durant, pour une vérité constante.* Il faut que je vous fasse souvenir aussi de ce que Theodore de Niem, Boissard & plusieurs autres ont écrit qu'on érigea une Statuë (qu'ils ont vûe) dans le lieu où sa Sainteté Femelle accoucha, en mémoire de cette avanture. Vous sçavez qu'on immortalise les personnes infâmes par des Monumens publiques, aussi-bien que celles dont on veut éterniser la gloire, témoin la fameuse pyramide de Paris.

Au reste, si vous me demandez pourquoi l'usage de la Chaise a cessé, je vous donnerai pour réponse l'Epigrame de (*b*) Pannonius.

Non poterat quisquam referantes Æthera claves,
Non exploratis sumere testiculis.
Cur igitur nostro mos hic nunc tempore cessat ?

Ignis, Thura, Preces, Cœlum est venale, Deusque. B Mant.
(*a*) Mezeray dans la vie de Charles le Chauve.
(*b*) [Jean] Evêque des cinq Eglises, en Pannonie.

§. *Ante probat quod se quilibet esse marem.*

§. Les petits enfans qu'ils font,
Sont preuves assez réelles,
Que les Saints Peres ne sont
Ni coquatres, ni femels.

Pasquin a autrefois dit la même chose de Paul II. & d'Innocent VIII.

Pontificis (a) *Pauli testes ne Roma requiras.*
Filia quam genuit sat docet esse matrem,
Octo (b) *nocens pueros genuit, totidemque*
puellas,
Hunc meritò poteris dicere, Roma, Patrem.

L'Eglise de S. Jean de (c) Latran est fort grande & fort magnifique ; aussi se glorifie-t'elle du titre de (d) *Chef & de Mere de toutes les Eglises.* Sixte V. avoit bâti auprès un Palais fort vaste (e) qui n'a jamais eté habité. §. Clement XII. a fait reparer le Portail de cette Eglise, & l'a extrêmement embelli. Son Tombeau est dans une magnifique Chapelle qu'il a fait construire de son vivant, ain-

---

(a) Paul II.
(b) Innocent VIII. Voyez le commencement de la Lettre suivante.
(c) Ce nom vient d'un Seigneur Romain, nommé Plant. Lateranus, qui avoit là des Jardins. Celui qui fut tué par l'ordre de Néron, ayant été designé Consul.]
(d) Ces deux vers sont gravés sur le portique.

Dogmate Papali, datur
simul imperiali.
Ut sim cunctarum Mater
caput Ecclesiarum.

(e) J'ai appris depuis qu'on en a fait un Hôpital,

si que son Monument. Le Baptistaire est à quelques pas de l'Eglise de S. Jean de Latran : c'est une double colonnade Octogone très-belle & très-ancienne. Les Fonds Baptismaux sont au milieu.

Tout proche de-là, est la *Sancta Scala* : c'est une Loge où l'on a transporté vingt-huit degrés de marbre blanc fort usés, & par lesquels on dit que J. C. monta chez Pilate. Présentement il n'est pas permis d'y monter autrement qu'à (*a*) genoux ; mais en récompense on gagne à chaque degré trois ans d'indulgence & autant de quarantaines. La Chapelle qui est au haut de cet Escalier, est appellée *Sancta Sanctorum*, à cause d'une Image de J. C. qu'on croit que les Anges ont faite, & que l'on y conserve religieusement. J'ai vû ce portrait : c'est une figure fort laide & fort mal bâtie. Les femmes (*b*) n'entrent point dans ce lieu très-saint.

En revenant de la *Sancta Scala* nous avons passé à Ste. Marie Majeure, qui est un vaste & superbe Edifice. Un Seigneur Romain fort pénétré de dévotion pour la Vierge, ayant été averti en songe, qu'il eût à se transporter le lendemain au Mont Esquilin, & qu'il se préparât à y bâtir un Temple en l'honneur de la Mere de Dieu dans l'endroit où il trouveroit de la neige ; & le Pa-

---

(*a*) Il y a deux petits escaliers à côté, par où l'on peut monter, comme on veut, au *Sancta Sanctorum*.

(*b*) Kircker dit, que c'est parce que les Femmes [ont été cause de la mort de] S. Jean.

La Santa Scala. Tom. 2 Pag. 274

pe Liberius ayant auſſi eu la même viſion, ils ne manquerent pas de s'acheminer enſemble au lieu qui leur avoit été déſigné. C'étoit le cinquiéme d'Aouſt (a); cependant ils y trouverent de la neige, ils l'ôterent de leurs propres mains, & poſerent incontinent les fondemens de ce Temple.

Il ne ſe peut rien voir de plus précieux ni de mieux conſtruit que les Chapelles (b) de Sixte V. & de Paul V. On garde dans cette premiere la Créche de Bethléem & une Image de la Vierge faite par S. Luc, autour de laquelle on a pluſieurs fois trouvé *les Anges chantant les Litanies*. §. *Sixte V. y eſt inhumé. Sa Statuë le repréſente à genoux; il eſt vis-à-vis celle de Pie V. On voit encore dans cette Egliſe le Tombeau de Clement IX. à côté du grand Autel.*

Afin de diverſifier un peu notre entretien, j'ai envie de vous dire quelque choſe de notre voyage de Caſtel Gandolfo. (c) Cette maiſon n'a rien de fort conſidérable, quoiqu'elle appartienne au Pape. Le Cardinal Howard y a un appartement, & quelquefois il y va paſſer quelques jours, pour ſe délaſſer de l'embarras des cérémonies de Rome; cérémonies, qui pour un Cardinal, ſont la choſe du monde la plus incommode.

Pendant notre petit ſejour à Caſtel-Gandolfo, nous avons fait pluſieurs promena-

---

(a) L'an 355.
(b) La Chapelle de Sixte V. eſt de l'Architecture de Dominique Fontana. On dit qu'elle coûte ſept cens mille écus Romains.
(c) Caſtel-Gandolfe, à ſeize milles de Rome.

des dans les environs : nous avons été à la petite Ville d'Albano, qui n'est qu'à un mille de ce Château. La fameuse Ville d'Albe occupoit autrefois cette espace ; elle s'étendoit depuis le bord du Lac de Castel-Gandolfe jusqu'à la nouvelle Albano ; ou du moins, c'est l'opinion commune, car la chose est en question, & je ne prétends pas me mêler de la décider.

On voit à Albano une maniere de Tour ou de Mausolée ruiné, qu'on appelle communément le Tombeau d'Ascanius ; mais je ne pense pas qu'on en ait d'autres preuves, qu'une tradition fort incertaine.

Je vous parlerai plus positivement d'un autre ancien Tombeau que nous avons vû proche d'Albano, & que la plupart des gens croyent être le Sépulchre des deux Horaces & des trois Curiaces. Leur imagination est sans doute fondée sur ce qu'il y a cinq pyramides sur ce Tombeau ; mais cette raison n'est d'aucune valeur : on lit en termes exprès dans Tite-Live, que les Sépulchres de ces deux Héros leur furent érigés aux mêmes endroits où chacun d'eux mourut. Ceux des Horaces du côté d'Albe ; & ceux des Curiaces, plus proche de Rome.

Le Lac de Castel-Gandolfe a, dit-on, six à sept milles de tour, & les côteaux qui l'environnent, font un véritable amphithéâtre. En deux endroits la profondeur de ce Lac ne se peut sonder ; mais ce qu'il y de plus singulier, c'est que de tems en tems on voit ses eaux s'enfler tout d'un coup &

s'élever jusqu'aux bords de *sa tasse*; ce qui vient sans doute de la communication qu'il a avec des réservoirs souterains, dont les dégorgemens produisent cet effet. §. *On prétend qu'il n'y entre & qu'il n'en sort aucune eau, du moins dont on puisse s'appercevoir. On ajoûte que les anguilles y sont mortelles.*

A un demi mille de-là proche de Gensane, nous avons été voir un autre petit Lac aujourd'hui appellé *Lago di Nemi*, & que les Anciens connoissoient sous le nom de *Speculum Dianæ*, y ayant eu un Bocage & un Temple consacré à cette Déesse sur le bord de ce Lac.

Entre Albano & Castel-Gandolfe, nous avons remarqué les ruines d'un Amphithéâtre, sur lesquelles plusieurs arbres qui sont devenus grands, ayant pris racine, ces racines se sont insinuées d'une maniere surprenante entre les pierres & les briques les mieux cimentées : elles ont fendu & fait entrouvrir les murailles, & ont grossi là-dedans, malgré tout ce qui leur faisoit obstacle.

Tout le voisinage d'Albano & de Gensane est un païs fertile; les vins sur-tout & les fruits en sont fort rénommés. [a] Ils ont toujours gardé leur ancienne coutume de cultiver beaucoup d'ail & d'oignon.

Puisque je vous ai déja entretenu des Maisons de plaisance qui sont autour de Rome, j'ajoûterai aussi quelques particularités touchant quelques-uns des principaux

[a] *Mittit præcipuos nemoralis Aricia porros.* Mart.

Palais qui font dans la Ville ; mais j'y infisterai peu, afin d'éviter, s'il m'eft poffible, le danger de vous dire des chofes que vous fçachiez déja.

Le Catalogue des Antiques que nous avons vûes au Palais Juftiniani, monte à 1867. & celui des Tableaux rares à 638. La tête de Neron, la Minerve, la Venus qui fort du bain, & les trois petits Amours dormans & appuyés l'un fur l'autre, font entre les pieces les plus eftimés.

Le Palais du Cardinal Chigi eft un des plus beaux de Rome. Toutes les [a] ouvertures des portes font revêtuës de marbre verd antique. Parmi les Statuës, on fait remarquer les deux Venus, le Marfias écorché, & le Gladiateur expirant.

Vous fçavez fans doute que Michel-Ange [b], fut le principal Architecte du * Palais Farnefe. §. *Dans la Place qui eft devant, on trouve deux Fontaines affez belles : la cour eft belle, quarrée & bâtie en portiques. On y voit d'un côté le fameux Hercule, & la Flore de l'autre.* La façade de ce beau bâtiment eft large de cent quatre-vingt pieds, & haute de quatre-vingt-dix. Les portes, les croifées, les encoignures, la corniche & toutes les pierres principales, font des dépoüilles du Collifée. Je vous dirai, puifque

---

* *Tertius has Paulus ſtruxit Farneſius ædes,*
 Quarum forma oculos ponitur ante tuos.
Aſpicis immenſos, Hoſpes, qui frontis honores
 His ſimiles dices, Roma nec Orbis habet.

[a] Les Chambranles. | l'avoit commencé.]
[b] Ant. de S. Gallo |

l'occafion s'en préfente, qu'on a ainfi volontairement détruit une grande partie de ce merveilleux Monument : on en a bâti prefque tout le grand Palais de la Chancellerie, auffi bien que l'Eglife de [a] S. Laurent; & l'on en a même reparé en quelques endroits les murailles de Rome. Au lieu de relever & de conferver ces précieux reftes de l'Antiquité, comme a fait Sixte V. à qui Rome eft redevable de la plus grande partie de fa beauté, il s'eft trouvé des gens de mauvais goût, qui ont achevé de faire le dégât. Innocent huitiéme rompit l'Arc Gordien, pour bâtir une Eglife. Alexandre VI. démolit la belle Pyramide de Scipion, pour paver les rues des pierres qu'il en ôta. Les degrés de marbre par où l'on monte à l'Eglife d'*Ara-Cœli*, ont été pris d'un Temple de Romulus. S. Blaife eft bâti du débris d'un Temple de Neptune. S. Nicolas de l'ame, du Cirque Agonal, & ainfi de quantité d'autres.

Toute la terre fçait que le [b] Hercule & le Taureau Farnefe, font deux pieces fameufes; & l'on n'eft pas moins informé de la Galerie du Carache, de la Sale du Salviati, de l'Adonis & de la Venus du Titien.

La Bibliothéque du Palais Altieri eft nombreufe & bien conditionnée. L'Efcalier eft fort beau [c]; les appartemens grands,

---

[a] S. Laurent *in Damafo*.

[b] Il eft de la main de Glycon, Sculpteur Grec.

ΓΛΥΚΩΝ ΑΘΗΝΑΙΟΣ ΕΠΟΙΕΙ.

[c] Au bas de l'efcalier il y a une Statuë d'un Roi

magnifiquement meublés, & ornés de rares peintures. J'ai remarqué un miroir, dont la glace de cristal de roche, est longue de dix pouces, & large de six : la bordure est d'or, & toute couverte de pierreries d'un fort grand prix.

On nous a fort exalté un petit plat de fayence, que l'on conserve précieusement aussi dans un quadre fort riche, comme étant peint par Raphaël. C'est la même sorte d'ouvrage que tous ces vases dont je vous ai parlé, qui sont dans l'Apoticairerie de Lorette. J'en ai vû encore ici quelques autres qui sont regardés avec la même estime, ou pour mieux dire, avec la même vénération.

Peut-être n'eusse-je osé de moi-même combattre le préjugé qui enchasse la réputation de Raphaël dans un plat de trois sols, que Raphaël ne toucha ni ne vit jamais ; quoique je sçusse assez bien l'histoire de ce fameux Peintre, & que j'eusse plusieurs raisons assez fortes pour détruire cette opinion. Mais après la conversation que j'ai euë sur cela, avec le célébre Carlo Maratti, je puis vous dire avec assurance que jamais Raphaël ne mit la main à toute cette poterie ; quelque grande que soit la persuasion qu'on en veut avoir, & quelque prix que l'on donne à ces ouvrages qu'on lui attribue. Il est vrai que l'on trouve dans ces peintures, quelque maniere de Raphael : ce qui peut donner lieu de conjecturer, qu'el-

captif, qui fut trouvée il y | à la Place Navone, *Spon*-
a quatre ou cinq cens ans | *tarquatre ou cinq cens ans*

les ont été faites par quelques-uns de ses disciples, ou peut-être sur quelques desseins qu'on a tirés de lui.

[a] Le Palais Barberin Palestrine, est, dit-on, le plus grand de Rome après celui du Vatican. Entre les Antiques, dont le nombre est fort grand, on distingue la petite Diane d'albâtre oriental. La Tullia, fille de Servius Tullius, & femme de Tarquin le Superbe, piece très-rare, & unique, dit-on, dans Rome. Le Dieu Osiris avec sa tête d'épervier sur un corps humain : Cette statue fut trouvée avec l'Obelisque de la Minerve, sous les ruines du Temple d'Isis. §. *En général ce Palais est bien negligé, pour ne pas dire delabré. Tout y est en désordre. La Bibliothéque dispersée. Il n'y reste pas quinze mille volumes. On y trouve peu de Manuscrits.*

J'ai aussi remarqué dans ce Palais, un buste de marbre du Pape Urbain VIII. lequel buste a été fait par un aveugle, & est la meilleure répresentation que l'on ait de ce Pape.

Cette Maison est un monde de raretés, d'Antiquités, & de toutes sortes de belles choses. On assure que la [b] Bibliothéque est de quarante mille volumes.

Dans les premieres sales du Palais Co-

---

[a] Ce Palais a quatre mille chambres. Quelques-uns l'ont appellé *Mons-Martyrum*, à cause de la quantité de gens que les Barberins ont ruinés pour le bâtir. *Chron. Scandal. l. 1. c. 1.*

[b] Le Catalogue est imprimé en deux Tomes in-fol.

lonne, on voit les portraits de [a] deux Papes, de dix-neuf Cardinaux, & de cinquante-quatre Généraux d'armée, tous issus de la noble & ancienne Maison des Colonnes. Il y a dans ce même Palais neuf grands appartemens, huit mille tableaux originaux ; un petit arsenal, des bustes, des bas-reliefs antiques, des statues, & quantité de meubles précieux.

§. *Vis-à-vis le Palais Pamphili est l'Académie Françoise. Ce bâtiment quoique bien moins grand que l'autre, ne laisse pas de l'éclipser par sa beauté. On sçait que c'est dans cette Maison que demeurent les jeunes Peintres que le Roi envoye étudier l'Antique à Rome ; & toute l'Europe est témoin des progrès qu'ils y font. On a déja tiré des Modelles de presque toutes les Antiquités de Rome, & sur-tout des bas-reliefs des Colonnes Trajane & Antonine. M. de Troy est actuellement Directeur de cette Académie.*

Je ne m'arrête pas à vous parler de l'architecture de tous ces Palais, ne croyant pas vous pouvoir rien dire sur cela, qui vous fût nouveau. Je vous ai déja mandé, ce me semble, qu'il est beaucoup plus ordinaire de couvrir ici les maisons en combles qu'en terrasses plattes, quoique les sentimens soient aujourd'hui assez partagés entre ces deux manieres. Les faîtes pointus, dont la hauteur est presque égale à celle du corps du bâtiment, ont quelque chose de contraire à la raison, en ce qu'ils

[a] Adrien I. & Martin V. deux des plus honnêtes Papes.

détruisent la symmétrie & la proportion convenable, qui doit être entre le tout ou le principal, & quelques parties. Mais aussi, puisque vous voulez sçavoir ce que j'en pense, je trouve que le milieu qu'a trouvé nôtre fameux Mansard, produit un effet bien plus agréable que ne sont les toits plats.

Au reste, j'ai à vous avertir que vous devez vous défaire de ce grand préjugé, que vous me paroissez avoir pour toute l'Architecture de Rome. Il faut demeurer d'accord qu'on y trouve de belles choses, antiques & modernes, mais il ne s'ensuit pas de-là que tout y soit bon. A Rome comme ailleurs, en fait de bâtimens, on a de certaines manieres qui sont proprement du siécle & du païs, & qui ne s'accommodent ni avec le bon goût, ni avec la noblesse de l'Architecture.

Vous m'avez fait beaucoup de plaisir de vous étendre un peu sur l'endroit où vous me parlez de ces beaux Obélisques d'Egypte qui se voyent présentement à Rome, & qui, à mon gré, doivent être comptés entre ses plus rares ornemens. J'apprens de vous sur ce sujet beaucoup de choses fort curieuses; il est bien juste que je réponde aux demandes que vous me faites, & que j'éclaircisse en même tems, s'il m'est possible, quelques-uns de vos doutes.

Tous les Obélisques de Rome sont quadrangulaires, & finissent en pointe aigue. C'étoient comme autant de rayons du Soleil, cette grande Divinité que les Egyptiens adoroient aussi sous le nom d'Osiris, & dans lequel ils faisoient habiter les Estres, les Génies, & les Ames de l'Univers. Les quatre angles regardoient les quatre coins du monde, & signifioient les quatre Elemens.

Quelques-uns ont supposé que les hieroglyphes de ces Obélisques contenoient des éloges des Rois, ou des histoires de quelques faits mémorables, & que ces Monumens n'étoient érigés que dans la double vûe de servir d'ornement & d'honorer les Héros de la Nation. Mais ceux qui ont foüillé plus avant dans ces recherches, ont fort bien prouvé, ce me semble, que c'étoient des livres ouverts, qui exposoient aux yeux du public les mysteres de la Théologie, de l'Astrologie, de la Métaphysique, de la Magie, & de toutes les Sciences que les Egyptiens cultivoient. A la vérité, le commun peuple n'étoit pas capable de pénétrer dans les labyrinthes de ces Oracles; mais alors, comme aujourd'hui encore, il se repaissoit d'ombres & d'obscurités.

Ces mêmes Obélisques [a] sont tous de granite: c'est une espece de marbre d'une dureté extrême & d'une longue durée; on assure même qu'il résiste long-tems au feu. Il ne faut pas douter que la solidité de la matiere, ne fût une des raisons du choix qu'on en faisoit. L'Obélisque de S. Jean de Latran subsiste depuis trois mille ans, & [b] celui de S. Pierre est de neuf cens ans

[a] Il n'y en a pas un qui ait été fait à Rome.
[b] On dit qu'il pese neuf cent cinquante-six mille cent quarante-huit livres.

plus vieux. Le premier est le plus grand de tous : sa hauteur est de cent huit pieds, sans compter ni le piedestal, ni la Croix. On a ici quelques granites de Corse, mais ils n'ont pas le grin si fin, que les granites d'Egypte. §. *Outre les Obelisques de S. Jean de Latran, de S. Pierre & de la porte du peuple dont parle Misson, il y en a encore un magnifique au-dessus de la belle Fontaine de la Place Navone, un petit devant l'Eglise de la Minerve soûtenu par un Elephant, &c. On voit dans la premiere cour du Palais Barberin dont on vient de parler, plusieurs morceaux d'un Obélisque brisé, qu'il ne seroit pas impossible de retablir & de relever.*

Je suis,

Monsieur,

Vôtre, &c.

A Rome ce 24. Avril 1688.

LETTRE XXVIII.

MONSIEUR,

Hier, comme je relifois votre derniere lettre, j'y trouvai une apostille que je n'avois pas remarquée touchant l'article de la Papesse Jeanne. Vous me renvoyez à ce que M. Chevreau a écrit sur cela dans la seconde partie de son Hist. du Monde; & vous souhaitez que je vous mande mon sentiment, sur les raisons que cet Auteur allégue : c'est apparemment, parce que vous les trouvez fortes. Je consens volontiers, Monsieur, à faire ce que vous desirez de moi. J'ai lû M. Chevreau, & je vous ferai part tout-à-l'heure des choses que j'ai remarquées, dans ce qu'il a écrit touchant la Papesse.

Il avoüe d'abord, *que quantité d'Auteurs célébres, ont parlé de cette Papesse, & qu'ils ont témoigné qu'elle avoit été.* Selon toute la raison & toute la justice du monde, il n'en faudroit pas davantage pour vuider entiérement la question. Quand plusieurs témoins irréprochables déclarent un fait, il faut les croire de nécessité absoluë, lorsque le fait est naturellement possible, & qu'on n'a pas d'évidences contraires, sur-tout quand les témoins parlent contre leur propre interêt.

Tous ces témoignages, dit M. Chevreau, *ont fait impression sur les esprits crédules; mais les plus éclairés & les défians s'appuyant sur le silence de plusieurs autres Auteurs, ont examiné cette fable, & l'ont rejetté.* Voilà sans doute une étrange maxime. Soixante & dix ou quatre-vingt hommes, dont aucun ne peut être suspect de vouloir mentir, qui sont tous de la Religion de Rome, presque tous Ecclesiastiques, quelques-uns desquels même sont canonisés; [a] tous ces gens-là disent positivement qu'il y a eu une femme sur le Throne du Pape: le reste du monde n'en a point parlé, & le silence de ceux-ci détruit le témoignage des autres. C'étoit apparemment de cette maniere que raisonnoit [b] Leon X. quand il appelloit l'Evangile, la fable de Jesus-Christ. Il n'y a que quelques témoins qui la rapportent; les autres hommes qui vivoient alors, n'en ont point parlé, & l'esprit *éclairé & défiant* de ce Pape, s'appuyant sur le silence de tant de personnes, a examiné cette histoire & l'a rejettée. Je ne perdrai pas le tems à vous prouver combien ce langage est peu raisonnable; il se détruit de soi-même, & ne mérite pas un plus long examen.

M. Chevreau assure que *le Bibliothécaire Anastase n'a parlé de la Papesse Jeanne en aucune maniere;* & c'est aussi le grand fort

---

[a] De l'aveu des Catholiques Romains.

[b] [Ce Pape avoit été fait Cardinal à l'âge de quatorze ans.] Tous les Historiens conviennent que c'étoit un Impie.

d'Onufre : M. Chevreau s'eſt trompé après Onufre. Je vous envoye à M. le Sueur, dans ſon Hiſtoire Eccléſiaſtique, & à M. *P. Colomeſius* dans ſes Mélanges Hiſtoiriques. Vous y verrez un Anaſtaſe de la Bibliothéque du Roi de France, avec toute l'hiſtoire de la Papeſſe. Vous y trouverez deux autres [a] Anaſtaſes d'Ausbourg & un de Milan avec la même hiſtoire ; & vous y lirez auſſi, comment les *Jeſuites* de Mayence, après avoir tiré deux exemplaires ſeulement conformes à l'original, eurent la hardieſſe de [b] ſupprimer entiérement ce qui leur déplût dans le reſte de cette édition.

Je ne quitterai pas l'article d'Anaſtaſe, [c] ſans vous prier de bien péſer la force de ſon témoignage. C'étoit un homme ſçavant il vivoit du tems de la Papeſſe, il demeuroit à Rome, il parloit en témoin oculaire ; & deux paroles d'un pareil Auteur peuvent détruire ſeules toutes les frivoles objections & tous les ſubterfuges de ceux qui contrediſent le fait dont il s'agit.

Pour ſuivre M. Chevreau, je viens à ce qu'il dit de [d] Martin Polonus Archevêque de Coſenza & Pénitencier [e] d'Innocent IV. Cet Auteur a écrit l'hiſtoire de

[a] Mar. Freher, & Saumaiſe les avoient vûs, & Blondel ne diſconvient pas de la verité du fait.

[b] C'eſt un fait avoüé par eux-mêmes.

[c] Anaſtaſe a écrit la vie des Papes, juſqu'à Nicolas I. lequel vient après Benoît III.

[d] M. Polonus ou Polonois, vivoit dans le milieu du treiziéme ſiécle.

[e] Quelques-uns ont écrit qu'il le fut auſſi de Nicolas III.

la Papesse. M. Chevreau le traite de Moine fort simple, & allégue trois ou quatre mauvaises raisons de sa simplicité. *Si ce Moine, dit-il, a pris dans son livre des merveilles de Rome, la Porte d'Ostie ou de S. Paul & de Capene & de S. Sebastien, pour un autre qu'il nomme Colline, qui doit être vrai-semblablement la Collatine ou Pinciane : le Panthéon, pour le Temple de Cybelle ; l'Amphithéatre, pour le Temple du Soleil : On peut bien lui pardonner, si dans l'histoire qu'il nous a donnée, il a pris un Pape pour une Papesse.* Je dis contre ce raisonnement en général, que M. Polonus pourroit bien s'être trompé dans une chose difficile, obscure & peu importante, sans qu'on pût l'accuser d'une semblable méprise dans l'affaire de la Papesse. Il a pris une Porte pour une autre, donc il a pris un Pape pour une Papesse ; c'est se moquer des gens de raisonner ainsi. Mais supposé que cet argument vaille quelque chose, je le retorque contre son Auteur ; & je dis, que si M. Chevreau s'est mépris dans toute sa critique contre M. Polonus, il peut bien s'être trompé aussi dans la question dont il s'agit, & avoir pris une Papesse pour un Pape. Que sa critique soit fausse, c'est ce que je soûtiens & ce qui est très-certain.

(1) Il paroît que M. Chevreau ignore qu'il y ait eu une Porte Colline, quand il dit que Polonus, *a pris la Porte d'Ostie & la Porte Capene, pour un autre qu'il nomme Colline, & qui doit être vrai-semblablement la Collatine ou Pinciane.* Il y avoit une Por-

te Colline, aussi-bien qu'une Porte Collatine. La Colline étoit ainsi appellée *à Colle Quirinali*, & Ovide parle de cette Porte.

Templa frequentari Collinæ proxima Portæ,
 Nunc decet, &c. Fast. 4.

La Porte Colline porte aujourd'hui le nom de Salara.

(2.) La Porte Collatine, *à Collatio Oppido dicta*, n'est point la même que la Pinciane, comme F. Nardin l'a fort bien prouvé.

(3.) M. Polonus ne s'est point mépris comme M. Chevreau se l'imagine, quand il a nommé le Panthéon, Temple de Cybele : ç'a été le sentiment de plusieurs sçavans Antiquaires. Il est vrai, & je crois vous l'avoir déja dit, qu'il y a divers sentimens sur la dénomination du Panthéon ; mais il y en a beaucoup qui croyent, qu'il fut ainsi appellé, à cause qu'Agrippa le consacra à [a] Jupiter & à Cybele Mere de tous les Dieux. Vous sçavez que les Romains idolâtres avoient diverses représentations de Divinités, ausquelles ils donnoient le nom de Panthées, parce qu'elles portoient les marques & les caracteres de tous, ou de la plûpart des principaux Dieux. Mais outre cela nous apprenons d'Apulée, de Macrobe & de beaucoup d'autres anciens Auteurs, que Cybele étoit elle-même comme une Déesse multipliée, qu'on adoroit sous

[a] Jupiter Vangeur.

Tom. 2. Pag. 291.

MAGNA MATER

les differens noms de *Ceres*, *Ops*, *Rhea*, *Vesta*, *Tellus*, *Berecynthie*, *Dindymene*, *Isis* *Minerve*, *Venus*, *Diane*, *Proserpine*, *Junon*, *Bellone*, *Hecate*, *Rhamnusie*, *Magna Pales*, *magna Mater*, *Deorum Mater*, *Naturæ rerum Parens*, &c.

Je vis l'autre jour chez M. Bellori une de ces Cybelles [a] Panthées, qui porte le nom de Diane d'Ephése & qui est une rareté des principales & des mieux conservées de son Cabinet. Vous ne serez pas fâché, puisque l'occasion s'en présente, que je vous fasse voir la figure de cette Déesse. Quoiqu'il en soit, à l'égard du Panthéon, les opinions étant partagées & la question étant assez problématique, on ne peut pas accuser Polonus de s'être mépris en cela.

(4.) Quand M. Chevreau parle de l'Amphithéâtre de Rome, il ne s'exprime pas intelligiblement ; car il y avoit plusieurs Amphithéâtres dans Rome, & il en reste diverses ruines. Je soupçonne qu'il veut parler du grand Amphithéâtre qu'on nom-

---

[a] Mr. Bellori qui a fait une grande dissertation sur cette statuë [*signum*] en explique ainsi les diverses marques : *Corona muratis Cybelis Phrygiæ; velut Noctilucæ Isidis; Cancer Lunæ; Leones; Mammæ Ephesiæ Dianæ; Cervi & apes Dianæ siculæ : magnæ Matris Leones; Cereris Eleusinæ boves & Dracones; Spinx Minervæ; Fructus Telluris*; S. Jerôme parlant de cette Déesse composée, laquelle étoit adorée dans le Temple d'Ephése, l'appelle, *Multimammia*, & *Alma mater*, parce que ses adorateurs croyoient qu'elle nourrissoit le genre humain de ces mammelles

me le Collisée, qui fut bâti par Vespasien, & dédié par Tite.

(5.) J'avouë que je n'ai pas lû le Livre que M. Polonus a écrit touchant Rome; mais il n'y a guéres d'apparence que cet Auteur ait pris le Collisée pour un Temple: c'est une chose trop absurde, pour être croyable; il faut qu'il y ait en cela du malentendu. Il a pû parler d'un Temple du Soleil qui étoit auprès de cet Amphithéâtre; mais qu'il ait pris le Collisée pour un Temple, cela ne se peut.

J'ai à vous dire encore sur l'article de Polonus, dont vous m'alléguez un MS. que vous avez vû, & où l'histoire de la Papesse est écrite en marge & d'une autre main, que cela ne fait rien du tout au fond de la question. Il est aisé de comprendre, que les uns ayant tronqué cet Auteur, les autres qui en ont eu du chagrin, ont tâché de le rétablir. Ainsi votre MS. est un fait particulier dont il n'y a rien à conclure contre les autres. Si dans les Anastases, dont on a ôté l'histoire de la Papesse, quelqu'un s'avisoit de la remettre en marge, cela ne détruiroit pas la force & la vérité des Originaux, dont le texte contient cette histoire. Je dis la même chose de votre Polonus: quelqu'un a supprimé l'article de la Papesse dans le Manuscrit dont vous me parlez, & quelque autre a voulu l'y remettre. Bellarmin convient que cet Auteur a écrit l'histoire de la Papesse.

Je reviens à M. Chevreau. Pour alléguer quelque raison du bruit qui s'est répandu touchant cette Papeſſe, il épouſe le ſentiment, ou pour mieux dire, le faux-fuyant d'Onufre, ſans pourtant nommer cet Auteur. Il va chercher les Concubines du Pape Jean XII. dont l'une, dit-il, s'appelloit Jeanne. Il ajoûte que cette Jeanne étoit la Favorite de Jean, elle le gouvernoit; & il conclut de-là, que Jean fut nommé Jeanne à cauſe de cette Créature. Il va plus loin qu'Onufre; car au lieu qu'Onufre ne parle que par conjecture, M. Chevreau dit poſitivement, que *Jean fut nommé PAPESSE JEANNE, à cauſe de la complaiſance aveugle qu'il avoit pour Jeanne.* Les imaginations d'Onufre, ſont des penſées en l'air & des ſoupçons chimériques qui ne ſignifient rien, & l'aſſertion de M. Chevreau eſt trop précipitée. Il ne ſçauroit prouver que Jean XII. ait été nommé Papeſſe Jeanne : cela eſt de ſon cru; & ni Onufre, ni lui, ne ſçauroient faire voir non plus que ce Pape [a] Jean ait eu aucune Concubine qui ait porté le nom de Jeanne. Ils citent tous deux Luitprand pour leur Concubine Jeanne, & le citent à faux. La Veuve dont parle M. Chevreau avoit nom Anne & non pas Jeanne. Cet Auteur n'a pas ſçû ſans doute que notre illuſtre [b] M. du Pleſſis, a découvert la ſuppoſition, dont Onufre a tâché de colorer ſon imagination.

Vous conſidererez, s'il vous plaît enco-

[a] Platine le nomme le plus pernicieux & le plus infame de tous les Papes qui ayent été avant lui. Pluſieurs ont écrit, ajoûte cet Auteur, qu'il fut tué en commettant adultere.
[b] M. du Pleſſis Mornay

re, que ce Pape Jean vint cent ans après la Papesse, ce qui est un nouvel inconvénient pour l'opinion de M. Chevreau.

Tout ce qu'on a dit, ajoûte cet Auteur, *de la prétendue Chaise percée, qui fut en usage depuis ce tems-là, n'a pas plus de fondement, & elle n'est point en effet percée.* M. Chevreau va trop vîte encore : la Chaise est percée, & percée comme le sont ordinairement les chaises percées : je l'ai vûe plus d'une fois. Je vous ai dit qu'elle est de porphyre : il y en a [a] deux, l'une est rompue, l'autre est entiere, & elles sont toutes deux de même matiere & de même forme.

Platine dit positivement après [b] Calchondyle & beaucoup d'Auteurs estimés, que quand le Pape est élû, on le met sur la Chaise percée, & que le dernier Diacre tâte par-dessous pour sçavoir s'il est homme. Voilà apparemment le premier usage de cette Chaise ; pourquoi ces Auteurs auroient-ils inventé ce qu'ils disent ? Si cet usage ayant peu-à-peu changé, on a continué pendant quelque tems de faire asseoir les Papes sur la même Chaise, pour les faire souvenir, comme dit M. Chevreau après Fauchet, qu'ils sont toujours sujets aux in-

[a] Outre les deux Chaises de porphyre qui sont percées, il y en a une de marbre blanc qui ne l'est pas, & qui servoit à une autre cérémonie. Fioravante Martinelli donne le nom de *Stercoraria* à cette derniere. Ce n'est pas ici le lieu d'examiner cette question.

[b] Laonicus Calcondyle Athenien, vivoit au milieu du quinziéme siécle. Barlaam a écrit la même chose.

firmités ordinaires des hommes ; c'est un fait que je laisse, parce qu'il ne fait rien à notre question.

Le dernier argument de M. Chevreau contre la Papesse, est tiré de ce que *les Peres du Concile de Soissons écrivirent*, dit-il, *au Pape Leon IV. pour avoir son approbation, & que comme leurs Deputés le trouverent mort, ils revinrent de Rome en France la même année, avec la souscription de Benoît III. qui lui avoit succedé.* Vous avez vû avec combien peu de certitude cet Auteur a parlé jusques ici ; il finit comme il a commencé. Il parle du (*a*) Concile de Soissons sans le désigner autrement : tout ce qu'il affirme dans la suite ; il ne le prouve point ; & qui plus est, il ne le sçauroit prouver. S'il n'a que les Commentaires de Sirmond & de Binius & les éditions nouvelles de son Concile, cela ne veut rien dire. Il nous faut, sur-tout dans une affaire contestée comme l'est celle-ci, des MSS. dont l'antiquité & la vérité soient INCONTESTABLES ; & jamais il ne trouvera les choses qu'il avance, dans ces Originaux. Si l'on étoit assuré du tems que les Deputés du Concile furent envoyés & du tems de leur retour après la mort de Leon, on pourroit fixer la durée du Ponti-

---

(*a*) C'étoit le second Concile, ou conciliabule. Nicolas I. refusa toujours d'y souscrire. La prétendue lettre d'Hincmar, aussi bien que le Privilege de Corbie, sont deux Pieces incontestablement fausses & supposées. Cela est clairement prouvé, & il n'est pas possible d'en disconvenir.

ficat de ce Pape, ce qu'aucun de ceux qui nient l'histoire de la Papesse n'a encore pû faire jusques ici. C'est une chose que je vous prie de remarquer. Onufre & les autres ont été obligés d'allonger les vies des Papes qui ont précédé & qui ont suivi la Papesse ; & ces Chronologistes ayant troublé l'ordre de la vérité, ils se sont tous jettés dans une confusion & dans un labyrinthe dont ils ne se peuvent tirer. (*a*) Bellarmin l'un des plus habiles & des plus fins d'entre eux, fait durer dix ans le Pontificat de Nicolas I. dans son Traité des Ecrivains Ecclésiastiques, & neuf ans & demi seulement dans sa Chronologie. Examinez tous ces gens-là, vous n'en trouverez pas un seul qui s'accorde, tant il est difficile de déguiser la vérité. Il n'y a pas un Pape, dont la durée du Pontificat ne soit marquée par Bellarmin, excepté celle du Pontificat de Leon IV. preuve évidente qu'il s'est trouvé dans un grand embarras, pour remplacer les deux années de Jeanne ou de Jeanne VIII.

Ce que lui & ses semblables ont entiérement supprimé cette Femme du Catalogue des Papes, cela, dis-je, les a jettés dans un nouveau désordre ; car au lieu que ceux qui disent les choses comme elles sont, comptent vingt-quatre Papes qui ont porté le nom de Jean, les autres n'en comptent que 23. ce qui trouble toute leur histoire. Ainsi leur Jean XII. dont nous avons parlé, est Jean XIII. selon Platine, selon (*a*) Ga-

(*a*) Platine dit sept ans, neuf mois, treize jours.   (*b*) Ou *Caranza* dit aussi *de Miranda*. [Bar *zenza*, & selon tous les Historiens véritables.

Je n'ai plus rien à vous dire touchant M. Chevreau ; car je ne m'arrêterai point à vous faire remarquer ici les diverses fautes que j'ai trouvées dans son histoire. Il lui a été difficile, à la vérité, d'entreprendre un ouvrage si vaste & si général, sans risquer de tomber dans quelques méprises.

J'ajoûterai trois ou quatre petites remarques, qui serviront encore à l'éclaircissement de la question.

Il ne faut pas que vous regardiez comme une contradiction, de ce que la Papesse est nommée *Anglicus & Moguntinus*. (a) L'Auteur du *Frasciculus Temporum* explique nettement la chose : *Joannes*, dit-il, *Anglicus cognomine, sed natione Moguntinus*. Elle s'appelloit Jeanne Langlois, & étoit née à Mayence.

La difference de MSS. où tantôt cette histoire se trouve, & où tantôt elle ne se trouve pas, ne doit pas faire de peine ; vous sçavez les suppositions & les falsifications des Copistes, dans les livres dont ils ont été les dépositaires : on pourroit remplir de gros volumes de toutes leurs fourberies.

Il n'y a pas de quoi s'étonner, que quelques-uns de ceux qui ont écrit l'histoire de la Papesse, en ayent parlé en hésitant en quelque maniere. Outre que la chose en elle-même paroît d'abord enveloppée de cir-

tholomy] Archevêque de Tolede ; dans son Abbregé des Conciles.

[a] Wernerus Rool-winck. Westfalus.

constances embarrassantes, ces Auteurs-là risquoient en l'affirmant trop expressement. La force de la vérité les poussoit & les contraignoit à parler ; & la crainte de déplaire au Siége de Rome, étoit une bride qui les retenoit : cela est aisé à comprendre. Au reste, plusieurs ont franchi la difficulté & en ont parlé si nettement & si précisement, qu'on ne peut rien demander de plus positif.

Quand on n'auroit que deux ou trois de de ces témoignages, cela suffiroit. Des gens qui nient, on peut en trouver par centaines & par millions ; cela ne mérite pas qu'on y fasse la moindre attention. L'Histoire de la Papesse n'implique aucune contradiction : elle est affirmée par divers Auteurs qui sont gens d'honneur, & que la vérité fait parler contre l'interêt de leur propre Parti. On ne peut accuser aucuns ennemis du Papisme, d'avoir inseré cette histoire dans les Ecrits de ces Auteurs : elle a été reçûë sans contradiction cinq cens ans durant, de l'aveu même de ceux qui aujourd'hui la traitent de fable. Il n'y a donc point de *négatives* qui soient capables *d'invalider* des témoignages si authentiques, & un fait si solidement & si généralement attesté.

Je vous ai déja dit ce que je pensois sur ce que vous m'alléguez quelques-uns de nos Docteurs, qui n'ont pas crû l'histoire de la Papesse ; mais comme je m'apperçois que vous insistez sur cela, j'y insisterai aussi, & je vous dirai nettement que c'est un préjugé tout-à-fait injuste, pour ne pas dire une vraye lâcheté, de jurer fur la parole ou fur l'opinion d'aucun homme, quelque rang qu'il tienne dans le monde, s'il n'eſt pas inſpiré de Dieu : ni la voix publique, ni la pluralité des ſentimens, ni l'autorité prétenduë des Ecrivains qui portent de grands noms, tout cela ne ſont point des raiſons pour un homme qui a le ſens droit. Ces anciens Auteurs qu'on appelle les Peres, étourdiſſent aujourd'hui les trois quarts du Monde Chrétien, par le préjugé que l'on a pour eux. Cependant entre les bonnes choſes qu'ils ont écrites, on en trouve quantité de mauvaiſes, de fauſſes, d'inſipides & de ridicules.

J'avois deſſein de finir ici notre controverſe ; mais je crois qu'il ne ſera pas mal-à-propos de lever encore une difficulté. A vous dire le vrai, je m'étonne un peu, qu'au lieu de M. Chevreau, vous ne m'ayez mis en tête le fameux Blondel; car c'eſt le Boulevard ou l'Arc-boutant de *l'Antipapeſſime*. Le nom de ce Perſonnage a ſervi de puiſſant argument à quantité de gens. M. Blondel étoit un homme docte, un homme d'eſprit, un Proteſtant, & par conſéquent ſelon toute apparence, un Auteur deſintereſſé ſur cette matiere. On peut dire auſſi que ſon nom a été la pierre d'achopement de ceux, qui par préjugé croyent ou ne croyent pas les choſes. C'eſt ce nom qui a porté le grand coup, & qui a donné tout le poids au Livre.

David Blondel.

J'ai lû & relû cette Piece avec attention. Elle eſt aſſurement compoſée d'une maniere à jetter de la poudre aux yeux à bien des perſonnes, & à embarraſſer ſouvent le plus grand nombre de ſes Lecteurs. Mais les gens qui ne ſe laiſſent pas ſurprendre, & qui vont au ſolide & à l'eſſentiel, ne trouveront rien, qui ait ce caractere dans tout ſon diſcours.

Je pourrois fournir un volume d'obſervations & de critiques ſur cet Ouvrage; j'en ai ſur chaque page, & peut-être ſur chaque période; & je pourrai vous communiquer cela quelque jour. Ce n'eſt pas ici le lieu de le faire; mais il faut que je vous donne une idée & même un échantillon de ce Livre, ſelon l'anatomie que j'en ai faite.

M. Blondel fait d'abord un aveu qui le perd, malgré toutes les ſoupleſſes auſquelles il a recours dans la ſuite. La force de la vérité & des témoignages qu'il en a reçûs par ces (a) perſonnes à qui il ne peut ni ne veut refuſer ſa créance, lui fait ingénüement confeſſer, *que l'hiſtoire de la Papeſſa eſt contenuë dans les anciens Anaſtaſes d'Ausbourg*, dont je vous ai parlé. Voilà ſans doute une preuve autentique: comment fait-il pour l'éluder? Il s'y prend de la maniere du monde la plus pitoyable: il ſe fait une chimere ou une difficulté à ſa fantaiſie, pour la combattre plus aiſément. Ces Manuſcrits originaux ſeroient des témoignages ſans replique, qui le jetteroient dans un embarras dont il ne ſe pourroit tirer. Que fait-il donc? Il les abandonne

(a) Il veut parler de Mr. de Saumaiſe.

adroitement auſſi-tôt après les avoir nommés, ſans en dire un mot davantage; & donne promptement le change. Il a trouvé à Paris un Anaſtaſe d'environ deux cens ans, dans lequel eſt auſſi compriſe la même hiſtoire, mais avec des circonſtances qui impliquent, dit-il, pluſieurs contradictions. Et, *il ſemble*, ajoûte-t'il, que l'Anaſtaſe de Paris, doit éclaircir ceux d'Ausbourg. Il n'oſe poſer d'abord ſon fondement que par un *il ſemble*; mais il s'enhardit peu de tems après, il oublie incontinent ſon *il ſemble*; & ſans examiner ſi ce qu'il dit *qu'il lui ſemble*, doit *ſembler* de la même maniere aux autres, il bâtit ſon raiſonnement ſur cette incertitude, & établit en même tems la choſe, quoique d'une maniere tacite, comme un fait aſſuré. Avec ſon Anaſtaſe de deux cens ans, il trouve auſſi le ſecret de réfuter tous les Anaſtaſes, ſans en citer aucun.

Il fait pis encore; car notez, je vous prie, que ſon Anaſtaſe eſt un anecdote, & un anecdote qu'il ne montre que par lambeaux, ſans oſer le produire. Si l'on ne craignoit d'offenſer la probité de M. Blon. Ne croyez-vous pas qu'on pourroit ſoupçonner ce MS. d'être inviſible à tout autre qu'à lui? Quoi-qu'il en ſoit, nous préſumerons du moins, qu'il auroit mal trouvé ſon compte à citer le paſſage entier; & qu'il appréhendoit de fournir des armes contre lui-même.

Premierement donc, il faut croire Mr. Blondel, ſur le fait de ſon Anaſtaſe, & ſur ce qu'il en allégue: Anaſtaſe peut-être chi-

mérique, ou du moins, selon lui, copie affez nouvelle, & même copie incertaine,
que plusieurs, dit-il, ont prise pour un
Platine. Quand on sçait lire, on ne doit
pas confondre un Anastase avec un Platine.

Secondement, après avoir crû aveuglé-
ment cet Auteur, touchant ce qu'il lui plaît
de nous dire, de son espece d'Anastase, sur
son *il semble*, il faut croire encore, ou supposer sa conséquence tacite, que ce MS. est,
non-seulement un éclaircissement, comme
il le dit d'abord, mais une copie véritable
des Anastases d'Ausbourg, & même des
Anastases les plus anciens, & les plus précis, sans quoi tous les raisonnemens seroient inutiles.

Voilà sans doute un mauvais début : &
l'on peut dire qu'il suffiroit pour décrédi-
ter, avec beaucoup de raison, le fameux
Livre de Mr. Blondel : la plus grande force
de ce Livre devant être employée à détruire par des raisonnemens très-clairs & très-
solides, le témoignage & l'autorité du Bibliothécaire Anastase, Personnage docte,
Auteur contemporain de *Jeanne*, témoin
oculaire sans doute, & homme tout-à-fait
désintéressé.

Je vous ferai part de quelques autres de
mes remarques, sur le Livre de Mr. Blondel. Si pour cause de briéveté, je ne prouve pas ici tout ce que j'avance, je le pourrai faire dans un autre tems.

En général, je vous dirai d'abord, que
ce *Livre peut être entièrement & parfaite-*

ment refuté par lui-même : & que *bien loin qu'il détruise l'histoire de la Papesse, on la peut prouver très-solidement par ce même Livre.* Ce sont deux théses que je pose hardiment, & que j'offrirois de soûtenir.

Pour vous donner seulement un exemple des variations & des contradictions de Mr. Blondel, je remarquerai que les deux tiers de son Traité roulent sur des chicanes de Chronologie, contre ceux qui ont écrit l'histoire de la Papesse ; & en vains triomphes contre ces Auteurs. Après quoi il s'oublie jusqu'à ce point, qu'il fait lui-même un assez long article, pour prouver l'incertitude de la Chronologie (a), & le peu de fondement que l'on y doit faire, quand on veut s'en servir, pour ou contre un sujet. Et au reste, quand il trouve que la Chronologie s'accommode avec ce qu'il veut prouver, il s'en saisit avidement, & l'employe comme un Oracle : Tout ce qui ne s'accorde pas avec son calcul, étant chez lui folie.

Son ouvrage est plein d'une ostentation, qui lui fait incessamment abandonner sa thése, pour faire, à quelque prix que ce soit, une vaine parade de sa lecture. Souvent même cette démangeaison de montrer son sçavoir, lui fait dire des choses qui préjudicient à ce qu'il veut prouver. Il faut qu'il étale tout ce qu'il sçait, fût-ce aux dépens de sa propre cause.

Il entasse aussi citations sur citations,

(a) Sur tout, la Chronologie des Evêques ou Papes de Rome, est un labyrinthe effroyable.

sans aucune néceſſité , & ſouvent ſans que cela aille aucunement au fait ; non-ſeulement pour ſatisfaire ſa vanité , mais pour embarraſſer ſon lecteur, & pour tâcher de lui impoſer ſilence, au milieu de tout ce grand bruit. On voit qu'il cherche à fatiguer les gens , & à leur rendre ſon Livre comme inacceſſible , par une multitude de choſes, qui très-frequemment ne ſont pourtant que des paranthéſes inutiles , & des chicanes ſur un néant, propres ſeulement à embroüiller la matiere. Rarement il va droit au but, & ſouvent il embraſſe comme le capital , ce qui n'eſt qu'un fait de legere importance , qu'il ne rencontre auſſi que par accident. Il triomphe hors de propos , en réfutant ces petites choſes, afin d'éblouïr par-là ſes Lecteurs. Il allonge les difficultés, & en fait pluſieurs d'une ſeule, quand l'endroit lui paroît favorable. Et il remplit toutes ſes réfutations, de démentis, d'accuſations de fourbes & de bévûës, & de cent autres termes injurieux, afin d'accoûtumer le monde, s'il lui eſt poſſible, à déclamer perpetuellement contre ceux qu'il réfute. Il raille auſſi d'une maniere trop forte , & ſéme de *lardons* à droit & à gauche. Cette mauvaiſe humeur eſt une marque de la peine où il ſe trouve ; & on voit auſſi qu'il raiſonne quelquefois avec crainte & incertitude : mais il ne lui importe pas beaucoup d'être obſcur, pourvû qu'il entraîne le Lecteur dans ſon labyrinthe.

Rien n'eſt ſi plaiſant que l'embarras où tombent tous ceux qui, après leurs réflexions contre l'histoire de la Papesse, tâchent d'imaginer, disent-ils, ce qui peut avoir donné lieu à cette *fable*. Les uns, avec Baronius, vont chercher une prétenduë *Patriarchesse* de Constantinople : (ce qui, pour le dire en passant, est très-propre, sans qu'ils y pensent, à persuader la probabilité de nôtre Papesse.) Les autres, comme Onufre & M. Chevreau, font d'une Anne une Jeanne, ainsi que nous le disions il n'y a pas long-tems : de cette Jeanne ils font une Mathilde, ou une Olympia, qui gouvernoit le Pape Jean douziéme ; & de cette Concubine, une maniere de Papesse, qu'ils font obligés de faire mourir cent ans avant qu'elle naisse, afin de la placer dans le lieu nécessaire. Allatius a forgé aussi une certaine Thiota, prétenduë Prophetesse de Mayence, qu'il convertit du mieux qu'il peut en Papesse Jeanne. Mr. Blondel rapporte diverses autres conjectures, & les réfute toutes : Il est en cet endroit d'une merveilleuse modestie : C'est un mystere dans lequel il n'est pas capable de pénétrer. Sa candeur brille encore en un autre lieu : Il employe quatorze ou quinze pages de son petit Livre à faire l'éloge de la Verité & de l'Equité. Dans cette généreuse disposition d'esprit, il n'a pû souffrir qu'on fît impunément cet injuste reproche au Siége Romain. Et c'est, dit-il, ce qui lui a fait prendre la plume en cette occasion. Faisons sur cela deux petites réflexions, & puis nous parlerons d'autre chose.

Qu'il y ait eu un Pape Femme, ou qu'il

n'y en ait point eu, en verité les choses sont d'ailleurs dans un état tel que cette circonstance détachée des autres, ne fait ni bien ni mal à l'Eglise Romaine. Je ne puis insister beaucoup sur ce reproche, comme on le fait ordinairement parmi nous, parce que je ne vois rien là, dont les conséquences soient plus fâcheuses que celles que l'on peut tirer des Papes, qui ont été *pires que la Papesse*. Si à l'exception de cette Créature, tous les Papes eussent été de gens de bien, de bons Chrétiens, des Pasteurs vigilans & fidéles, de qui les mœurs & la doctrine eussent été irréprehensibles, je ne m'étonnerois pas de voir aujourd'hui des gens se chagriner contre ceux qui leur reprochoient la Papesse. Mais puisque les plus zélés Auteurs de la Communion Rom. ne disconviennent pas qu'il n'y ait eu un très-grand nombre de Papes abominables, pourquoi la Papesse, à cause de son Sexe seulement, seroit-elle un Monstre plus affreux que les autres ? C'est donc sans nécessité que l'on s'estomaque si terriblement sur cette affaire dans l'Eglise Romaine : Et c'est avec moins de nécessité encore, que nôtre Mr. Blondel a pris feu si violemment sur ce même chapitre. C'est un zéle inutile, & une charité de nul fruit. Ce petit remede n'étoit point capable, quel qu'en pût être le succès, de purifier toute la masse du sang des Papes, qui en général est horriblement corrompuë, ainsi que l'avoüent unanimement tous les Historiens, de quelque Religion qu'ils soient. Aussi faut-il confesser que le discours de Mr. Blondel sur la candeur qui le fait agir, & si long & si affecté, qu'on n'y trouve rien de persuasif.

Mais il faut que j'acheve de vous dire tout ce que je pense sur son article, & même tout ce que je sçai. A la raison de l'ostentation, parlons librement, nous pouvons ajoûter celle de l'interet. Un homme d'honneur qui demeuroit à Paris, & qui connoissoit particulierement celui dont nous parlons, m'a dit qu'il sçavoit d'original, que cet Ecrivain avoit été payé pour faire un Traité contre la Papesse. Mon Auteur est très-digne de foi, & Mr. Blondel n'est pas l'unique au monde à qui l'argent ait fait prendre un semblable parti.

Il ne m'est pas agréable de vous parler aussi d'un homme qui à mettre tout ensemble, avoit du merite. Pour le justifier autant qu'il se pourra, disons si vous voulez, qu'il croyoit peut-être la chose problématique : Et ajoûtons, que tout bien compté, s'il faisoit un plaisir à l'Eglise Romaine, en écrivant contre la Papesse, au fond, il ne faisoit aucun tort à la nôtre : Nos Religions ne dépendant en façon quelconque, de la fausseté, ou de la verité de cette histoire : Consideration qui la lui faisoit apparemment regarder comme une chose assez indifférente.

Je n'ai presque rien à vous dire sur ce que vous me demandez touchant les Grecs & les Arméniens qui sont à Rome. Les uns & les autres ont leurs cérémonies particulieres, & officient selon leurs propres rites.

mais ils font obligés de foufcrire à l'autorité du Pape, avant qu'il leur foit permis de s'établir dans Rome. La petite Eglife des Arméniens §. *Sainte Marie Egyptienne*, étoit autrefois, difent les Antiquaires, un des Temples du Soleil & de Jupiter. §. *Selon d'autres, c'eft celui de la Fortune Virille*.

Les Juifs de Rome avoient quelque liberté & quelques commodités, avant le Pontificat de Paul quatriéme ; mais ce Pape les gêna terriblement. Au lieu qu'auparavant ils pouvoient habiter dans tous les endroits de la Ville, il les renferma dans un certain quartier, & leur ordonna de s'y rendre à nuit clofe. Il les contraignit de vendre leurs poffeffions, & ne leur permit aucun négoce que de vieilles hardes. Il voulut auffi qu'ils fuffent diftingués par un chapeau jaune : & il défendit très-expreffement aux Chrétiens de manger ni de converfer avec eux. On m'a affuré que par une ordonnance de Gregoire XIII. ils étoient obligés d'affifter tous les Samedis après midi, jufqu'à un certain nombre pour le moins, à un Sermon Chrétien, mais je n'ai pas encore vû cette Affemblée. Les Juifs Italiens, & ceux de Rome particulierement, à ce que quelques-uns d'entre eux m'ont dit, obfervent fort exactement la loi qui leur ordonne de fe marier au plus tard à vingt ans, fur peine d'être traités avec opprobre, comme gens vivans enpeché. Le nombre des Juifs de Rome, eft préfentement de fix à fept mille. §. *On n'en compte en 1739. guéres* plus de quatre mille ; ils demeurent dans un Ghetto ou quartier fermé, comme à Venise, & dans quantité de Villes d'Italie.

Quand quelques Juifs ou quelques autres infidéles, veulent embrasser le Christianisme à Rome, on attend au Samedi de la Semaine Sainte à faire la cérémonie de leur Baptême, à moins qu'il n'y ait quelque raison pressante ; & cette cérémonie se célébre dans l'Eglise de S. Jean de Latran, où l'on dit que Constantin le grand fut baptisé. Nous y avons vû recevoir le Baptême à six Turcs. Ils étoient habillés de damas blanc, en manteau, avec un colet de batiste, & une croix d'argent penduë au col. Un Cardinal étant venu avec les Chanoines de S. Jean de Latran, on a premierement fait la cérémonie de benir l'eau : Après cela, les Proselytes présentés par leurs Parreins, se sont approchés chacun à leur tour, déclarant qu'ils demandoient à être baptisés : Ils se sont panchés sur les fonts, & le Cardinal les a baptisés, & leur a donné le nom, en leur versant de l'eau sur la tête, avec une grande cuilliere d'argent. Ensuite ils ont pris chacun une bougie allumée, ils ont été confirmés dans une Chapelle du même Baptistere, & s'en sont allés entendre la Messe à S. Jean de Latran. L'Auteur de la Roma Santa dit que les Juifs puent, mais qu'après qu'ils ont été baptisés, ils n'ont plus de mauvaise odeur (*Cosa maravigliosa che ricevuto il Sto. Battessimo non puzzano più.*) Il n'y a rien de merveilleux en cela ; car on lave & on nettoye si bien ceux qui doivent être baptisés, que quand ils auroient eu quelque mauvaise odeur il faudroit nécessairement qu'elle s'en allât. Mais c'est une folie de dire que les Juifs ayent une odeur particuliere. Ceux de Rome sont pauvres, & tous ceux qui sont pauvres sont toujours mal propres; & il arrive souvent que les gens mal propres sentent mauvais : voilà tout le myftére. C'est une autre erreur encore de dire que tous les Juifs sont basanés : cela n'est vrai que des Juifs de race Portugaise. Ces gens-là se marient toujours les uns avec les autres, les enfans ressemblent à leurs Peres & Meres, & leur teint brun se perpetuë ainsi avec peu de diminution, par tout où ils habitent, même dans le Païs du Nord. Mais les Juifs Allemands originaires, comme par exemple ceux de Prague, n'ont pas le teint plus basané, que ne l'ont tous leurs compatriotes. Nous avons vû une autre cérémonie le Jeudi précedent, dans une des Chapelles du Vatican : c'est le Lavement des pieds de treize Pélerins. Ils étoient aussi habillés de blanc, mais ils avoient une maniere de camail, avec un bonnet quarré. Tous étant assis en un même rang, sur un banc élevé, ils s'y sont déchaussés, & un Prêtre les a visités pour voir si tout étoit bien. Ensuite on a apporté un grand plat, & une aiguiere de vermeil pour chaque Pelerin : Le Cardinal officiant pour le Pape, leur a lavé les pieds dans ce plat, en les frottant de ses propres mains; & ils les a baisés après les avoir essuyés. Incontinent après on a donné à chaque Pelerin, deux Médailles d'or. Ils s'en sont allés dans une des chambres du Palais, où un magnifique festin leur étoit préparé : Tous treize se sont assis à un des côtés de la table, & les Cardinaux se sont mis à une autre table, dans la même chambre.

Je ne m'engage pas à vous représenter les autres cérémonies que nous avons vûës pendant la Semaine Sainte, parce que je me souviens que tout cela se trouve exactement décrit.

Ce Pape vivant dans une retraite extraordinaire, les Etrangers ne s'apperçoivent presque point qu'il soit à Rome : on ne rencontre ni livrées, ni carosses, ni aucun autre de ses équipages. Quand il sort, ce qui est très-rare, c'est en litiere. Ces litieres sont extrémement grandes, les portieres sont vitrées, & toute la litiere est garnie en dehors & en dedans de velours cramoisi, avec des galons & des crespines d'or : Les harnois des mules sont accommodés de la même maniere. Le Pape est toujours seul dans sa litiere ; il y a une petite table sur le devant, au lieu d'un siege. La livrée des Papes est toujours la même, d'écarlate, avec un double galon velouté, de même couleur. Presque tous les appartemens, au Vatican & à Monte-Cavallo, sont aussi tapissés de rouge : c'est un damas séparé par bandes avec un galon d'or, & au haut une crespine de même.

Les Jardins de Monte-Cavallo sont dans une belle situation, mais la disposition en est

est irréguliere, & tout nous y a paru fort négligé.

Les deux chevaux de marbre qui sont devant le Palais, & que Sixte V. fit ôter des Thermes de Constantin, pour les transporter dans ce lieu, ont toujours passé pour être l'un de Phidias (a), & l'autre de Praxitele, les noms de ces fameux Sculpteurs y étant gravés. On dit aussi, & plusieurs l'ont écrit, que ces deux chevaux sont deux Statuës du Bucephale d'Alexandre, de Phidias & Praxitele firent à l'envie l'un de l'autre; mais il faut nécessairement qu'il y ait quelque erreur en cela. Alexandre étant venu cinquante ans après Praxitele, & Praxitele un siécle tout entier après Phidias; si ces statuës sont de Phidias & de Praxitele, elles n'ont point été faites pour le Bucéphale : Ou si elles ont été faites pour le Bucéphale, elles ne sont ni de Phidias ni de Praxitele.

Les deux autres chevaux de marbre, qui se voyent dans la Place du Capitole, ont été enlevés du Théâtre de Pompée; & la statuë équestre de bronze que l'on voit dans le même lieu, y fut mise par Paul III. On croit que c'est la statuë de Marc-Aurele.

§. *On monte au Capitole par un grand degré, au bas duquel deux Sphinx antiques & de marbre, jettent de l'eau. On voit d'abord en face, & au milieu de la cour ou plate-forme qui est en haut, cette statuë équestre de Marc-Aurele, dont le cheval est meilleur que la figure.*

(*a. Opus Phidiæ. Opus Praxitelis.*

Le Capitole est un édifice nouveau, bâti sur les ruines, & même en partie sur les (a) fondemens de l'ancien. Tout y est plein de pieces antiques & remarquables, dont la description demanderoit un volume entier.

Entre les principales, on peut compter la Louve de bronze qui allaite les illustres Jumeaux, & sur laquelle on peut remarquer le coup de foudre dont (b) parle Ciceron. Les quatre grands bas-reliefs, où plusieurs endroits de l'histoire de Marc-Aurele sont représentés. La Colonne *rostrata* du Général ou de l'Amiral, & Consul Duillius, qui eut le premier dans Rome l'honneur du triomphe naval. Le (c) Courrier qui s'arracha une épine du pied, après avoir apporté de bonnes nouvelles au Sénat, ayant mieux aimé souffrir pendant son voyage, que de retarder la joie publique. Le Sénat fut si touché de l'affection de ce bon sujet, qu'il ordonna qu'on lui érigeât une Statuë. Le buste de Ciceron avec son *cicere*. Le buste de Virgile. Les quatre anciennes (d) mesures. La Nourrice de Néron qui le tient par la main. La Déesse du Silence. Le Dieu Pan. Les trois Furies. Une statuë de César avec sa cuirasse. Une statuë d'Auguste. Celles de Castor & de Pollux. Les débris des Colosses d'Apollon, de Domitien

(a) Ces anciens fondemens paroissent. On peut aller sur une plate-forme au haut d'un des appartemens du Capitole, d'où l'on voit distinctement les sept montagnes de l'ancienne Rome.
(b) Or. 3. contre Cat.
(c) *Æneum Martii Pastoris simulachrum.*
(d) Une pour l'huile. Deux pour le vin. L'autre pour le grain.

& de Commode. Le Lion qui dévore un Cheval. Et les trophées que les uns disent être de Trajan, & les autres de Marius.

Les peintures à fresque de la grande Sale, sont du *Cavalier* Joseph : je crois que c'est la premiere bataille entre les Romains & les Sabins.

Je ne sçai pas trop ce que je dois vous dire touchant la Colonne qu'on appelle *Milliarium*, car je vous avoüe que cette Colonne me paroît une chose difficile à entendre. Elle est de marbre blanc, & a huit pieds & demi de hauteur. Le chiffre (a) 1. est marqué au haut ; & sur le chapiteau il y a un globe d'airain qui peut avoir deux pieds de diamétre. On dit communément que cette Colonne étoit au centre de Rome, & que c'étoit-là qu'on commençoit à compter les distances, lesquelles se divisoient de mille en mille par d'autres Colonnes sur tous les grands chemins d'Italie. Mais je trouve deux ou trois choses fort embarassantes dans ce sentiment. La colonne du *Forum Romanum* dont parlent Tacite, Suetone & quelques autres anciens Auteurs, nous est représentée ou d'airain ou de bronze doré, & ayant les noms des grands chemins gravés, avec les distances des principales villes, rien de tout cela ne paroît sur le *Milliarium* du Capitole. Peut-être, direz-vous, la Colonne d'airain dont ces Auteurs font mention, a-t-elle été perduë, & le *Milliarium* de marbre a-t-il été mis en sa place. Mais à cela, je répondrai

(a) *Primus, secundus, tertius ab Urbe lapis.*

Tom. 2. Pag. 314.

I

Imp. Cæs.
Vespasiano
Aug. Pont.
Max. Trib.
Potest. XII.
Impl. XVII.
Cæser. Co.
VII. Desig.
VIII.

Imp. Ner
ier Aug
Pontifex
Maximo
Tribuni
Potestat
tes III. P
Patriæ
fecit.

que la Colonne milliaire du Capitole a été trouvée joignant le chemin d'Appius, ce qui paroît par (a) l'inscription moderne que l'on a gravée sur une des faces du piedestal de la même Colonne ; & j'ajoûterai qu'il est hors de toute apparence, qu'elle ait été transportée du centre de Rome à un mille loin de ses murailles. D'ailleurs, à examiner le fond de la chose, il ne me paroît pas possible d'expliquer les termes ordinaires de *primus* ou *secundus ab Urbe lapis*, si ce *lapis* ou cette Colonne n'étoit pas hors de Rome : le mot *ab Urbe*, exprimant la chose assez clairement. Si je n'avois donc jamais entendu parler du *Milliarium* doré, qui étoit au cœur de la Ville, & auquel aboutissoient, disent quelques-uns, tous les chemins Consulaires ; je croirois pouvoir affirmer positivement que *primus lapis*, la premiere Colonne, ou le premier *Milliarium*, tel qu'est celui du Capitole, auroit été à un mille des murailles de Rome, ce que j'aurois entendu par les mots *ab Urbe*. Le *Milliarium* dont il est question ayant été trouvé dans un des fauxbourgs de Rome, & proche d'un de ses grands chemins, j'aurois crû que c'étoit-là son propre lieu, & j'aurois conclu qu'il y avoit autant de premieres Colonnes que de grands chemins. Soit que je suppose que le *Milliarium* doré ait été l'unique premier *Milliarium*, autour duquel à la distance d'un

(a) S. P. Q. R. Columnam milliariam primi ab Urbe lapidis indicem, ab Imperatore *Vespasiano & Nerva restitutam*, de rüinis suburbanis *Viæ Appriæ*, in Capitolium transtulit.

mille, on trouvoit les secondes Colonnes; ce qui implique pourtant quelque contradiction : Soit que cette Colonne dorée au milieu de la Ville, n'ait été qu'un but, & que les plus fortes Colonnes fussent appellées les premieres, & marquées comme celles du Capitole : je trouve toujours que vû la grandeur de Rome, aucune de ces premieres ou secondes Colonnes ne pouvoient être hors de la Ville ; & qu'ainsi ç'auroit été une façon de parler très-impropre, & même très-fausse, de dire *primo ab Urbe lapide* : Ce *primus lapis* auroit été *in Urbe*, & non pas *ab Urbe*.

Une autre circonstance contribueroit aussi à me confirmer dans cette pensée. On voit au Palais Palestrine une ancienne inscription qui contient les Statuts d'un College d'Esculape & de la Santé, auquel College une Salvia Marcellina fait don d'un Temple, d'une Place, & d'une Promenade, le tout étant situé sur le chemin d'Appius, proche du Temple de Mars, *intra milliarium I. & II. ab Urbe euntibus*.

Les Antiquaires conviennent qu'il y avoit un Temple de Mars hors de la Ville, & sur la *Via Appia* : & tout cela acheveroit à-peu-près de me persuader que (*a*) le *Milliarium* doré n'étoit que pour marquer le lieu où commençoient tous les grands chemins, & pour enseigner les distances des principales Villes ; mais que chaque premie-

(*a*) Depuis la premiere édition de ce Livre, j'ai trouvé que c'étoit précisement le sentiment d'Holstenius.

re Colonne étoit à un mille des portes de Rome.

Ceux que j'ai consultés sur cela ne m'ont rien dit de fort satisfaisant ni pour un sentiment ni pour l'autre : Je tâcherai pourtant de m'en éclaircir. Vous me ferez plaisir de me mander ce que vous en pensez.

Afin de vous donner la description toute entiere du *Milliarium* du Capitole, j'ajoûterai ici les deux inscriptions qui sont gravées sur le fût même de la Colonne.

IMP. CÆSAR
VESPASIANUS
PONTIF. MAXIM.
TRIB. POTESTAT. XVII.
IMP. XVII. PP. CENSOR.
COS. VII. DESIGN. VIII.

IMP. NERVA CÆSAR
AUGUSTUS PONTIFEX
MAXIMUS TRIBUNITIA
POTESTATE COS. III. PATER
PATRIÆ REFECIT.

Pour faire symmettrie avec le *Milliarium* on a depuis peu érigé une autre Colonne de même figure & de même grandeur, sur laquelle on a mis un globe d'airain dans lequel étoient, dit-on, les Cendres de Trajan.

Hoc in Orbiculo olim Trajani cineres jacebant. Nunc, non cineres, sed memoria jacet. Tempus cum cinere memoriam sepelivit; Ars cum tempore non cinerem, sed memoriam ins-

taurat. Magnitudinis enim non Reliquiæ, sed umbra vix manet, cinis cineri in una ætate moritur ; Memoria cineris in Aere arte revivifcit.

Tout-joignant l'aîle droite du Capitole, est l'Eglise qui porte le nom d'*Ara Cœli*. On raconte qu'Auguste ayant consulté l'Oracle de Delphes, pour sçavoir qui gouverneroit l'Empire après lui, cet Oracle fut longtems sourd & muet aux questions redoublées d'Auguste ; qu'enfin après de grandes instances, l'Oracle déclara que l'Enfant Hebreu, Fils de Dieu & vrai Dieu lui-même, lui ayant ôté la parole, il n'avoit plus rien à révéler, & que l'Empereur eût à se retirer. L'histoire ajoûte qu'Auguste ayant trouvé ce langage conforme aux Prophêties des Sibylles, il bâtit aussi-tôt un Autel au Capitole en l'honneur de l'Enfant Hebreu dont lui avoit parlé l'Oracle, & qu'il appella cet Autel, *Ara Primogeniti Dei*. On a depuis édifié l'Eglise dans le même lieu, de telle maniere que l'Autel d'Auguste se trouve auprès du Chœur, & l'Eglise a été nommée *Ara Cœli*.

La prison où l'on dit que S. Pierre & S. Paul furent envoyés, après qu'on leur eût prononcé leur arrêt de mort, est fort proche de-là. On appelle cette prison, qui est présentement une Chapelle, *S. Pietro in Carcere*. Les Antiquaires conviennent que c'est le *Tullianum*, qui fut achevé par Servius Tullius ou par Tullius Hostilius, & dans lequel on ne mettoit que les criminels condamnés à la mort. §. *Les Auteurs Ecclésiaſtiques l'appellent quelquefois* Mamertinum; *mais cette derniere priſon étoit hors de la Porte appellée* Carmentalis. On y montre une petite fontaine (*a*) qui ſortit, dit-on, du rocher à la priere de S. Pierre, afin qu'il pût baptiſer quelques Proſelytes; & on fait voir contre la muraille, une empreinte du viſage de ce même Apôtre, la pierre s'étant amollie, quand un ſoldat la lui fit choquer rudement en lui donnant un ſoufflet.

Une infinité de débris de bâtimens antiques, ſont répandus de tous côtés derriere le Capitol; mais je n'entrerai point dans ces labyrinthes: je remarquerai ſeulement quelque petite choſe en paſſant.

La fameuſe (*b*) *rupes Tarpeia*, cet affreux précipice du tems paſſé, n'eſt plus qu'un petit rocher de vingt pieds de haut. §. *Il a quelque choſe de plus.*

L'Arc qui fut érigé pour le Triomphe de Tite après la priſe de Jeruſalem, eſt remarquable entre autres choſes par les Bas-reliefs qui repréſentent le Chandelier, la Table, les Trompettes du grand Jubilé, & quelques Vaiſſeaux qui furent apportés du Temple.

L'Arc de Conſtantin eſt preſque tout entier. Il y a ſeulement quelques Satuës dont on a enlevé les têtes, & on en accuſe Lau-

---

(*a*) Ils prétendent que l'eau de cette fontaine a le goût de lait. §. *Au contraire l'eau n'en eſt pas trop bonne.*

(*b*) Ainſi nommée à cauſe de la fille Romaine, appellée *Tarpeïa*, qui fut tué en cet endroit par les Sabins.

rent de Medicis, qui, dit-on, les fit porter à Florence. Les bons connoisseurs remarquent que les Bas-reliefs de ce Monument ne sont pas d'égale beauté ; ce qui fait soupçonner que les meilleurs morceaux furent empruntés, quand on l'érigea.

Le Lac de Curtius étoit au milieu du *Forum Romanum*. Dès le tems d'Ovide il ne paroissoit plus. Fast. 6.

Curtius ille Lacus siccas qui sustinet Aras,
 Nunc solida est tellus : sed fuit ante Lacus.

Le prodigieux Amphithéâtre qu'on * appelle le Collisée, est de figure ronde en dehors, quoique l'Aréne soit en ovale. Il contenoit (a) quatre-vingt-cinq mille spectateurs, quatre fois plus que l'Amphithéâtre de Vérone. J'ai remarqué que les colonnes du troisiéme Ordre & les pilastres du quatriéme, ont l'une & l'autre le chapiteau Corinthien. Les quatre Ordres sont, le Toscan, le Dorique, l'Ionique & le Corinthien. Ils sont très-réguliers.

C'étoit ici le lieu de parler de la Meta sudans qui se trouve entre l'Arc de Constantin & le Collisée. Voici ce qu'en dit le P. Alex. Donato Roma vetus & recens L. 3. cap. 6. Ante Arcum Constantini & Amphiteatrum,

* A cause d'un Colosse qui étoit auprès.
Hic ubi conspicui venerabilis Amphitheatri
Erigitur moles, stagna Neronis erant. Mart.

(a) Sans compter ceux qu'on appelloit *Excuneati*, qui demeuroient debout dans les passages, & dont le nombre montoit à vingt mille.

metam sudantem fontem videlicet eorum qui Ludos frequentabant extinguendæ siti percommodum eminente Jovis Simulacro, extante adhuc vestigio constituunt quam in Nummis expressam habemus. *La Statuë n'y est plus, il ne reste que la Pyramide qui est ronde, & en assez mauvais état.*

Je ne donnerai aucune satisfaction à votre curiosité touchant ce que vous me demandez du Senat de Femmes établi par Eliogabale. Le petit bâtiment du Monte-Cavallo, que quelques-uns appellent Temple du Soleil, & quelques autres Temple du Salut, est soupçonné d'avoir servi à l'assemblée de ce rare Sénat; mais on n'en a que de foibles conjectures.

Les Colonnes Trajane & Antonine sont des Monumens si célébres & si magnifiques, que je ne puis me résoudre à les oublier, quoiqu'apparemment ils ayent été suffisamment décrits. L'une & l'autre de ces admirables Colonnes sont ornées de (*a*) Bas-reliefs, qui montent en ligne spirale depuis la base jusqu'au chapiteau, & dans lesquels sont représentées les guerres & les actions mémorables de ces Princes.

La premiere (*b*) fut érigée par le Sénat en l'honneur de Trajan, & elle lui servit aussi de Mausolée, ses cendres ayant été mises dessus dans une urne d'or. Sixte V. a

---

(*a* Il y a diverses bonnes choses dans ces bas-reliefs, & quantité de mauvaises. Nulle ordonnance, nulle perspective, &c.

(*b* Elle est construite de vingt-quatre pierres, chaque pierre contenant huit degrés. *Boissard.*

fait succeder à cette urne, une Statuë de S. Pierre de bronze doré. Le vif de la Colonne est haut de cent vingt-huit pieds Romains, qui reviennent à peu-près à cent vingt-quatre pieds d'Angleterre, & l'escalier à cent vingt-trois degrés.

La seconde (a) fut aussi érigée par Marc-Aur. Antonin & par le Sénat pour Antonin Pie. La Statuë de cet Empereur y fut mise & présentement on y voit celle de S. Paul, qui est aussi de bronze & dorée comme celle de S. Pierre. L'Escalier a deux cens six degrés, & le Fût de la Colonne est haut de cent soixante pieds Romains, qui sont équivalens à cent cinquante-cinq pieds selon votre mesure.

J'ai plusieurs fois joüi de l'agréable & sçavante conversation de l'Abbé Fabretti. Nous avons visité ensemble quelques-unes de ces cavernes qu'on a nommées Catacombes, & quantité de ruines, de bâtimens & d'autres sortes d'Antiquités. Je vous dirai, puisqu'il m'en souvient, que comme nous entrions l'autre jour ensemble dans le (b) Mausolée de Cecilie fille de Metellus surnommé Creticus, il nous a fait remarquer à l'entrée de ce Monument une maniere d'ouverture de puits, dans lequel un (c) Gentilhomme tomba il y a quelques semaines, sans que ceux de sa compagnie s'en apperçussent. On fut tout étonné de voir cet

(a) Elle est faite de vingt-huit pierres. Id. les bas-reliefs représentent diverses guerres de Marc-Aurele.
(b) Capo di bovi.
(c) D. Malatesta Strinati, de Cesene.

homme éclipsé, sans pouvoir s'imaginer ce qu'il étoit devenu. La fosse est profonde; quelqu'évanoüissement l'empêcha de crier, ou s'il cria, personne ne l'entendit. Quoiqu'il en soit, les autres s'en retournerent & le laisserent. Environ soixante heures après, à force de gratter, ce pauvre Gentilhomme fut assez heureux pour se faire une issuë : pâle, foible, affamé, transi qu'il étoit, il entra dans la maison la plus voisine, où après qu'il eût raconté son histoire, on lui fit un boüillon & on le secourut si bien, que dans peu de tems il fut rétabli.

Jamais il ne s'est tant vû de lieux souterains, qu'il y en a dans Rome & dans ses environs. La terre s'est affaissée en quelques endroits, & a bouché les entrées d'une grande partie de ces caves qui se sont renduës célébres sous le nom de Catacombes; mais il en reste encore une infinité. Ne vous représentez pas ces endroits-là, je veux dire chaque Catacombe, si je puis m'exprimer ainsi, comme étant une seule caverne plus ou moins longue. Ce qu'on appelle les Catacombes de Ste. Agnès, par exemple, ou les Catacombes de S. Sebastien, ce sont des labyrinthes de ruës souterraines, qui tournent, qui biaisent, qui se croisent comme des ruës de Villes. Celles de ces cavernes qui ne paroissent pas avoir servi pour des sépultures, comme celles de la Porte Pinciane, & comme les caves qui sont proche l'Eglise de (a) S. Jean & Paul, on ne

---

(a) Ce *Jean* & ce *Paul*, dont il a été déja fait mention plusieurs fois, étoient deux Freres qui souffrirent

les appelle que *Grotte*; & aux autres, on leur a donné le nom de Catacombes, nom nouveau qui ne signifie rien, & dont les diverses étimologies n'ont rien de certain.

§. *Il semble que ces Catacombes étoient autrefois beaucoup plus larges. Mais comme on y mettoit les corps les uns sur les autres le long de la muraille, & peut-être à plusieurs rangs, & jusques au haut de la voute, cela les a extrèmement retrecies.*

Au lieu que les Catacombes de Rome se répandent de tous côtés dans tous les Fauxbourgs, il n'y en a que dans un endroit à Naples. Ces Catacombes, puisqu'il faut se servir de ce terme, sont creusées à Naples dans le roch & s'étendent de plusieurs côtés extrèmement loin. Chaque cave est ordinairement large de 15. à 18. pieds, & la hauteur de la voûte est de 12. à 15. De chaque côté dans les murs, il y a des niches ou des coffrets de toutes grandeurs & posées en étage les uns sur les autres, sans aucune symétrie, de telle maniere, que les corps s'y couchoient sans cercueil & assez au juste. On scelloit ensuite ces petites grottes avec des pierres plattes ou des tuiles fort larges, que l'on cimentoit à chaux & à sable, comme cela se voit tout distinctement en quelques endroits. Outre les coffrets des Catacombes de Naples, on trouve quelques sépulchres de raisonnable grandeur & ornés de diver-

---

le Martyre à Rome, sous Julien l'Apostat. Quand on parle d'eux, on dit S. Jean & Paul, & non pas S. Jean & S. Paul: c'est l'usage; S. Giovanni & Paulo.

ses peintures. Il y a beaucoup de figures de têtes & de demi corps, avec les noms des personnes; *Paulus, Nicolaus, Proculus* : & quelquefois un *hîc jacet*, ou un *hîc requiescit* ajoûté à ces noms.

J'ai remarqué sur un de ces Tombeaux, une croix jaune & bleuë, faite de cette ma-

niere, & accompagnée des caractéres que vous voyez. Les Grecs [a] ont autrefois formé leur ς, à peu-près comme nous formons nôtre C Latin ; ce que l'on observe particulierement dans les inscriptions des trois premiers siécles. Mais depuis que l'usage l'a emporté de nouveau pour le *sigma* ainsi figuré Σ, on n'a pas laissé de retenir l'autre par une certaine routine, quand on a écrit en abregé les noms d'ΙΗΣΟΥΣ & de ΧΡΙΣΤΟΣ, tels que vous les voyez au haut de cette Croix, & comme je les ai souvent remarqués ailleurs, même dans des inscriptions modernes.

Des Catacombes que nous avons visitées à Rome, celles de S. Sebastien sont les plus grandes. Pour l'ordinaire, les voûtes n'en sont pas moins exaucées que de celles de Naples; mais la largeur des caves, n'est que de deux pieds & demi ou environ. En quelques endroits on voit encore beaucoup de niches murées dans les hauts étages. Un Prêtre qui se rencontra un jour avec nous,

[a] Ἰησοῦς Χριστὸς νικᾶ, *Jesus Christus vincit.*

ayant eu la curiosité d'en ouvrir une, nous trouvâmes un squelette amolli, & comme reduit en cendres blanchâtres : on pouvoit juger que le corps avoit été couché sur le dos. Ce qui fait que les caves de ces Catacombes n'ont pas beaucoup de largeur, c'est qu'elles manqueroient de soutien ; ce n'est que du sable ; au lieu qu'à Naples c'est un roc solide.

On prétend ici que *les Chrétiens ont creusé eux mêmes toutes ces cavernes : Qu'ils y faisoient le Service divin, dès les premiers siécles : Que ces lieux étoient leurs sépultures à eux seuls, & jamais aux Payens. Que quantité de Saints & quantité de Martyrs y ont été enterrés. Et qu'on y trouve par conséquent une fourmillere de Reliques* ; ce qui est *l'ame & le capital de toute l'affaire*. (a)

Quand les premieres suppositions seroient véritables, il ne s'ensuivroit nulle qu'on pût aller à coup sûr prendre d.... dans les Catacombes, pour en faire ce qu'on appelle des Reliques : mais mon dessein n'est pas d'entrer présentement dans cet examen.

(a) Voyez le Traité que le sçavant Pere Mabillon a depuis peu écrit avec autant de candeur que de solidité, *De Cultu Sanctorum ignotorum*. Certainement l'article des Reliques, des fausses Reliques particulierement, & des faux Saints, est une des parties les plus honteuses de l'Eglise Romaine. Mais il seroit bien à souhaiter que le Pere Mabillon, habile & clairvoyant comme il est, s'avançât de degré en degré, qu'il s'opposât aux autres dangereuses absurdités qui restent, & que les honnêtes gens tels que lui, lui prêtassent la main. Cela seroit juste, & produiroit sans doute d'heureux effets, dans ces tems de Calamité.

Je ne m'engagerai pas non plus dans une dissertation fort ample sur les premieres questions, n'ayant ici ni le tems ni les Livres dont j'aurois besoin pour cela. Seulement, puisque vous le souhaitez, nous nous en entretiendrons pendant quelques momens.

Personne n'étant croyable sur sa parole en sa propre cause, quand on avance un fait, il faut le prouver. Ceux donc qui nous affirment si positivement *que les Catacombes ont été faites par le Chrétiens & pour leur propre & unique usage*, sont dans l'obligation de faire voir clairement la vérité de leurs théses : c'est ce qu'ils n'ont point fait, & ainsi l'on pourroit en demeurer là ; & l'on feroit en droit de rejetter leurs sentimens, sans avoir recours à aucun autre moyen de nullité contre eux. Néanmoins par abondance de droit, & pour satisfaire à ce que vous desirez, je ferai ici quelques remarques qui devront, ce me semble, donner des préjugés assez légitimes, si ce ne sont pas des preuves entiérement convainquantes.

(1.) La premiere chose qui me vient en l'esprit de vous faire observer, est un passage d'Horace, où cet Auteur parlant des *puticuli* ou des cimetieres publics où l'on enterroit le bas peuple de Rome, fait une description de ces lieux-là, qui s'accorde tout-à-fait avec celle que je vous ai donnée des Catacombes.

Huc prius angustis ejecta cadavera cellis
Conservus vili portanda locabat in arca :
Hoc misera plebi stabat commune sepulchrum,

Thomas Goodwin Auteur Anglois les a représentés de la même maniere dans le chapitre des Cérémonies funébres de son Anthologie de l'Histoire Romaine.

(2.) Je n'ignore pas que les Chrétiens n'ayent paganisé en une infinité de rencontres ; mais les termes de *Fata*, de *Diis*, *Manibus*, de *Domus æternæ*, & de quantité d'autres qui se lisent souvent dans les épitaphes que l'on a trouvées parmi les Tombeaux des Catacombes, sont des expressions si absolument payennes, qu'il n'est pas possible de s'imaginer que des Chrétiens s'en soient jamais servis : M. Spon sera mon garant en ce que j'avance. Vous pourrez remarquer dans le recüeil d'Inscriptions antiques de son voyage de Grece, qu'il ne peut se déterminer à croire que l'Epitaphe du Tombeau qui se voit à Thébes, & qu'on assure être le Tombeau de S. Luc, soit une Epitaphe chrétienne, à cause du terme de ΜΟΙΡΗC (*a*) qui s'y trouve, quoique d'ailleurs il y soit parlé de l'immortalité de l'ame. Ce même Auteur est plus exprès encore, quand il réfute l'opinion commune touchant le prétendu Tombeau d'un Saint qui se voit auprès de Valence. Il dit expressément que les mots d'*Æthera* & de *Superis* qui y sont employés, sont pour lui d'assez fortes preuves que c'est le Tombeau d'un Payen. Il ajoûte pour maxime, que le style des Epitaphes doit être distingué du style de la Poësie, où toutes sortes de gens prennent des licences ; & il assure que les Ins-

(*a*) Μοίρα, *Jonicè*, μοίρης, *Fatum*.

criptions des anciens Tombeaux, lui ont toujours paru reſſentir la piété & la ſimplicité de la primitive Egliſe. Qu'auroit donc dit ce ſçavant Antiquaire, ſur les Dieux Manes & ſur les Maiſons éternelles des Catacombes?

(3.) Les phioles de verre & les petits vaſes de métal, que l'on a ſouvent trouvés dans ces ſépulchres, ſont encore une indice du Paganiſme. Les Partiſans des Catacombes trouvent à propos de dire, que l'on y mettoit du ſang des Martyrs; mais ils ne donnent aucune preuve, ni aucun éclairciſſement de ce qu'ils avancent: & d'ailleurs on a lieu d'être convaincu que ces petits vaiſſeaux ſont de véritables lachrymatoires tels que les Payens en mettoient, & dans les Urnes & dans les Tombeaux. Non-ſeulement ils vouloient, comme vous ſçavez, qu'on répandît des larmes, ce qui leur faiſoit prendre des pleureuſes à gage; mais ils vouloient auſſi que ces larmes fuſſent recüeillies, & qu'elles fuſſent conſervées avec leurs os ou avec leurs cendres.

J'avoüerai que cette ſeule raiſon ne me convaincroit pas, étant certain, comme je l'ai déja dit, que les Chrétiens ont emprunté du Paganiſme pluſieurs coûtumes moins innocentes que celle-ci; mais cette obſervation jointe à la premiere, lui peut donner davantage de poids.

(4.) Le paſſage de l'Apologetique de Tertulien, où cet Auteur reproche aux Payens la fureur avec laquelle ils traînoient les corps des Chrétiens dans les ruës, après les avoir arrachés des Tombeaux, ne s'accommode point du tout avec la sépulture ordinaire des Chrétiens dans les Catacombes, étant vrai-semblable, que si les Persécuteurs eussent une fois découvert ces retraites, comme étant particulieres aux Chrétiens, ils les en eussent privés pour jamais.

(5.) Si je demande comment les Chrétiens avoient pû vuider les Catacombes à l'insçû de tous leurs voisins: & en quel lieu se pouvoient amonceler ce qu'ils en tiroient; on me répondra, qu'ils ne se cachoient point en faisant ces ouvrages; que la *puzzolane* ou le sable des Catacombes se vendoit par les pauvres Chrétiens, qui pour cela étoient appellés *Arenarii* par dérision, & qu'en même tems ils profitoient des trous qu'ils faisoient dans la terre, pour y vaquer au Service Divin, comme pour y enterrer leurs morts. Mais je dirai sur cette réponse, que quand elle pourroit être reçûe à l'égard de Rome & du sable de ses Catacombes, la difficulté subsisteroit toujours à l'égard de Naples, dont le tuf & le roc demandent nécessairement une autre explication.

Et pour ce qui est de l'*Arenarii*, je remarquerai que cette insulte à la misere & à la pauvreté des Chrétiens, ne prouve pas qu'ils fussent les seuls dans Rome, qui fussent réduits à faire commerce de sable; ce qu'il seroit pourtant nécessaire de faire voir, afin d'éviter la difficulté qui naîtra de ce que d'autres y travailloient en même tems qu'eux. Si lès Juifs de Francfort, par exemple, font obligés de courir au feu quand il arrive quelque incendie, & de travailler tous à porter de l'eau pour l'éteindre, il ne s'enfuit pas que les Chrétiens de cette même Ville ne s'employent au même ouvrage.

(6.) Les marques du Chriftianifme, comme ces chifres du nom de Chrift,

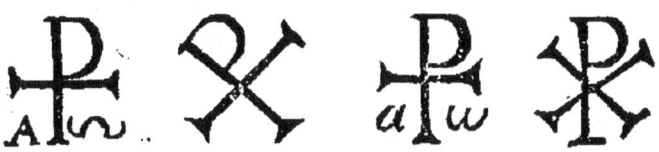

les Colombes de paix, les branches de Palmes, les Croix & les Couronnes qui fe rencontrent fur les pierres qui ferment ces Tombeaux; bien loin de prouver, comme on le prétend, que l'ufage en appartient aux feuls Chrétiens, feroient plûtôt voir ce me femble, que les Chrétiens fe fervoient de ces fymboles comme de fignes de diftinction, pour n'être pas confondus avec les Infidéles.

(a) On croit communément ici que ces chifres que je viens de vous figurer, font compofés d'un P. Latin qui eft mis pour *pro*, & d'une Croix qui fignifie Chrift; de forte qu'ils appellent ces caracteres des *Pro-Chrifto*. Ils concluent que cela défigne toujours le Tombeau d'un Martyr; d'une perfonne qui a fouffert *Pro-Chrifto*, (b) pour le

---

(a) Ignorance de Laffels & de plufieurs autres.
(b) Laffels croit que la figure de la palme eft pour les Martyrs; & le *Pro-Chrifto*, pour les Confeffeurs.

nom de Christ ; & de-là s'enfuit le prix des Reliques. Ces chifres sont composés d'un X, *Chi*, & d'un P. *Rho*, qui sont les deux premieres lettres de ΧΡΙΣΤΟΣ comme ΜΑ & ΘΤ signifient ΜΑΡΙΑ ΘΥΑΓΤΗ, ce que j'ai remarqué ici dans la mosaïque de la façade de Sainte Marie maj. & en divers autres lieux.

(7.) Les épitaphes purement Chrétiennes, ne prouveront rien de plus que les Symboles Chrétiens ; la question n'étant pas de sçavoir si les corps de quelques Chrétiens ont été mis dans les Catacombes ; ce qui est une chose certaine & incontestable. Non-seulement Eusebe & Miltiades Evêques de Rome, sous l'Empire de Constantin ; mais Caïus & Marcelin leurs prédecesseurs, qui furent martirisés avec quelques autres Chrétiens, par le commandement exprès de Diocletien, furent tous enterrés dans ces Cavernes, si Platine en parle avec certitude. Il paroît par quantité d'épitaphes dont les dattes sont des premiers siécles, que dès ce tems-là plusieurs Chrétiens y ont été mis. Et j'ai d'assez bonnes raisons pour croire qu'ils adopterent même entierement ces sépulchres, dans les siécles de paix & de liberté qui vinrent ensuite.

Il n'est donc pas mal-aisé d'entendre comment on trouve des épitaphes Chrétiennes dans les Catacombes ; mais la question demeure toujours : la sépulture des Chrétiens n'étant pas une raison d'exclusion pour celle des autres, dans les lieux qui n'étoient destinés qu'à la lie du peuple.

Les Peintures de diverses façons, & de divers tems, qui se voyent dans les Catacombes de Naples: Les manieres d'Autels qu'on y fait remarquer, aussi-bien que dans celles de Rome; & plusieurs autres particularités dont on prétend tirer des conséquences, n'apportent aucun éclaircissement à l'affaire, & ne méritent aucun examen. La raison de cela est que les Papes des derniers siécles ayant toujours regardé leurs Catacombes comme une source & un magasin de Reliques qui leur étoit extrêmement utile, ils ont beaucoup fait de réparations & y ont rapporté tels changemens qu'il leur a semblé bon, afin de nourrir le préjugé & de mieux persuader les Pelerins qui viennent de toutes parts visiter ces saints lieux. Pancirole fait un long détail de ces diverses réparations, & nous donne ainsi lieu de dénoüer aisément les difficultés qu'on pourroit faire naitre sur plusieurs des choses, qui se remarquent dans ces Catacombes.

Je ne veux pas oublier de vous dire, que la peste ayant fait un grand ravage à Naples il y a tantôt quarante ans, les Catacombes furent le lieu le plus général de la sépulture, & que les corps qui s'y voyent présentement, sont tous de ce tems-là.

Au sortir de l'Eglise & des Catacombes de Ste. Agnès, nous entrâmes dans un ancien Temple de forme ronde, qui est proche de-là, & que quelque-uns croyent avoir été un Temple de Bacchus. Les raisons qui ont donné lieu à cette pensée, ont tout leur fondement sur quelques anciennes représentations de vignes & de vendanges qui sont dans la voûte, & sur ce que le (a) Tombeau de porphyre qui se voit dans ce même Temple, est aussi chargé de grappes, de pampres, de petits Amours ceüillans & foulans le raisin, de vaisseaux, de tonneaux, de panniers & d'autres semblables choses qui ont du rapport à Bacchus. Mais tous ces préjugés-là ne sont pas suffisans pour prouver, ni que ce Temple lui ait été consacré, ni que le *Sarcophage* ait été son Tombeau, sur-tout quand on se souvient que Bacchus n'est pas mort à Rome.

L'Eglise de Ste. Agnès, qui n'est éloignée de ce Temple que de cent ou de six vingt pas, étant très-certainement un ouvrage de Constantin, il est bien plus vrai-semblable de dire que le Temple fut en même tems bâti pour servir de Baptistaire selon le grand usage d'alors, comme on voit un semblable Baptistaire fait aussi par le même Constantin à S. Jean de Latran. Ni les ornemens de la voûte, ni ceux du Tombeau, ne feront aucun obstacle contre ce sentiment,

―――――――――

(a) Ce Tombeau est une des plus belles piéces de porphyre, & un des beaux Monumens de Rome. Il a sept pieds & cinq pouces & demi, du nud au nud, par le haut ; & cinq pieds deux pouces par le bas. Il est large de cinq pieds, & haut de trois pieds & dix pouces, sans compter le dessus qui est d'une autre piéce, & a un pied & onze pouces & demi de haut, [mesure de France.] Treize pouces d'Angleterre font justement le pied, ou douze pouces de France.

puisque ces mêmes choses sont aussi des symboles du Christianisme.

Quoiqu'il en soit, le Pape Alexandre quatriéme trancha net & décida souverainement la difficulté, lorsque supposant comme un fait assuré, que les os de Constance Fille de Constantin gissoient dans le Tombeau, il les en ôta & les mit en qualité de Reliques sous l'Autel qu'il édifia dans ce petit Temple (*a*), & qu'il dédia avec le même Temple à Sainte Constance.

Le Tabernacle du Maître-Autel de Ste. Agnès (*b*) est soûtenu de quatre assez grandes colonnes de porphyre, dont le poli est extraordinairement beau. La petite statuë que l'on y fait voir, est, nous a-t'on dit, la statuë d'une Divinité Payenne, que l'on a adoptée & consacrée pour être à l'avenir la statuë de Ste Agnès. Son manteau d'albâtre oriental mérite bien d'être consideré. §. *Cette statuë paroît postérieure au Regne de Constantin.*

Je pourrois vous entretenir de quantité d'autres pieces antiques que j'ai remarquées dans les Cabinets que nous avons visités, & particuliérement dans celui du Cavalier Pietro Paulo Manini; mais il me semble que mes Lettres sont déja si remplies de ces sortes de choses, que je me contenterai de vous particulariser quelques-unes de celles que j'ai eu le tems de considerer le plus dans le Cabinet de M. Bellori. Le nombre des pieces curieuses qui s'y voyent,

(*a*) L'an 1255.
(*b*) S. Agnese fuor di Roma.

n'est pas des plus grands, mais il n'y a rien qui ne soit choisi : tout est du plus rare & du plus parfait. M. Bellori estime particuliérement la Diane d'Ephese dont je vous ai parlé, & deux autres petites (a) statuës, dont l'une est une Fortune qui de la main gauche tient une Corne d'Abondance, & de la droite, ce clou de nécessité dont parle Horace.

Te semper anteit sæva necessitas :
Clavos trabales, & cuneos manu
Gestans ahenâ. (Hor. 1. Carm. Od. 35.)

L'autre est une Panthée plus composée encore que la Diane. M. Spon en a parlé assez amplement dans la septiéme Dissertation de ses recherches d'antiquité ; mais il a mal dessiné la Figure : (vous le verrez ici plus exactement,) & selon M. Bellori il s'est mépris en donnant le nom de couronne aux rayons dont la tête de la Déesse est environnée, qui sont les rayons du Soleil. Les Antiquaires de profession ont souvent des contestations sur peu de chose, & disputent avec opiniâtreté, quoique les deux opinions soient ordinairement probables, comme elles le sont en cette occasion. Spon n'a rien dit du foudre que vous voyez sur le Timon, & peut-être ne l'a-t'il regardé que comme en étant un ornement; mais Bellori prétend que c'est un Caractere de Jupiter, qui doit entrer en compte avec les autres

―――――――――
(a) Les Latins donnoient le nom de *Signum* à ces sortes de petites statuës.

marques

FORTUNE PANTHÉE.

Tom. 2. Pag. 336.

Tom. 2. Pag. 336.

marques des Divinités qui forment ensemble la Statuë de Panthée. Ces autres marques, sont la beauté de Junon ou de Venus; la Mitre d'Isis, le Croissant de la Lune, le Carquois de Diane Déesse des bois, les Aîles de la Renommée ou de la Victoire; la Corne d'abondance de Cerès avec deux Marmousets, qui sont peut-être Isis & Osiris; le Serpent d'Esculape ou de la Déesse Salus; la Robe de Minerve, la peau de Chévre de Bacchus & le Timon de la Fortune. Cela ne vous fait-il pas souvenir du grand Patriarche S. François, qui selon le Livre *des Conformités*, possede toutes les vertus des Saints du Paradis, *unitivè & conjunctivè?* Au reste ces Mrs. les Antiquaires supposent que cette espece de bâton que la Statuë tient de la main droite, est la poignée du Timon; mais j'oserai dire que j'en doute un peu : car outre que j'ai remarqué dans le même Cabinet quelques autres Panthées qui tiennent un semblable bâton sans timon, le timon ne me paroît pas ici joint ou attaché au bâton; il me semble seulement qu'il y est appuyé. Cette figure ovale me paroit être aussi quelque chose qui n'a point de liaison avec le Timon.

J'ai remarqué encore la Faustine déifiée avec son voil enflé & parsemé d'étoiles. Le buste d'un jeune Seigneur Romain avec sa *Bulla aurea* pendue au col. Le Sistre qui étoit l'instrument dont les Egyptiens se servoient avant les Romains, pour convoquer à la célébration des Sacrifices. Cette piece est rare : figurez-vous une maniere de petite raquette, dans le bois de laquelle sont passées comme quatre cordes ou quatre baguettes d'airain, qui joüent & qui font du [a] bruit. Cela représentoit les quatre Elemens & le tracas du Monde.

Le Vase antique de terre brune, mais fin & sonnant comme la porcelaine, est encore une des raretés de ce Cabinet. Les peintures qui sont autour du Vase, représentent quelques unes des choses qui se pratiquoient dans les Bains. On y voit une femme entre autres, qui d'une main tient le *Strigil*, l'instrument dont on racloit la sueur ; & de l'autre, un vaisseau qu'on nomme *Guttum*, & qui contenoit des liqueurs odoriférantes. Je ne vous dirai rien des Urnes, des Lampes sépulchrales, des Lachrymatoires, des rares peintures, ni de cent autres choses, que le tems ne me permet pas de décrire.

Autrefois le Cabinet du P. Kirker, au Collège Romain, étoit un des plus curieux de l'Europe ; mais on l'a extrémement démembré. Nous y avons vû encore un ramas considérable de raretés naturelles, & plusieurs machines de Méchaniques. §. *C'est peu de chose à présent.*

On peut dire que le Collége Romain, qui est le grand Collége & la principale Maison des Jésuites de Rome, est un des plus beaux Palais de la Ville. §. *L'Archi-*

[a] A voir cet Instrument, on ne conçoit pas ce que dit Plutarque, que ce bruit avoit des Accords. Voyez le Traité du P. Bachini, *Desistris.*

tecture du dedans de la cour en Portiques est très-belle : le dedans de la Maison y répond. L'Eglise est une des plus belles de Rome, soit pour la façade, soit pour l'Architecture intérieure. La Sacristie & la Chapelle de saint Louis de Gonzague sont admirables.

La Bibliothéque est bonne & nombreuse ; mais elle n'a, ni Manuscrits anciens, ni autre chose fort rare.

Dans une grande sale où sont les portraits des *Jesuites* Martyrs, nous avons remarqué celui du fameux Garnet, ce hardi serviteur de la Société, qui fut pendu & écartelé pour la trahison des poudres ; un Ange l'encourage, & lui montre le Ciel ouvert.

§. *La Sapience fondée par Alexandre VII. est un assez grand bâtiment. L'intérieur en Portiques est d'une belle proportion. On y voit plusieurs Sales où l'on enseigne différentes Sciences, & une petite Bibliothéque. Le jardin des Simples est derriere la Fontaine de Montorio. La Chapelle, quoique petite & étroite, est un morceau singulier du Boromini.*

La Propagande est un Collége fondé pour 50 Boursiers, qu'on envoye ensuite dans les Missions. Ce nombre est à présent réduit à 35. Ils sont divisés en quatre classes, sçavoir, des Théologiens, des Philosophes, des Rhétoriciens, & des Humanistes. Chacune a son Coridor & ses Maîtres. Il y a de plus différens Lecteurs ou Professeurs dans les Langues sçavantes. La Bibliothéque est d'environ 8000 volumes : on y trouve quelques MSS. Orientaux. C'est toujours un des Etudians en Théologie qui en eſt le Bibliothécaire, ou du moins qui en fait les fonctions. L'Egliſe eſt petite, mais jolie. Le Palais de la Propagande eſt contigu au Collége : c'eſt dans cet édifice que ſe tient la Congrégation. L'Imprimerie eſt au rez de chauſſée.

Pendant les trois derniers jours de la Semaine-Sainte, nous n'avons preſque rencontré autre choſe dans les ruës de Rome, que des Proceſſions de Pénitens de toutes figures, qui ſembloient vouloir chercher le Paradis par une autre route que celle de Garnet. Ils ont des Capuchons pointus qui leur couvrent la tête, & qui ne leur laiſſent que deux trous vis-à-vis des yeux. Il y a des Proceſſions blanches, il y en a de violettes, de bleuës, de jaunes, & de diverſes autres couleurs : queſques-uns ont le dos découvert, & ſe [a] flagellent en cadence avec des foüets de cordelettes qui font plus de bruit que de mal : ce ne ſont que de petits écoliers des Druides & des Brachmanes, ou ſi vous voulez des Faquirs Indiens. Au reſte, les Scotopites ou Circomcellions du quatriéme ſiécle étoient plus habiles gens que tous ceux-là, eux qui ſe brûloient, ſe précipitoient, ſe coupoient la gorge pour l'amour de Dieu : il y a des fous de toutes les façons. Puiſque l'occaſion s'en préſente, il faut que je vous faſſe ici une petite hiſtoire dont j'ai été témoin. L'an 1683. au mois de Juin, après qu'on eut pendu à [b] Niort nu malheureuſe Créature qui

[a] Tout le monde ſçait que pluſieurs d'entre eux ſont payés pour joüer ce jeu-là.
[b] Seconde Ville de Poitou.

avoit défait son enfant, un certain drôle âgé de trente ans, habillé en Hermite Franciscain, ne vivant que de racines ou de fruits sauvages, n'ayant pour retraite que les trous de la terre, & fils d'un pauvre [a] habitant de là Ville, s'avisa de monter à l'échelle qui étoit encore appuyée contre la potence. Quand il fut au haut, il délia la corde qui le ceignoit, se la passa au col en laqs coulant, & en attacha les deux bouts au gibet. Cela étant fait, il se mit à haranguer. Il allégua plusieurs choses qui tendoient à excuser la pauvre malheureuse qui avoit été pendue, & pour le rachat de laquelle il dit qu'il avoit offert de donner sa vie. Il ajoûta qu'il étoit un grand criminel en comparaison d'elle, & qu'il étoit résolu d'expier tout présentement ses péchés par sa mort. Tout le monde le regardoit en riant, sans que personne s'imaginât qu'il fût assez fou pour se pendre; car on le connoissoit, & le peuple bigot avoit bonne opinion de lui : cependant il fit hardiment le saut. Il y avoit plus d'une bonne minute qu'il tiroit la langue, sans que personne le secourût, quand enfin un [b] homme de la compagnie plus charitable que les autres, alla couper la corde, & sauva, non sans peine, ce misérable extravagant. Il y a une circonstance qu'il ne faut pas oublier : sa mere étoit là, & il ne tint pas à elle que son fou de fils ne fût aussi-bien étranglé

[a] Nommée la Vallée.
[b] Bourdin Tourneur, & Maître d'un jeu de Billard sur le fossé du Château.

que pendu ; car elle empêchoit qu'on n'allât à lui, après qu'il se fut jetté. Elle disoit qu'il n'y avoit qu'à le laisser faire, que la corde étoit bénite, & qu'elle étoit assurée qu'il n'en pouvoit arriver aucun mal.

Le nombre des Pelerins n'a pas été des plus grands cette année. J'ai lû ici dans une description de l'Hôpital de la Trinité, que l'an 1600. le dernier an du grand Jubilé, cet Hôpital reçut ou eut soin de pourvoir selon l'ordinaire à quatre cens quarante mille cinq cens hommes, & à vingt-cinq mille cinq cens femmes. Les Pelerins qui ne viennent pas de plus loin que de quelque endroit d'Italie, sont couchés & traités pendant trois jours, & les *Transmarins* ou les *Ultra-montains* ont un jour de plus. Les Princes, les Princesses, les Cardinaux, & le Pape même leur lavent les pieds, & les servent à table.

Je ne veux pas oublier de vous dire que nous n'avons jamais rencontré [a] le *Sacrement* pendant le séjour que nous avons fait à Rome, ni même dans aucune autre Ville d'Italie, excepté à Venise. Nous l'y avons vû deux fois au milieu de quantité de flambeaux & sous un daix magnifique à peu-près semblable à *l'Ombrelle* du Doge. Ils n'ont ici aucun esprit de haine ni de persécution contre les Etrangers de quelque Religion qu'ils soient. Je suis même bien-aise de vous dire en passant, que ni à Lorette

[a] Le Vendredi Saint on le porte à Venise en procession solemnelle, dans une Chasse qui est faite en forme de cercüeil, & couverte de velours noir.

ni à Rome, ni dans aucun des endroits d'Italie où nous nous foyons rencontrés au milieu des Adorateurs d'Images & de Reliques, nous ne nous fommes jamais gênés le moins du moude, & perfonne ne nous a fait aucune infulte. Ils font accoûtumés à voir des Etrangers dans cette liberté, & on eft quitte pour effuyer un *non fono Chriftiani*.

Il y a plufieurs chofes, dont j'ai deffein de m'entretenir encore avec vous ; mais il faut remettre la partie à une autrefois. Je fuis,

Monfieur,

Vôtre, &c.

A.Rome ce 27. Avril 1688.

Fin du Tome fecond.

TABLE

DES PRINCIPALES MATIERES
du second Volume.

A

Abgarus. 225
Academie de Ciceron. Etable à bœufs. 152
Academie Royale de Peinture à Rome. 282
Acheron. 151
Admiral de Coligni massacré. 208
Adrien, son Mausolée. 211. Sa Maison. 244
Agapet fut élû Pape avant l'âge de dix-huit ans. 263
Agathe. (Sainte) 85
Agano. (le lac) 127
Agripinne massacrée. 152
Albano. 276
Albe. Ibid.
Albert Durer donne des Moustaches à toutes

Hles Peintures. 207
Aldobrandine. (Noce) 229
Alexandre VI. fait une Galerie pour communiquer au Château Saint Ange. 211. Trèsméchant homme. Ib. Mot de ce Pape au sujet de Pasquin. 237
Alexandre le Grand. 312
Alphonse II. Roi de Naples. 162
Amandier de S. François. 77
Amaseno Riviere. 63
Anastase, Bibliothéquaire. 288
Ancone. 18. Arc d'Ancone. 19
André, Roi de Hon-

grie. 105
Ange (l') passe par la fenêtre de la Sta. Casa. 30
Anicetus poignarde Agrippine. 152
Aniello, (Thomas) Rebelle de Naples. 112
Anne, Maîtresse du Pape Jean XII. 293
Anneau de S. Marc. 187
Antiquités de Naples. 114
Anxur. 73
Apothiquairerie de Lorette très-belle. 43
Apparition de trois Saints à un Gondollier. 187
Appius. 85
Aqua felice. 257
Ara Cæli, Eglise. 318
Arbre de deux mille ans. 76, 77
Arc de Tite à Rome. 319
Arc de Constantin. Ib.
Arche de l'Alliance. 225
Architecture de Rome. 281. Architecture. V. le Memoire pour les Voyageurs.
Arenarii, nom donné aux premiers Chrétiens. 330
Arioste, son Epitaphe. 4
Armeniens à Rome. 307
Armes de Naples. 115.

de Venise. 173, 174. Plusieurs Familles Venitiennes les portent, 175
Arsenal du Vatican. 211. Du Château S. Ange. 212. De Lorette. 42
Ascanius. Son Tombeau. 276
Asne de Balaam. 225
Asnes reputés avoir quelque odeur de sainteté. 39
Asprano, Ville. 67
Assise. 49
Asyle. 3
Aventure tragique. 18
Averne. (Lac d') 140
Aversa. 87
Aveugle, bon Sculpteur. 281
Auguste. 63
Autel percé par une Hostie. 258
Autel où S. Pierre célébra sa premiere Messe. 31

B.

Bachini. (le P.) 338
Bains de S. Germain. 127. De Tritoli. 152
Balaam. (âne de) 225
Bandits de Rome & de Naples. 115

Bannieres de la Place S. Marc. 173
Baptême des Infidéles à Rome. 309
Baratier. (Nic.) 173
Barberin (Palais Palestrine) a quatre mille Chambres. Eſt appellé *Mons Martyrum*. 281
Barberouſſe. (Hariadin) 75
Barlaam. 294
Barnabotes. 180
Barquettes. (les ſeize) 246
Bayes. 149
Beauté de Rome. 192. &c.
Belforte. 46
Bellarmin. 296
Bellori. (M.) 232, 336
Bellin. (Gentil & Jean) 181
Belvedere. 209, 242
Beneditti. (Villa) 237
Benoiſt IX. fait Pape à dix ans. 263
Bible Allemande. 210
Bibliothéque du Comte de Gamba-longa. 13. De Heidelberg. 210. Du Vatican. Du Duc d'Urbin. *Ibid.* Du Palais Altieri. 279. Du Palais Barberin. 281. Du College Romain. 239
Biedoblo, Ville d'Afrique toute petrifiée. 251
Blondel, Réfutation de ce qu'il dit de la Papeſſe Jeanne. 299. *Voy.* Papeſſe Jeanne.
Bocace. 142
Bœuf qui parle. 97
Bœufs buvans d'une eau deviennent blancs. 50
Boniface VIII. 28
Borgheſe. (Palais) 194
Vigne Borgeſe. 248
Borri. (le Cavalier) 213
Borſo d'Eſt. 3
Boulogne. 213
Bourbon, (Charles de) ſes Epitaphes. 80
Bourſe d'Ancone. 20
Boutiques. (les trois) 64
Brelan entre deux Colonnes. 173
Bruge. (Jean de) 232
Bruxillus laiſſe deux cens quatre-vingts mille Dieux à Rome. 196
Bucephale. 312
Buccaro, terre. 67
Bufles. 46

C.

Cabinets (plusieurs) à Rome. 250. Cabinet de M. Bellori. 335. De Kirker. 338
Caillou de S. Estienne. 8
Calcondyle. 294
Caligula. 134
Camayeu très-rare. 221
Camerelle. (cento) 152
Campagna Stellata. 87
Campagna felice. 89
Canon dans le Château de l'Oeuf. 94. Canon fait des clous de la Porte du Pantheon. 196
Capaccio. 151
Capitole. On voit d'une Plateforme du Capitole les sept Montagnes de l'ancienne Rome. 3.3
Capouë. 86
Caraffe. (Diomede.) 115
Cardinaux, leurs Priviléges. 106, 107, 210
Carobba, arbre. 78
Carosses tirés par des Mules à Naples. 117
Casa. (la Santa) 24. & suiv. Ses revenus. 41
Cascade de Terni. 55. De la Villa Ludovisia. 243. De Tivoli. 244
Castel-Gandolfe. 275
Castor & Pollux. 219
Catacombes. 323
Cathedrale de Ravenne. 8
Catholica. 14
Cavaletto, petit Poisson. 16
Cave de Lorette. 43
Caverne qui conduit aux Limbes des Peres. 140
Caves pour garder le vin frais. 64
Celestin Pape. Chassé par Boniface VIII. 28
Celibat. (desordres du) 217
Cene, où un Jambon tient lieu d'Agneau Paschal. 207
Cérémonies à Rome. 193 Cérémonies du Baptême des Juifs. 309. Du lavement des pieds. 310
Cervia. 11
Cesenate. 12
Cestius, sa Pyramide. 230
Chairadin Barberousse. 75
Chaise percée pour tâter les Papes. 258, 294
Chambre où Auguste fut

nourri. 83. Chambre de Thomas d'Aquin. 76. Douze mille cinq cens Chambres au Palais Vatican, 205. Quatre mille au Palais Paleſtrine. 201

Champs Eliſées. 151

Chancellerie. (Palais de la) 279

Changemens arrivés à la ſurface de la terre. 69

Chanoines appellés Cardinaux. 107

Chapeaux rouges quand donnés aux Cardinaux. Ibid.

Chapelle de Virgile, 154. Belles Chapelles. 275

Chapelets fort grands, 44. Par qui inventés, ibid. Du tems de la Vierge. 107

Charges Eccléſiaſtiques données à des gens fort jeunes & à des enfans. 263

Charles I. Roi de Naples fait trancher la tête à Conradin. 111

Château S. Ange. 211

Chef-d'œuvre de Raphaël. 257

Chere mauvaiſe. 22

Cheval (Hiſtoire d'un) de Bronze. 154

Chevaux Pelerins, 155. Chevaux de Montecavallo. Du Capitole. 312

Chien. (Grotte du) 128

Chiffres du nom de Chriſt. 331

Chigi. Vigne Chigi, 251. Palais Chigi. 278

Chriſtine, Reine de Suede. Jours de ſa naiſſance & de ſa mort. Lieu où elle a été enterree. Appellée Alexandra. Pourquoi? 217. Son Portrait. 218. Sa Bibliothéque & ſes raretés venduës. Ibid.

Chriſtophe (Perche de S.) ſon Palmier, ſon Ongle. 78

Ciceron. Son Palais, 79. Cité. 313

Circello. (Monte) 65

Circomcellions. 340

Circuit de Rome. 189

Citta Caſtellana. 59

Citta de la Vigna. 62

Claire. (Sainte) 49. 101

Claude d'Epenſe cité. 271

Clement IV. & ſes deux filles. 124

DES MATIERES.

Clitumnus. 50
Cloches qui appaisent la la tempête 31
Cloches (son des) de Jérusalem. 225
Clouseau, Caverne dans le Perigord. 149
Coccejus. Caverne qu'on lui attribuë. 127
Coligny massacré. 208
Colisée. 320
Collatine, Porte, Colline. 289
College Romain. 339
Collyridiens, Hérétiques. 214
Colombes de Paix. 338
Colomiez. (Mr.) 288
Colonne du Temple de Salomon, 82. Colonne sur laquelle S. Paul fut décapité, 257. Colonne, où le Coq chanta quand saint Pierre renia Jesus-Christ. Autre fenduë le jour de la Passion, 258. Colonne appellée *Milliarium*, 314. Trajane & Antonine 321
Colonnes dans l'Etat de Venise, 173. Belles Colonnes, *ibid.* 196. 201. 219

Colonne (Maison des) très-Noble, 282. Palais Colonne. *Ibid.*
Comédiens écrasés. 18
Compagnons d'Ulisse. 65
Comparaison de Frescati à Versailles. 241
Comtesse. (la) Mathilde Maîtresse de Gregoire VII. 200
Concile de Rimini. 14
Concile de Soissons. 295
Confrairie de Pélerins & Pélerines. 39
Corbeaux de Ravenne. 11
Corneille qui parle. 97
Cornes de Moyse. 225
Coronelli. (le P.) 175
Couronne de la Madonne de Lorette, 30. d'Attalus. 32
Courtisanes de Venise, de Rome. 228
Croix du Brigand converti. 225
Cromwel. 112
Cruauté. 105. 76
Crucifix de Michel-Ange tiré d'après un homme crucifié. 94. 195. Crucifix miraculeux fait par un aveugle, 95. Crucifix qui parle à Thomas d'Aquin. Autre qui parle à Pie

V. Autre qui baisse la tête voyant venir un boulet de canon, 96. Autre qui parle à un Sacrilége, *ibid.* Autre qui parle à sainte Brigite, 212. Autre qui parle à saint Pierre & à saint Paul, là-même.

Crucifixion de saint Pierre. 257
Curtius. (Lac de) 320
Cybéle. 290

D.

Dames de Venise. 184
Damremi, Village où étoit née la Pucelle d'Orleans. 262
Dante. 9. 10
Dépoüilles de Pavie. 11
Description de la Santa Casa. 25
Dés des Soldats de Pilate. 258
Diable (le) apparoît en pourceau, 113. Navire chargé de Diables, 186. Diables perchés sur un Noyer. 226
Diamant tout taillé trouvé dans un marbre. 245
Dianæ Speculum. 277
Dieux de Rome, combien. 196
Disciples d'Emmaüs 207.
Distiques. 3. 30. 65. 81. 86. 102. 109. 111. 115. 140. 153. 156. 191. 197. 229. 231. 237. 273. 320.
Doge de Venise, son revenu. Doge de Génes. 76. *Ibid.*
Dogesses ou Dogaresses de Venise. 177
Doliolo. 233
Dominique (saint) 49
Ducats de Venise. 177
Duillius Consul Romain, le premier qui a eu l'honneur du Triomphe Naval. 313
Duras. (Charles de) 105

E

Echallas faits de roseaux. 46
Echarde de saint Paul. 225
Ecrevisse vivante trouvée dans un rocher. 245
Ecrits Sibyllins. 318
Eglises de Naples très-

belles, 90. 91. Eglises de saint Pierre à Rome, 198. De saint Jean de Latran, 273. De sainte Marie Majeure & de saint Antoine, 274. De sainte Constance. 335

Election miraculeuse. 8

Elisées. (Champs) 151

Eloge de Rome par l'Abbé d'Usperg. 272

Eminences. Depuis quand ce titre est donné aux Cardinaux. 107

Empreinte des pieds d'un Mulet. 68

Enfant pétrifié. 250

Epigramme pour la Ville de Venise, 157. Epigrammes sur la Chaise percée. 272

Epines sans pointe. 84

Epitaphe de l'Arioste, 4. du Dante, 10. à Naples, 98. d'une fille morte en fiançailes, & de Robert Roi de Naples, 101. d'un Seigneur de la Maison de Caraffe & du Cardinal d'Ariano, 102. de Ferdinand II. Roi de Naples, 103. d'Isabelle d'Aragon, du Marquis de Pescara, de Jean Alefelt & autres; de Jeanne I. Reine de Jérusalem & des deux Siciles; 105. d'un Roi de Fez, 106. d'Innocent IV. & de plusieurs Chanoines appellés Cardinaux, 107. d'un Evêque qui refusa le Chapeau de Cardinal, 108. de trois freres empoisonnés par leur oncle, 109. de Virgile, 153. de Sannazare, 166. du Cavalier Marin, 159. d'André, premier mari de la Reine Jeanne; de la Reine Sance, Femme du Roi Robert, 161. d'Alfonse II. Roi de Naples, & de Ladislaus aussi Roi de Naples, 162. du Favori du Roi Alfonse, 163. de Marie d'Arragon. 164. de Cyrian Caracciolo, 166. de Jeanne II. Reine de Hongrie & autres, 167. d'Augustin d'Ancone & quelques au-

TABLE

tres, 168. de Raphaël d'Urbin, 197

Epitaphes Chrétiennes, leur ſtile. 312

Eſpagnols amoureux de deux ſtatuës. 201

Eſprit. (le Saint) en forme de Colombe. 8

Etoile des trois Rois. 148

Etymologie de ſaint Longin & de ſaint Tiphine. 65

Evêque reſſuſcité. 48

Evêque qui refuſe le Cardinalat. 108

F

Fabien élû Pape, comment. 9

Fabretti. (l'Abbé) 322

Fano. 17

Farnéſe. (Palais) 278

Fauſtine déifiée. 338

Fayence de Raphaël. 280

Femmes ne peuvent entrer qu'une fois l'an dans la Chapelle de ſaint Pierre, 202. heureuſes en Angleterre, eſclaves en Italie, 216. Leur apologie, 262. Femmes déguiſées, barbuës, 264. Sénat de Femmes, 321

Ferrare. 2

Ficus Indica. 65

Fille venduë, 5. Pape, 255. Fille Général d'Armée, 6. Filles mariées, encloîtrées, 193. Filles du Pape Clément IV. *Ibid.*

Fiume nuovo, Vecchio. 69

Flaminia. (Via) 60

Fleur rare. 246

Flutes, leur uſage chez les Romains. 231

Foligno. 48

Fondi. 75

Fontaine qui a le goût de lait, 43. 319. Belles Fontaines. 90

Fontana Architecte. 198

Forêts d'Oliviers, 53. Retraite de bandits avant Sixte V. 11

Fortune Panthée. 336

Foſſa nuova. 68

François craints. 84

François d'Aſſiſe. (St.) 49

Frémiſſemens miraculeux. 43

Freres (trois) empoi-

sonnés. 109
Funérailles des Romains. 232. 328
Fureur des Payens contre les Tombeaux des Chrétiens. 328

G

Aïette. 80
Galles. (le Prince de) sa conception ; vers à ce sujet. 33
Gandolfe. (Castel) 275
Garacciolo.. (Syrian) 166
Garigliano riviere. 85
Garnet, Jesuite 339
Gensane. 277
Gladiateurs, 249. Gladiateur du Parc de S. James à Whitehall. 248
Glaucus. 65
Gondoles de Venise. 183
Goodevvin. (Thomas) 328
Granite, espece de marbre. 284
Grecs à Rome. 307
Gregoire. (Avanture de S.) avec une Image, 222. Epigramme sur cela. 223
Grottes. Celle du Pausy-

lipe , 126. Grotte du Chien , 128. 148. Grotte de la Sibylle de Cumes, 145. Grottes fraîches. 234
Guttum, ce que c'est. 338

H

Abitans de Venise. 173
Habillemens des jeunes Nobles Vénitiens, 185. de certaines Filles Romaines. 184
Habits grotesques. 21
Helvia Recina. 45
Hariaden Barberousse, Roi d'Alger & Amiral Turc. 75
Hercule (l') de Farnése. 279
Histoire de la Santa Casa , 24. 25. d'un Evêque de Corse, 49. des trois freres empoisonnés, 109. d'un cheval de bronze , 154. de l'Anneau & du Pouce de saint Marc , 187. de Sixte V. & du Prince de Parme , 22. de la fondation de sainte Marie du Peuple, 226.

TABLE

de saint Jacques se-couë-Chevaux, *ibid.* de deux Plongeurs, 246. des statuës de la Vigne Pamphile, 252. de la fondation de Ste. Marie Majeure, 274. de l'Eglise d'*Ara Cœli*, 318. d'un Gentilhomme tombé dans une fosse, 323. d'un Hermite qui se pendit publiquement. 340

Homme enterré étant en vie. 108

Hôpital riche de quatre cens mille écus de rente à Naples, 92. Hôpital de la Trinité à Rome. 341

Horaces & Curiaces. 276

Hostie comment portée à Venise. 342

Hovvard. (le Cardinal) 275

Huile douce trouvée dans un quartier de pierre. 245

Hiacynthe blanche double, fleur très-rare. 249

I

J*Acques* (S.) Secouë-Chevaux, 226. Saint Jacques extraordinairement vénéré à Pistoya. 325

Jean de Bruge, Inventeur de la Peinture à huile, 232. Jean XII. Pape avant dix-huit ans. 263

Jean Paul (S.) Martyr. 323

Jeanne I. Reine de Jérusalem. 105

Jeanne Papesse, &c. 259 Jeanne Maîtresse de Jean XII. 293

Jésuites à l'Opéra. 5

Ignorance grossiere. 46

Image (premiere) de la Vierge, à laquelle on ait adressé un culte religieux. Image de Jésus-Christ, qui étant frappée, seigna & porta la main droite sur sa playe. Autre qui s'appesantit sur un tronc de colonne, 95. Image de Jesus-Christ qui parla, 96. Image de la Vierge qui fit la même chose, 97. Autre Image de la Vierge, qui gronde saint Gregoire. Autres Images qui parlent. Trois Images qui pleurent & qui saignent, 222. Image de Jesus-Christ faite par lui-même, 225. Autre faite par des Anges, 225. Image de la Vierge, autour de laquelle les Anges ont chanté les Litanies, 275. *Voyez Crucifix.*

Innocent IV. 106.
Innocent VIII. mort en 1491. 200. Innocent XI. 311
Inondation du Tibre. 256
Inscription touchant le Vésuve, 122. Contre les femmes, 203. Inscriptions curieuses, 232. 317
Interamna ou *Interamnium*. 54
Invention de la Peinture à l'huile. 232
Isaac représenté comme un jeune garçon. 253
Isles flotantes. 246
Itru. 78
Juifs de Venise, 178. de Rome, 308. se marient avant vingt ans, *ibid.* Puent avant que d'être baptisés, 309. ne sont pas tous bazannés. 310
Justiniani. (le Palais) 278

L

*L*Abeur. (Terre de) 87
Lac de Luco, ses truites sont sans arrêtes. 56
Lac d'Agnano, 127. Lac Lucrin, 136. Lac d'Averne. Lac sur lequel rien ne nage, 141. Lac Solforata, 246. Lac de Castel-Candolfe, 276. Lac de Nemi. Lac de Gensane, 277. Lac de Curtius. 320
Lacrimatoires. 329. 338
Ladislaus Roi de Naples. 164
Lago di Nemi. 277
Lagunes de Venise. 176
Lampes Sépulchrales. 338
Lanterne de Judas. 225
Lanuvium. 62

Larmes conservées. 329
Lassels, son ignorance. 331
Latran. (S. Jean de) 273
Lavement des pieds à Rome. 310
Lavinium. 62
Laurent. (Chapelle de saint) V. Chapelle.
Laurier de Virgile. 154
Lauriers dans les hayes. 65
Leda. 219
Leon I. représenté vêtu à la moderne. 207
Leon IV. 296. Leon X. 287
Liberté de Venise, vrai libertinage. 177
Lieges, Arbres. 67
Limbes des Peres. 140
Lion, Armes de Venise. 174
Liris, riviere. 85
Lit enrichi de pierreries. 250
Litanies de la Vierge chantées par des Anges. 275
Litieres des Papes. 311
Livre d'or de Venise, 179. Livre abominable. 271
Livrée des Papes. 311

Longin. (S.) 65
Lorette. 24. 43
Lorraine. (le Cardinal de) donna mille écus à celui qui apporta à Rome la nouvelle du massacre. 208
Lorraine. (Jean de) fut créé Evêque de Metz à quatre ans. 264
Louis XI. 269
Louve de Romulus. 246. 313
Lucrin. (Lac) 136
Lucullus, son réservoir. 152
Ludovisia. (Villa) 241. 242
Luther. 211

M

Mabillon. (le P.) ce qu'il dit des Saints inconnus. 326
Macerata. 45
Maisons de plaisance aux environs de Rome. Voyez Frescati, Tivoli. Maisons de Rome, 241. 282. Maison de la Sibylle Tiburtine. 244
Malatesta. 322
Manchia, riviere. 12

DES MATIERES. 357

Manini. (le Cavalier) 335
Marati. (Carlo) 280
Marc. (Pouce de S.) 186. son portrait selon les Légendes. Ibid.
Marcklehill, Montagne nouvelle née en Angleterre. 139
Marforio, son étimologie. 237
Marie. (Ste.) du Peuple, 225. Ste. Marie Majeure. 274
Mariée (nouvelle) qui fait la difficile. 230
Marino. 62
Marin. (S.) 14. 15
Marin. (le Cavalier) 59
Marius. 85
Martin. V. S. Maison. 282
Martinelli. (Fio ravante) 294
Massacre ❊ Coligni. Massacre de la S. Barthelemi approuvé. Médaille sur ce Massacre. 208
Mathilde. (la Comtesse) 200
Mausolée de Théodoric, 7. de Munacius Plancus, 81. de l'Empereur Adrien, 211. de Cestius, 230. de Cecilie, 322. Voyez Tombeau.
Mayenza Villa. 67
Mazaniel. 112
Médailles très rares, 220. Médaille de la Saint Barthelemi. 208
Médecin, (bon) Etre de raison. 213
Médecins de Salerne. 152
Mer (la) s'est retirée à Ravenne, 6. à Rimini. 13
Mesure de J. Christ 258
Meta sudans. 320
Métamorphose de Scylla. 65
Mezeray, sur la Papesse Jeanne. 272
Milliarium, Colonne. 314
Minturne, Ville ruinée. 85
Mirmille. 249
Miroir très-beau. 280
Moine qui refuse l'Archevêché de Florence, 108. Moines aux Nôces de la Vierge. 207
Mola. 18
Mole de Pouzzol. 136
Molinos. 214

Monnoyes de Judas. 225
Mons *Testaceus*. 233
Mons *Martyrum*. 281
Montagne fenduë le jour de la Passion. Montagne de la Trinité, 82. Montagne de Marcklehill, 139. Montagne de Rome 189
Montalte. (Vigne) 251
Monte Circello. 65
Monte-nuovo né en une nuit. 138
Monte di Christo. 140
Monte Dracone. 241
Monte Testaccio. 233
Monte Cavallo. 311
Mont Vésuve. 117
Montone, riviere. 6
Montorio. 257
Morevel blesse l'Amiral Coligni. 208
Mort de Thomas d'Aquin. 68
Mulet de Thomas d'Aquin, 68. Mulets, Attelages de Naples. 117
Muret, Athée. 208
Myrthes. 65

N

Naples. 88
Narni. 57
Navire pleins de Démons. 186
Neige à Rome au mois d'Aoust. 274
Nerva, sa Patrie. 58
Nobles Vénitiens, 179. 185. Leur nombre. 179
Nôce Aldobrandine, 229. Nôces de la Vierge. 207
Nombril de Jesus-Christ. 225
Nôtres-Dames. de la pluye, 13. de Lorette, 24. & suiv. Voyez *Image*.
Nympha, riviere. 64

O

Obelisques de saint Pierre de Naples, 113. 204. Obelisques de Rome, 284. 285.
Ocrea. 59
Olives. 54
Oliviers. 53
Oliviers de Nazareht. 77
Ongle de saint Christophe. 78
Oranger de Thomas d'Aquin de saint Dominique. 77
Orangers. 55

Orleans. (Pucelle d') 262
Osiris. 281
Othons, il y en a d'antiques. 348
Otricoli. 58
Oyes tombent mortes en volant fur la plaine de Witahay en YorkShire. 144

P

Païsans qui vendent des Médailles. 87
Palais de Ciceron, 79. Palais Borguefe, 194. Vatican, 205. de la Reine de Suede, 218. Palais de Rome. Palais Juftiniani, Chigi, Farnefe de la Chancellerie de Rome, 278. Palais Altieri, 279. Barberin Paleftrine, 281. Colonne, *ibid*. de Monte Cavallo, 311.
Palmier de faint Chriftophe. 78
Palus Pontina. 68
Pamphile (Vigne) 251
Panthée, 336. Panthées, 290
Pantheon, 195. 290. Pantheon d'Athénes. 127

Papes, leurs habits d'autrefois, 207. Vers fur les Papes, 273. Papes élûs jeunes, 264. Papes monftres, chofe ordinaire, 269. Pape femelle, 259. 307
Papeffe Jeanne, 259. 286
Parme (Duché de) Fief de l'Etat Eccléfiaftique. 212
Parthenope. 88
Paschal II. 226
Pafquin. 237
Pavé rude. 78. 85
Paul. Echarde de faint Paul. 225
Paul. (S. Jean) Martyr. 323
Paul. (S.) Eglife de Londres. 198
Paufilype. 124
Pêcheur qui s'érige en Chef de République à Naples. 112
Peintres font bizarres. 207
Peintures à Naples, 93. 94. diverfes, 181. 183. 194. 205. 206. 207. 208. 220. 243. 248. 250. 278. 280. 314. 339. *Voyez Tableaux & le Mémoire pour les*

Voyageurs. Peintures antiques, 229. Peintures critiquées, 253.
Peinture à huile quand inventée. 232
Pélerins, (deux cens mille) à Lorette en une seule année. Confrairies de Pélerins & de Pélerines. 38. 39
Pelerins de Rome. 342
Pénitens de Rome. 340
Peres. (Limbes des) 140. Les Peres. 299
Perle particuliere. 41
Persécutions contre les Protestans de France. 218. 271
Pesaro. 15
Pétrifications. 250
Pety. (W.) 173
Peuple de Naples méchant. 116
Phidias Sculpteur. 312
Philosophie. (vaine) 144
Pichetti. (M.) 115
Pichi, Famille. 22
Pierre d'une rotonde, 7. où saint Pierre célébra sa premiere Messe, 31. Pierres miraculeuses, 49
Pierre de Luna. 45
Pierre toujours suante, 141. Pierre très-grande, 204. Pierre au Diable, 221. Pierre où Jesus - Christ fut circoncis. Pierre du Sacrifice d'Abraham, 226. Pierre Travertine, 244. Pierr où les Soldats tirerent au sort à qui auroit la Robe de Jésus - Christ. 258
Pierre. (Eglise de S.) à Rome. 191. 198
Pietro (S.) *in Carcere.* 318
Pigeon miraculeux à Ravenne. 8
Pignons d'Italie. 11
Piperno. 67
Piscamarina. 74
Piscina mirabilis. 152
Pistolets de Ranuce Farnese. 212
Plaine de Withay en Angleterre. 144
Plessis (M. du) Mornay. 294
Pleureuses gagées. 329
Plongeur perdu. 246
Pollux. 219
Polonus. (Martin) 289
Pont de Caligula critiqué, 134. Pont S. Ange. Pont Sixte. 255.
Ponts anciens, 13. 58

DES MATIERES. 361

Ponts Milvius. 60
Ponte Molle. ibid.
Pontina Palus. 63
Popolo, (Ste. Marie del) pourquoi ainsi appellée. 226
Porta. (Guil. de la) 201
Porta fuga. 51
Portatore. 65
Porte de bois de vigne, 8
— D'Airain, apportées de Pavie à Ravenne. 11
Portes Colline & Collatine à Rome. 289
Portrait de la Reine de Suede. 218
— De Paul V. 195
Portrait de Jesus-Christ fait par lui-même. 225
Potenza, riviere. 45
Pouce de S. Marc. 195
Pouzzol. 132
Pouzzolane, sorte de sable. 134, 330
Prattica. 62
Praxitele, Sculpteur. 312
Prédicateurs Italiens. 28
Prédication d'un Moine amoureux. ibid.
Présent de la Reine d'Angleterre à la Madonne
Tome II.

de Lorette. 32, 3
Prépuce de Jesus-Christ. 225
Priere de Luther. 210
Printemps en Hyver. 47, 48, 53
Privernum. 67
Pro Christo, ce que c'est. 331
Procession à genoux. 38
Prossedi, Ville. 67
Protestans, où enterrés à Venise, 187. Persecutés en France. 218, 271
Proverbes. 237
Pucelle d'Orleans. 262
Putains établies à Rome par les Papes. 229
Puteolanum Spiraculum. 132
Pyramide de Cestius. 230, 233.

Q

Queuë de l'Asne de Balaam. 225.

R

Ranuce, Prince de Parme, son histoire. 212
Raphaël d'Urbin. 197,

Q

206. Son Chef d'œuvie. 257
Ravenne. 5
Rebelle de Naples. 112
Recanati. 45
Reims, (Archevêque de) qui n'a que cinq ans. 263
Reiskius. 225
Religieuses de Venise. 177
Reliques curieuses, 224, 225, 258
Réponse d'Alexandre IV. touchant Pasquin. 236
Réservoirs d'Hortensius & de Lucullus. 150
Resina. 118
Revenu du Doge de Venise, 176. De la République. 178
Richesses de la Sta. Casa. 32
Rimini. 12
Ripa. (Matteo) 171
Rivage du Golfe de Venise. 14, 16
Robert. (le Roi) 169
Roccagorga. 67
Roccasecca. ibid.
Rochers amolis. 81, 319
Rome, 188. Antiques de Rome, 247. Son circuit, le nombre de ses Habitans. 190, 191
Rotonde. Voy. Pantheon.
Rovigo. 2
Rubicon. 12
Runeo, riviere. 7
Rupes Tarpeia. 319
Ruse des Prêtres de Lorette. 41, 42.

S

Saccola. 39
Salerne. (Medecins de) 152
Sancta Sanctorum. 274
Sannazare. 155
Savelli. (Vigne) 251
Saxum miræ magnitudinis. 204
Scala. (S.) 274
Scrobes Charoneæ. 130
Sculptures rares. 219. Voyez dans le Memoire pour les Voyageurs.
Scylla métamorphosée. 65
Sénat de femmes. 321
Senegallia. 17
Sentences & Proverbes. 237, &c.
Sequin de Venise. 177
Sermonetta. 64
Sermons. 227
Setia. 65
Signum. Ce que ce mot

signifie chez les Latins. 336
Silene. 219
Sililques. 78
Sixte IV. établit des Putains à Rome, 229.
Sixte V. levere, 212. Chasse & rappelle les Putains. 229
Solforata, (la) Montagne. Nom que lui donnent les Anciens. 131
Somme, Montagne. 53
Sonnino. 67
Soucelle, arbre. 78
Spaccata, Montagne qui se fendit le jour de la Passion. 81
Speculum Dianæ. 277
Spiraculum Puteolanum. 130
Spolette. 51
Spon. 328
Squelette petrifiée. 250
Statuës d'Alexandre VII. 4, 10
— De Paul V. 14
— D'Urbain VIII. 16
— De Trajan. 20
— De Sixte V. 43
— Des Papes les représentent assis. 63
Statuës des Dieux qui suënt. Statuë de Jupiter qui éclate de rire, 97. Belles Statuës, 209, 219, 248, 278, & *suiv.* 312, & *suiv.* Belles Statuës du Cavalier Bernin, 248. Statuës antiques très-rares, *ibid.* & *suiv.* Dix-huit cens soixante-sept Statuës antiques au Palais Justiniani, 278. Statuë de Tullia, unique dans Rome, 281. Statue d'Urbain VIII. faite par un Aveugle. 281.
Stile des Epitaphes Chrétiennes. 332
Strigil, ce que c'est. 338
Suede, (la Reine Christine de) 218
Sueur. (M. le) 288
Superstition populaire. 63.

T

*T*Ableaux, 195, 206, 220, 243, 248, 250. Tableaux critiqués, 253, 257, 258. Huit mille Tableaux Originaux au Palais Colonne, 282. *Voy. Peintures*

Tarpeia Rupes. 319
Terre de la Chancellerie. 271
Tell, (Guillaume) Suisse. 262
Teppia, riviere. 64
Terni. 54
Terracina. 73
Tesino, torrent. 52
Theatins. 92
Thomas d'Aquin, 68.
Thomas Aniello. 112
Tiberius Julius Tarsus. 114
Tibre. 60, 255
Tivoli. 242
Tolentino. 46
Tolentino (Pierre de) delivré par Notre-Dame de Lorette. 56
Tombeau de l'Ariofte. 5
— De Galla Placidia, de Valentinien & d'Honorius. 9
— Du Dante. 10
— De Gregoire XII. 45
— De Charles de Bourbon, Connétable de France. 80
— De Munacius Plancus. 81
Plusieurs Tombeaux de Naples, 98. &c.

Tombeau d'Agrippine. 150
— De Sannazare. 155
— De Raphael d'Urbain. 197
— D'Urbain VIII. De Paul III. D'Alexandre VIII. De la Comtesse Mathilde. 200
— De S. Pierre. 202
— D'Innocent VIII. mort en 492. 200, & 202
— De Clement XI. 203
— De l'Empereur Adrien. 211
— De Cestius. 230
— Des Nasons. 232
— De Clement IX. 275
— D'Ascanius. 276
— Des Horaces & des Curiaces. ibid.
— De Cecilia. 322
— De S. Luc. 328
Anciens Tombeaux des Chrétiens. 330
Tombeau de Bacchus. 333
Torre della Mole. 68
Torrens de souffre tuent le poisson de l'Averne. 142
Tour de Roland. 81
Trachina. 73

Trajan. Ses cendres. 317
Trajetco, Ville. 85
Transfiguration, le dernier & le meilleur Tableau de Raphael. 257
Trastevere. 191
Trésor de Lorette. 40
Triomphe naval. 313
Tronc de Belvedere. 209
Troncs (gros) de Vigne. 8
Troy. (Mr. de) 282
Trophées anciens. 313
Tulippes cheres. 249
Tullia, statue rare. 281
Tullianum, ancienne Prison. 318.

V

Vaisseaux du Temple de Salomon. 319
Vaisselle de la Ste. Vierge. 30
Vallée, (la) pere d'un Hermite qui se pend. 341
Vases de Fayence. 43
Vases (beaux) antiques. 219, 338
Vatican, (Palais du) Vaticanus. 205
Velino, riviere. 56
Veliqri. 62

Venus maitraitées. 219, 252
Ver trouvé dans un Caillou. 245
Verges de Moïse & d'Aaron. 225
Vers sur la conception du Prince de Galles. 33
Vers sur les Papes. 272, 273
Versailles. 241
Vésuve. 117
Ugonottorum Strages. 208
Via Appia Flaminia. 59, 60, 70.
Vigne Borghese, 248. Vigne Chigi. Vigne Montalte, ou Savelli. Vigne Pamphile. 251
Vignes, 8. Porte & Statues de bois de Vigne. *ibid.*
Villa Marii, 62. Villa Benedetti, 237. Villa Ludovisia. 241, 249
Ville toute petrifiée. 251
Virgile, son Epitaphe & son Tombeau, 154. Tantôt Saint, tantôt Sorcier. *ibid.* Virgile Manuscrit. 210
Vivres à bon marché. 15

TABLE DES MATIERES.

Université de Ferrare. 3
Volturne, riviere. 86
Vopiscus; ce qu'il dit du circuit de Rome. 189
Vossius (Isaac) exagerateur. 190
Ursule. (Ste.) 19
Usens. 65
Vûes belles. 19, 47, 59, 205, 242, 254.

W

Withay. (Plaine de) 144.

Z

Zygomala. (Theodose) 197.

Fin de la Table du Tome second.

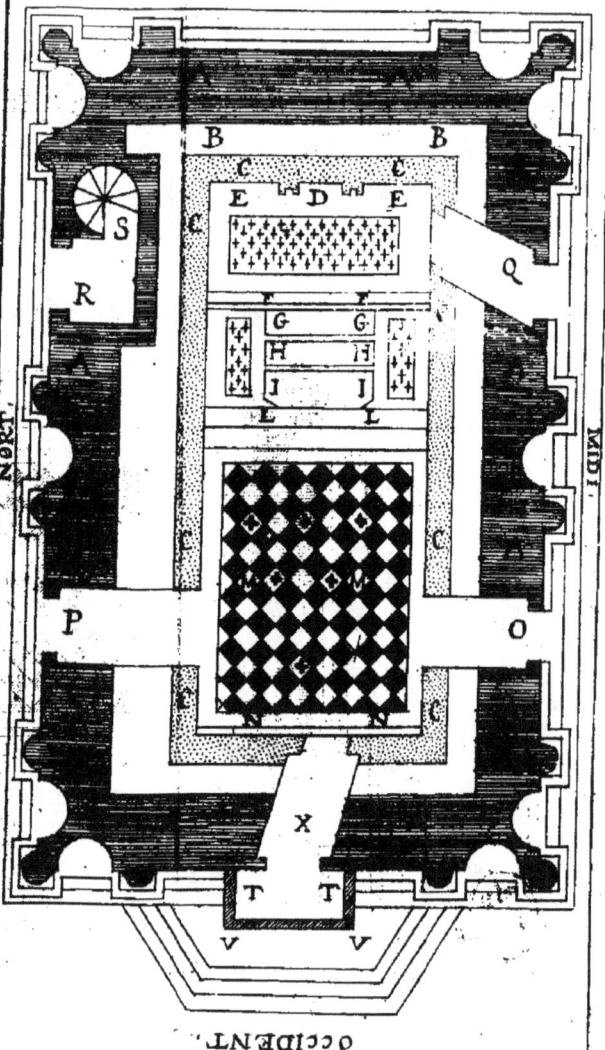

A. Murailles qui environne la S. Casa.
B. Espace qui est entre la S. Casa et les murailles qui l'environne.
C. Murailles de la S. Casa.
D. la Cheminée.
E. Lieu appellé le Sanctuaire entre la Cheminée et l'Autel.
F. Grille d'argent qui va jusqu'a la voute et qui separe l'Autel davec le Sanctuaire.
G. Trone.
H. l'Autel.
I. Marche pied de l'Autel.
L. Degrez de l'Autel.
M. Pavé de marbre de carreaux rouges et blancs.
N. Solive, qui, dit on, ne s'use ni ne se corrompt point.
O. Porte de la S. Casa.
P. Autre porte.
Q. Porte du Sanctuaire.
R. Porte pour monter a la voute.
S. L'escalier.
T. Autel appellé de l'Annonciade il est en dehors justement au dessus de la fenestre.
V. Degrez de ce mesme Autel.
X. Fenestre par ou l'on dit que l'Ange entra elle est presentement grillée.

Fig. 5.   Tom: II pag: 37.

Représentation du dedans de la S. Casa de la Nôtredame de Lorette.

| Orient | Midy | Occident | Nord |

1. Statue de la Nôtredame.
2. la Cheminée.
3. Armoires ou l'on garde les habits et les anciens ornemens dont la Statue étoit autrefois revêtuë.

1. Armoire ou l'on garde diverses Reliques.
2. La porte du lieu qu'on appelle le sanctuaire.
3. Première porte de la S. Casa.
4. Bourtier.
5. Petite armoire.
6. Pierre qui fut accordée par le Pape aux Evêques qui fut rapportée peu de temps après par le dit Evêque acause des maladies qui eut tant qu'il la posseda.
7. Figure que l'on dit être une image de S. Louis.

1. Croix de bois qui fut dit on apportée avec le crucifix en même temps que la S. Casa.
2. Fenestre par ou l'on dit que l'ange passa.

1. Armoire ou l'on garde quelque vaisselle de terre que l'on dit avoir servi à la Vierge.
2. Porte murée au dessus de laquelle il y a une piece de bois qui traverse.
3. Seconde porte de la S. Casa.
4. Pierre qui ayant été dérobée revint toute seule.
5. Corniche.
6. Bouts de soliveaux qui entrent dans la muraille.
7. Peinture qui s'en vont ou ce qui reste d'enduit.

A

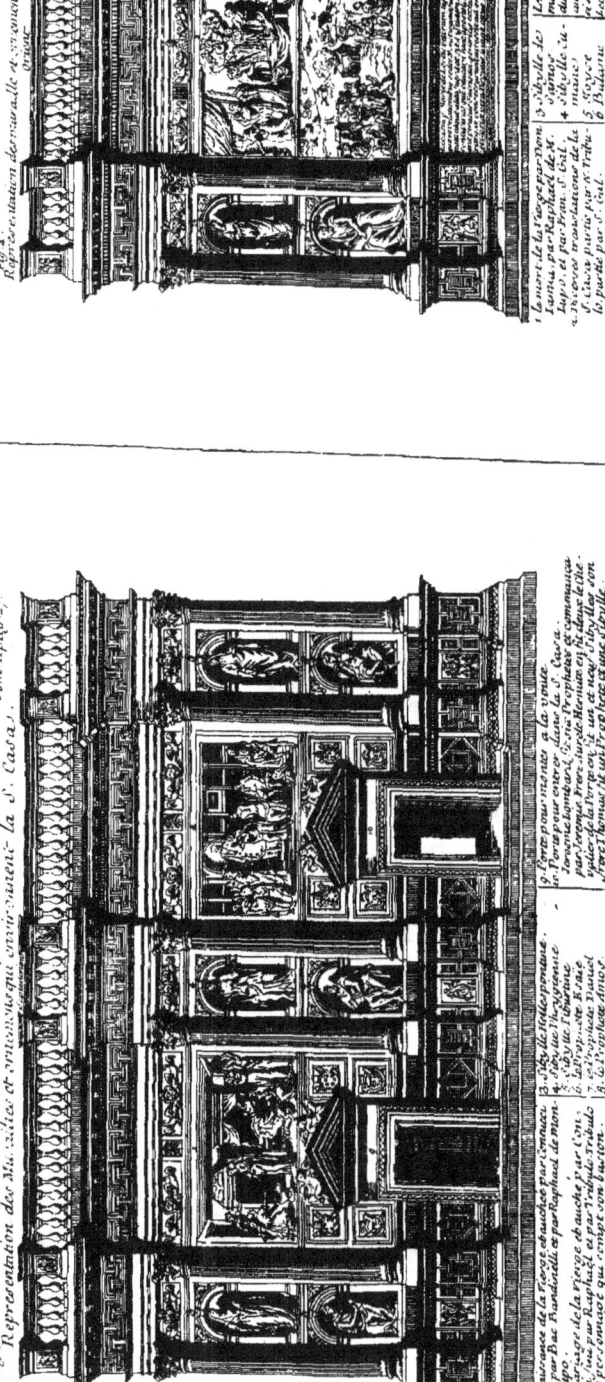

Mausolée de Munatius Plancus.

Le Pantheon.

la Noce Aldobrandine

Tom. 2. Pag. 237.

Marforio.

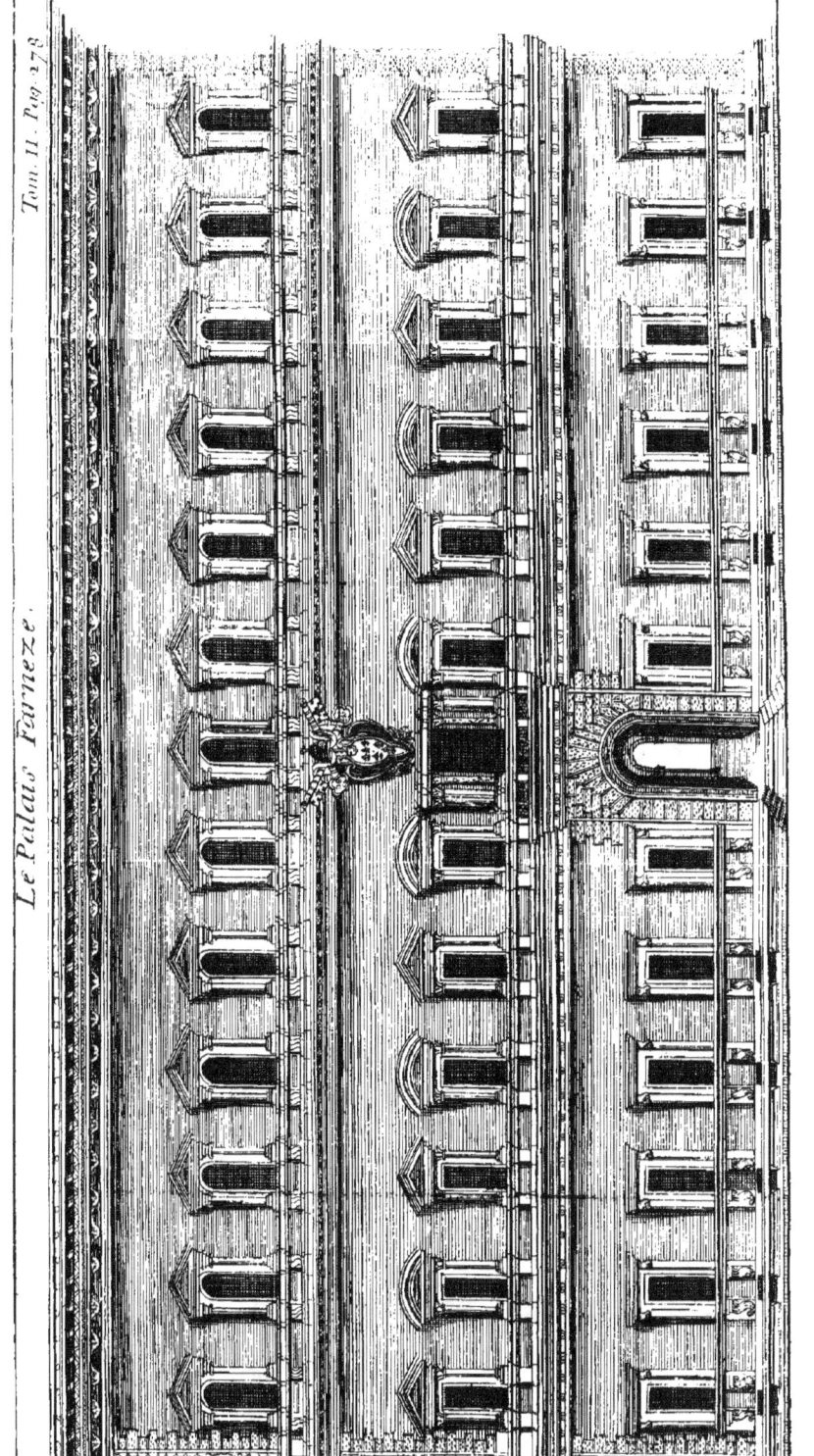

Le Palais Farneze.

Tom. II. Pag. 278.

Le Collisée

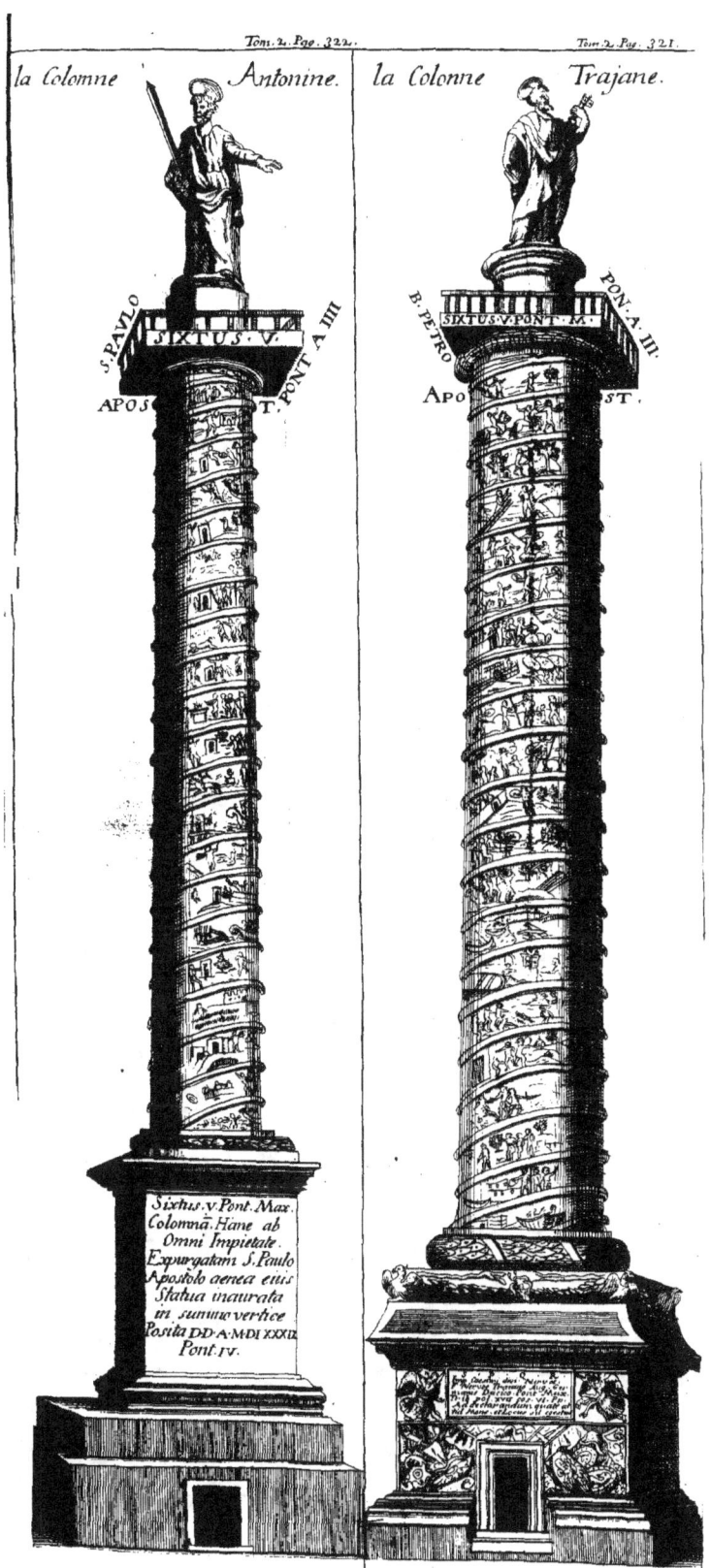

Tom. 2. Pag. 334.